Visual LISP for AutoCAD 설계자동화의 시작

김성태 지음

Visual LISP for AutoCAD

도서출판 GS인터비전

머리말

"Visual LISP for AutoCAD"라는 책을 통해 AutoCAD 2D 설계를 수행하는 실무자와 AutoCAD를 다루는 모든 개인에게 유익한 가이드를 제공할 수 있게 되어 매우 기쁘다. 이 책은 설계 자동화를 위한 프로그래밍 기술과 개발 방법을 소개함으로써, 제조 산업에서 빠르고 정확한 도면 수정 및 작성 능력을 향상시키는 데 목적을 두고 있다.

저자는 약 15년간 생산 제조 현장에서 근무하며 금형 제조 산업의 다양한 요구사항을 직접 경험해왔다. 이러한 경험을 바탕으로 여러 설계 자동화 프로그램을 개발해왔으며, 그 축적된 노하우를 이 책에 담았다.

이 책은 AutoCAD 설계자를 위한 Visual LISP 개발 기본서로, 빠른 도면 대응과 자동화 프로그램 개발에 필요한 지식을 제공한다. 단순한 드로잉(Drawing)을 넘어서 "설계 자동화"로 역량을 확장하는 데 중요한 발판이 될 것이다. 이를 통해 실무자와 학생들이 업무 효율성을 높이고 설계 능력을 향상시킬 수 있기를 바란다.

이 책의 주요 내용은 다음과 같다:

1. Visual LISP의 기본 환경과 함수 설명 : Visual LISP의 기초 개념과 필수적인 함수에 대해 체계적으로 설명한다.
2. 대화상자 컨트롤(Dialog Control Language) 작성: 사용자 인터페이스를 직접 만들고 제어할 수 있도록 도와준다.
3. 응용프로그램 예제: 다양한 예제를 통해 프로그램 문법과 함수 사용법을 쉽게 이해할 수 있도록 돕는다.

책에 포함된 모든 소스 코드는 웹하드(http://www.webhard.co.kr)에서 다운로드할 수 있으며, 개선 사항이나 제안이 있으면 언제든지 이메일로 알려주길 바란다.

마지막으로, 이 책이 출판되기까지 많은 도움을 주신 팝업솔루션(주) 김석재 대표님과 GS인터비전 송기수 대표님께 감사드린다.

저자 김성태

소스 코드는 웹하드에서 다운받으실 수 있습니다.

1. www.webhard.co.kr에 접속합니다.
2. "게스트"를 선택한 후 ID: gsinter7 PW: 1111 로그인합니다.
3. [내리기전용] - [Visual LISP for AutoCAD] 폴더에서 소스 코드를 다운로드합니다.

차례

Chapter 1

Visual LISP 개요

Visual LISP은 AutoCAD에서 사용되는 내부 프로그래밍 언어로, AutoLISP을 기반으로 확장된 것이다. 이를 통해 AutoCAD의 기능을 확장하고 사용자 정의 기능을 추가할 수 있다. Visual LISP은 AutoCAD의 객체 지향 프로그래밍 인터페이스에 접근하여 그래픽 요소, 도형, 레이어, 블록 등 AutoCAD의 다양한 요소를 조작할 수 있다. 이 뿐만 아니라 사용자 인터페이스를 위해 DCL 뿐 아니라 VBA(VisualBasic Application), C#, VB.Net 등 지원되는 라이브러리 함수 및 컨트롤 기능들을 지원하며, 이 활용을 통해서 유용한 기능 구현과 프로그래밍에 많은 시간을 단축할 수 있다.

Visual LISP은 현재 기계/ 전기/ 전자/ 건축/ 금형 등 거의 모든 산업 전반에서 설계자동화, CAD/CAM 자동화, Part List 산출 등 활용되고 있다.

1.1 Visual LISP 이란

Visual LISP은 AutoCAD의 전용 개발 프로그램 언어로서 Interpreter 방식의 고급언어이다. Visual LISP의 Interpreter 방식은 AutoCAD와의 상호작용을 용이하게 한다. Visual LISP 코드를 작성하면 AutocAD 환경에서 코드를 실행하고, 그 결과를 즉시 확인할 수 있으며, 이를 통해 AutoCAD 사용자는 자신의 작업 흐름에 맞게 코드를 작성하고, 해당 코드를 즉시 실행하여 AutoCAD 환경을 커스터마이즈하거나 자동화할 수 있다.

또한 Window 응용프로그램(Excel, Acess, Ms Word, Visual Basic 등)에 쉽게 접근할 수 있는 ActiveX 환경을 제공한다.

Visual LISP 시작하기 전에 프로그램의 작업 폴더와 시작 위치(경로)를 등록하여 프로그램 실행 시 특별히 시작 위치(경로)를 지정하지 않도록 설정한다.

① 작업폴더 생성 : “C:\GSINTER\App”

② AutoCAD 시작위치 변경 : 바탕화면 AutoCAD 아이콘 우마우스 클릭 → “속성” 창 편집

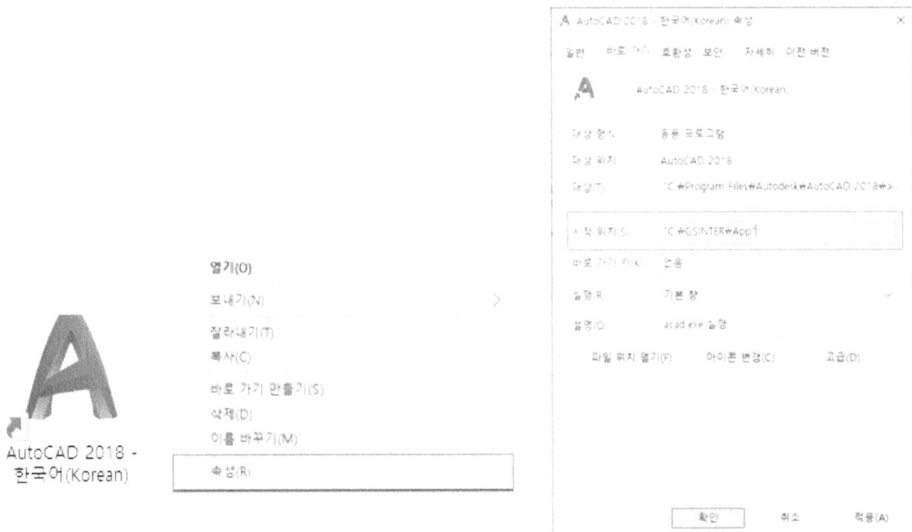

③ AutoCAD의 OPTION 변경 :

【명령어(command) : OPTIONS】

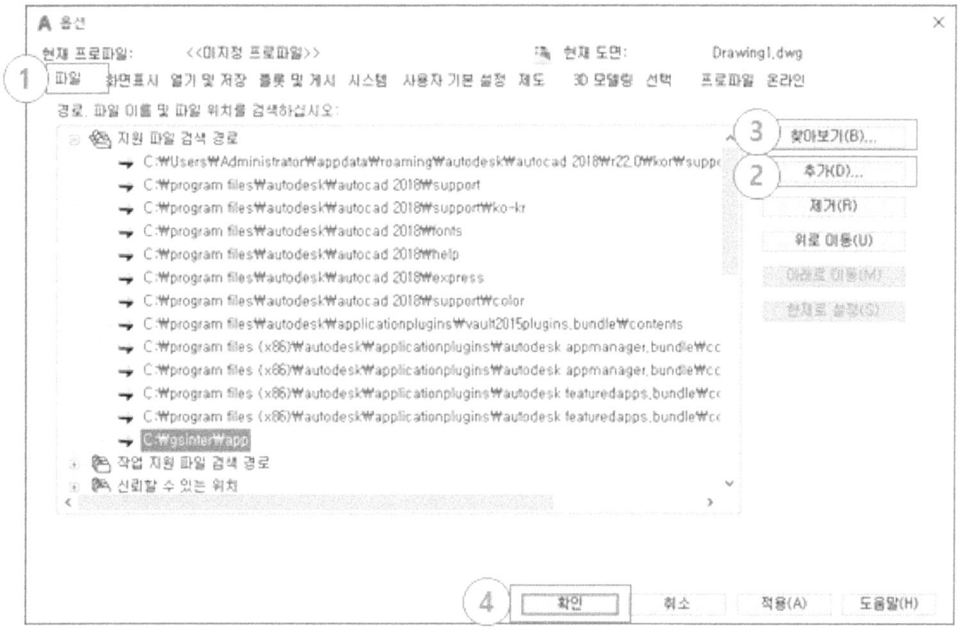

▷ AutoCAD 실행 후 명령어(command) :“options”⏎

▷ 옵션 창의 파일 탭의 “추가”버튼 클릭 → “찾아보기”버튼 클릭 → “C:\gsinter\app”경로 선택 → “확인”버튼 클릭

1.2 Visual LISP 환경

이번 1강에서는 Visual LISP 프로그래밍을 위한 편집기 환경과 다양한 기능을 살펴본다. 또한, 예제를 통해 Visual LISP 프로그램 작성 방법을 학습한다.

1.2.1 Visual LISP 편집기 실행하기

▷ 편집기 실행 : **【명령어(command) : VLIDE 또는 VLISP】**

▷ AutoCAD 실행 후 명령어 “VLIDE”또는 “VLISP” 입력

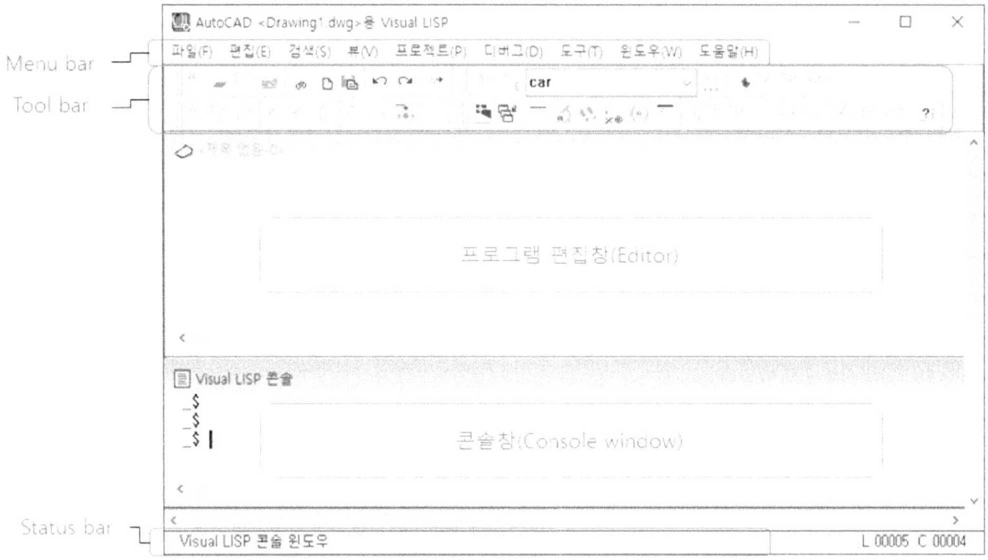

1.2.2 Visual LISP 편집기 화면 살펴보기

(1) Menu bar

Menu bar는 파일, 편집, 검색, 뷰, 프로젝트, 디버그, 도구, 윈도우, 도움말 로 구성되어 있으며, 응용프로그램 만들기, 프로그램 디버깅, 도구 설정 등의 기능으로 구성되어 있다.

파일(F) 편집(E) 검색(S) 뷰(V) 프로젝트(P) 디버그(D) 도구(T) 윈도우(W) 도움말(H)

(2) Tool bar(툴바)

Tool bar는 Visual LISP 편집기 명령으로 구성되어 있으며, 명령 단위의 버튼이 이미지 형태로 되어 있어 사용자가 쉽게 선택하여 실행하는 메뉴이다. 메뉴들은 표준, 검색, 도구, 디버그, 뷰 메뉴로 구성되어 있다.

마우스를 이용하여 사용자가 원하는 위치로 변경할 수 있으며, 특정 메뉴에 마우스를 올려놓으면 Status bar(상태바)에 그에 해당하는 설명이 표시된다.

▷ Menu bar에서 Tool bar 설정 : 뷰 → 도구막대

▷ Tool bar 구성

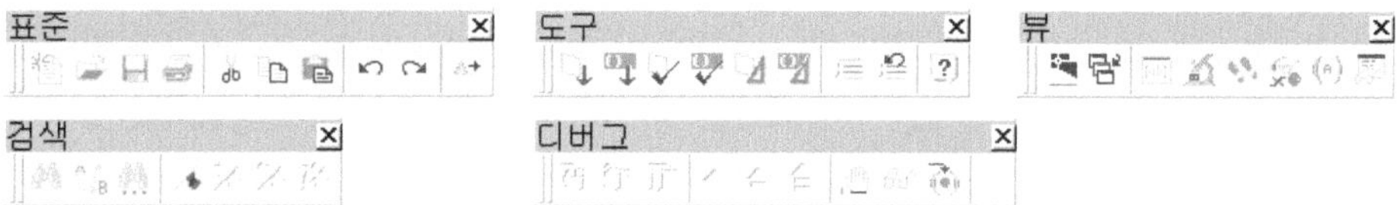

(3) Status bar(상태바)

Status bar는 Visual LISP 편집기의 상태 메시지를 하단부에 표현한다. 마우스에 커서가 Tool bar 메뉴에 있으면 그에 해당하는 설명이 표시되고, 프로그램 편집창(Editor)에 있으면 현재 파일의 경로와 파일명을 표시한다.

(4) 프로그램 편집창(Editor)

프로그램 편집창(Editor)에서는 프로그램을 작성하는 영역이다. 새로운 파일을 작성할 경우에는 Menu bar에"파일(F) → 새 파일(N)"선택 또는 Tool bar에 "표준 → 새 파일" 아이콘을 클릭하면 빈 문서 편집창을 띄울 수 있다.

다음은 치수에 "Ø" 기호를 넣는 예제 파일을 Open 해보자.

▷ 예제 파일 Open : C:\GSINTER\App\dim.lsp

【파일(F) → 파일 열기(O) 또는 Tool bar에 표준 → 파일열기 아이콘 클릭】

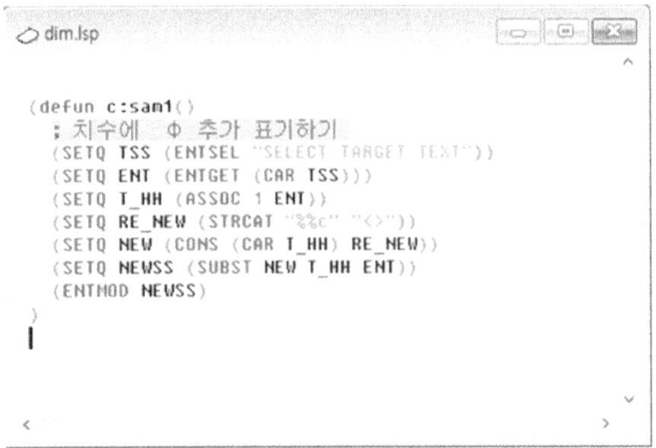

(5) 콘솔창(Console window)

콘솔창(Console window)은 프로그램 작성할 때 유용하게 활용할 창이다. Visual LISP의 명령어 또는 함수를 한 줄씩 바로 실행시켜 그 결과 값을 확인하거나 프로그램 편집창의 파일을 실행하여 프로그램의 오류 및 변수 등을 바로 확인할 수 있는 창이다.

위에 Open한 예제 파일 dim.lsp을 로드해 보자.

▷ 예제 파일 로드 :

【도구(T) → 편집기에서 문자 로드(E) 또는 Tool bar에 도구 → 첫 번째 아이콘 클릭】

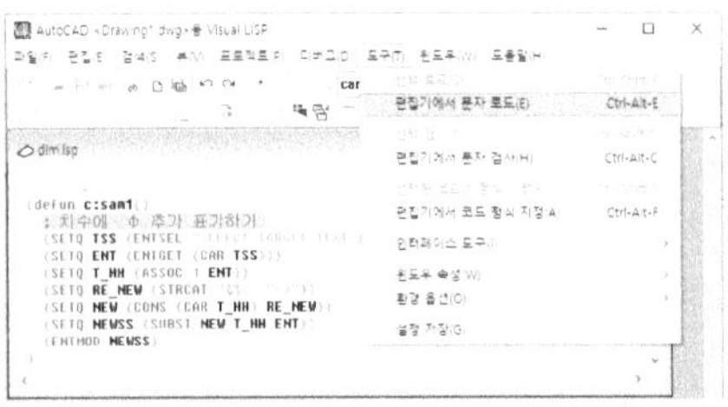

또는

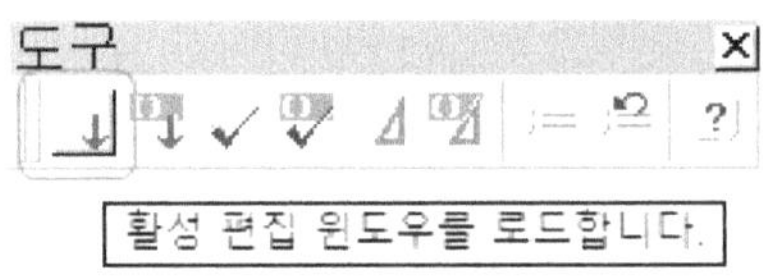

▷ 예제 파일 로드 결과 콘솔창 출력:

"; #〈editor "C:/GSINTER/App/dim.lsp"〉에서 1 폼가 로드되었다."

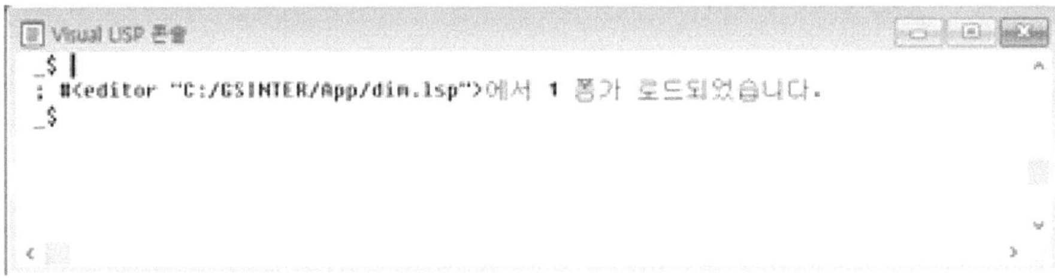

▷ 연산 결과 및 변수 값 출력:

콘솔창에서 아래와 같이 코드를 한 줄씩 작성하여 실습해보자.

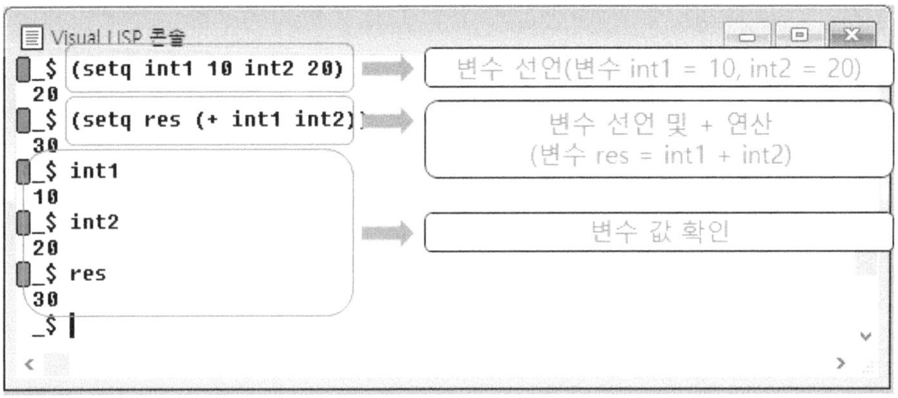

1.2.3 Visual LISP 편집기 메뉴 보기

Visual LISP 메뉴 항목들은 프로그램 편집창(Editor) 또는 콘솔창(Console window)에 활성화 되어 있는냐에 따라 달라진다. 여기서 말하는 활성화는 마우스의 커서가 있는 창을 말한다.

Menu bar에 있는 메뉴들을 하나씩 살펴보자.

(1) 파일(F) 파일(F)

파일 메뉴는 문서를 새로 만들기 위한 "새 파일(N)"과 기존 파일을 열기 위한 "파일 열기(O)", 파일 저장을 위한 "저장(S)", Visual LISP 파일을 응용프로그램(VLX)으로 제작하기 위한 "응용프로그램 만들기(M)"항목으로 구성되어 있으며, 그 외 "인쇄", 파일 로드(F) 등이 있다.

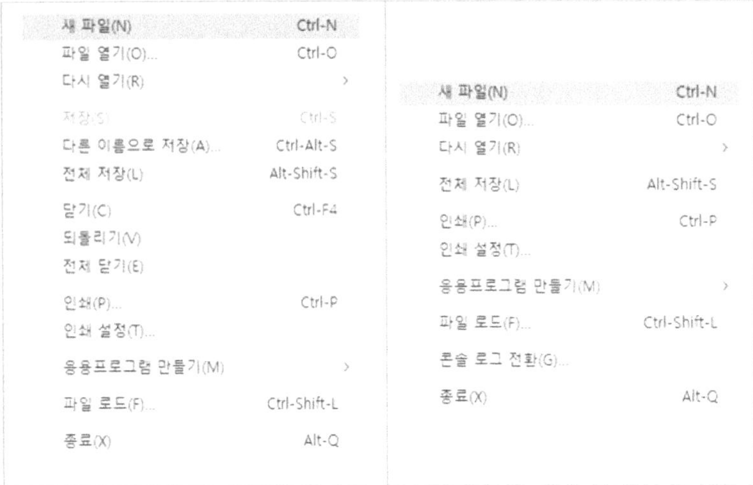

프로그램 편집창(Editor) 활성된 경우 / 콘솔창(Console window) 활성된 경우

(2) 편집(E) 편집(E)

프로그램 편집창(Editor) 활성된 경우 / 콘솔창(Console window) 활성된 경우

- 명령 취소(U) (Ctrl + Z) : 프로그램 편집창에서 작업 내용을 이전 상태로 되돌림
- 명령 복구(R) (Ctrl + Alt + Z) : " 명령 취소(U)"로 실행된 내용을 되돌림
- 잘라내기(T) (Ctrl + X) : 선택된 텍스트를 지우고 "복사(C)"준비 상태
- 복사(C) (Ctrl + C) : 선택된 텍스트를 복사

- 붙여넣기(P) (Ctrl + V) : “잘라내기(T)” 또는 “복사(C)”한 내용을 마우스 커서 위치로 붙여넣기
- 삭제(D) (DEL) : 선택된 텍스트를 삭제
- 모두 선택(S) (Ctrl + A) : 프로그램 편집창에 작성된 텍스트 전체 선택
- 괄호 일치(H) (Ctrl + M) : Visual LISP 프로그램 작성 시에는 괄호와 따옴표(“)의 개수가 매우 중요하다. 따옴표의 개수는 짝수가 되어야 하고, 괄호의 개수는 동일해야 한다. 이 규칙이 맞지 않으면 프로그램 로드 시 에러가 발생하게 되는데 이 기능을 사용하면 괄호나 따옴표가 누락된 부분을 쉽게 찾을 수 있다.

괄호가 누락되지 않은 정상 프로그램에서는 ① 커서 위치에서 단축키(Ctrl +])를 눌렀을 경우 프로그램 한 줄씩 커서가 이동되지만, 괄호가 누락되었을 경우 단축키(Ctrl +])를 실행 시 괄호가 누락된 줄의 프로그램을 건너뛰고 프로그램 끝으로 커서(②)가 이동된다. (아래 그림 참조)

정상 프로그램

(SETQ NEW (CONS (CAR T_HH) RE_NEW))

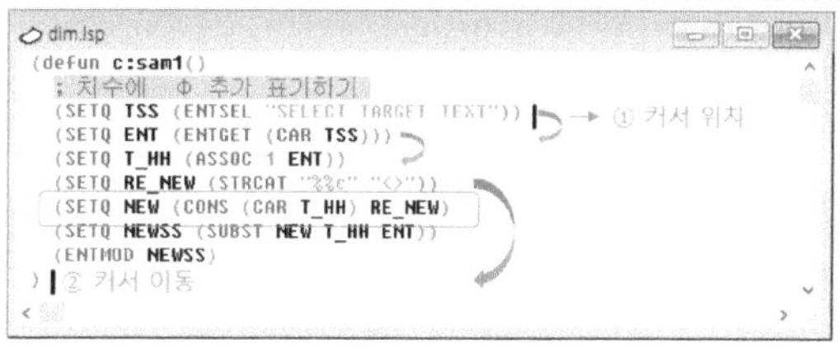

괄호가 빠졌을 경우

(SETQ NEW (CONS (CAR T_HH) RE_NEW)

따옴표가 누락되지 않은 정상 프로그램에서는 커서가 한 줄씩 이동되지만, 따옴표가 누락되었을 경우 단축키(Ctrl +])를 실행 시 따옴표가 누락된 전 줄의 프로그램 끝(②)에서 더 이상 커서가 이동되지 않으며, 누락된 줄 다음의 프로그램 문자열 색상이 자주색으로 변경된다. (아래 그림 참조)

정상 프로그램

(SETQ RE_NEW (STRCAT "%%c" "<>"))

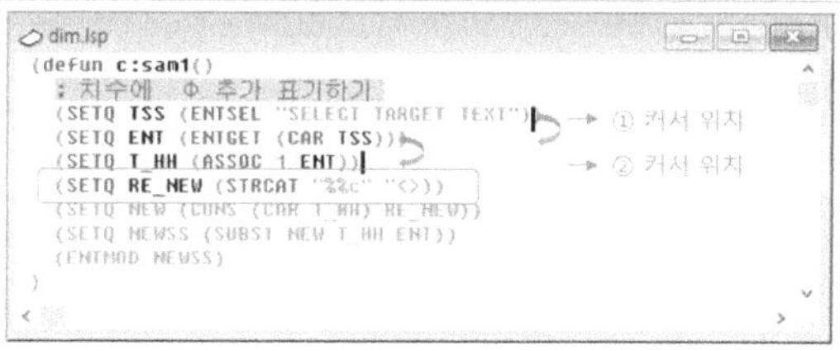

따옴표가 빠졌을 경우

(SETQ RE_NEW (STRCAT "%%c" "<>))

(3) 검색(S) [검색(S)]

특정 문자열을 빠르게 검색하거나 기존의 문자열을 새로운 문자열로 변경하기 위한 "찾기(F)"와 "대치(L)" 기능, 프로그램의 특정 위치를 쉽게 찾을 수 있도록 하는 기능인 "북마크(B)", 지정된 라인으로 이동할 수 있는 "행으로 이동(G)"기능이 있다.

▷ 찾기(F) (Ctrl + F) : 프로그램에서 "NEW"라는 문자열을 찾을 경우, 단축키(Ctrl + F)를 실행한다. 이 후 "찾기"대화상자의 찾을 내용(N) 입력란에 "NEW"를 입력한 후 찾기(F) 버튼을 클릭하면 아래와 같이 해당 문자열을 검색하여 문자열을 활성화해 준다.

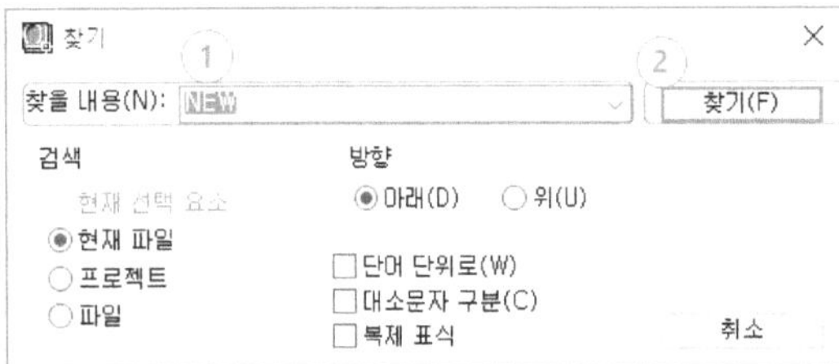

▷ 대치(L) (Ctrl + H) : 프로그램에서 "TSS"라는 문자열을 찾아 "USS"로 변경할 경우, 단축키(Ctrl + H)를 실행 후 "대치"대화상자의 찾을 내용(N) 입력란(①)에 "TSS"를 입력, 대치할 내용 입력란(②)에 "USS"입력 후 전체 대치(A) 버튼을 클릭하면 현재 열려있는 문서의 "TSS"문자열이 "USS"로 변경된다.

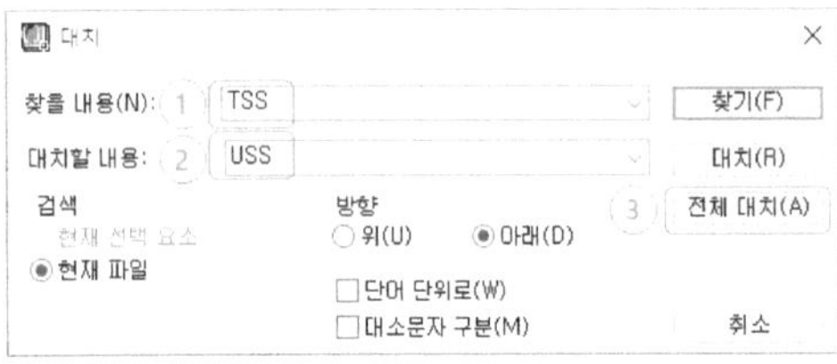

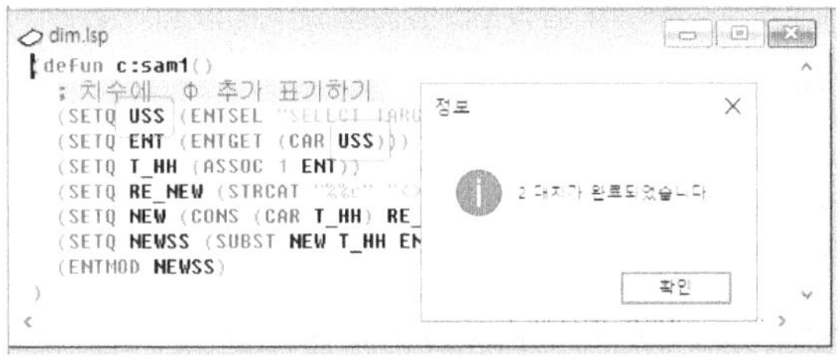

▷ 북마크(B) : 프로그램 작성 시 또는 디버깅 시에 문자열에 북마크를 해두면 언제든지 그 위치를 쉽게 찾을 수 있다. 북마크 기능은 "검색(S) → 북마크(B)"에서 하는 방법도 있지만 "검색"Tool bar를 활용하는 것이 편리하다.

먼저 현재 위치에 북마크를 지정하려면 "검색" Tool bar의 "북마크 전환"버튼을 클릭하면 북마크가 표기되고, 한번 더 누르면 북마크가 해제된다.

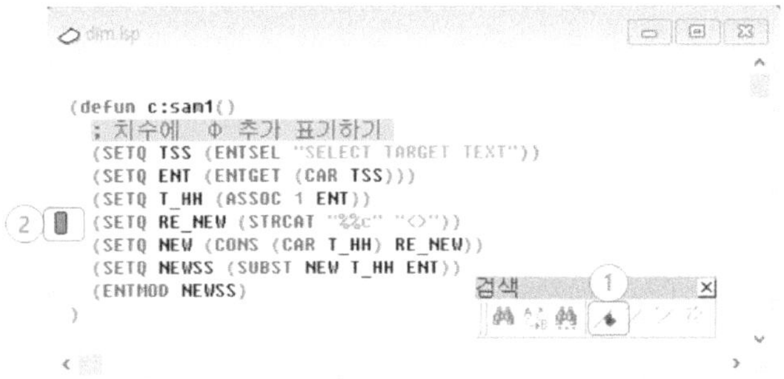

그 밖에 지정된 북마크에 "다음 북마크", "이전 북마크"버튼 클릭을 통해서 기존에 지정해놓은 북마크로 이동할 수 있으며, "모든 북마크를 지웁니다." 버튼을 통해서 현재 문서의 있는 모든 북마크를 해제할 수 있다.

(4) 뷰(V) [뷰(V)] 및 디버그(D) [디버그(D)]

프로그램을 개발 업무에 있어서 중요한 것 중 하나가, 바로 프로그램 오류를 찾아 수정하는 작업이 매우 중요하다. 이러한 작업을 디버깅(Debugging)이라고 한다. 디버깅은 프로그램의 작업량에 따라서 많은 시간과 노력이 필요로 하는 작업이다. 그러나 Visual LISP에서는 뷰(V) 기능과 디버그(D) 기능을 활용하면 손쉽게 디버깅 작업을 할 수 있다. 예제를 보면서 살펴보도록 한다.

1) 검사 창 활용하기

프로그램 작성 시 에러가 자주 발생하는 변수들을 "검사"창에 등록하면 프로그램 실행과 동시에 그 변수 값의 내용을 바로 확인함과 동시에 프로그램의 흐름을 파악할 수 있다.

① "C:\GSINTER\App\cal.lsp"을 Open

② "Menu bar → 검사(I)" 또는 "뷰" Tool bar의 "검사" 선택( )

③ "감시 추가"창에서 프로그램의 변수 값을 확인하고자 하는 변수를 입력 후에 "OK" 버튼 클릭

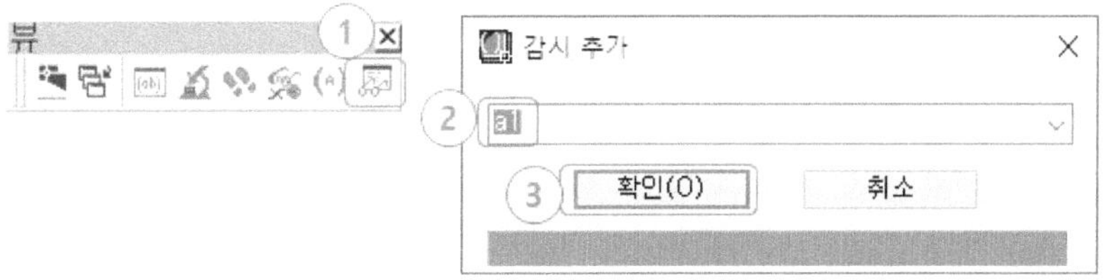

④ 변수 "a1","b1","c1","d1"에 대해서 반복 실행하면 다음과 같이 "검사" 창에 변수명과 변수 값이 출력된다.
(AutoCAD 상에서 명령을 실행하지 않았기 때문에 변수의 값은 "nil" 값임)

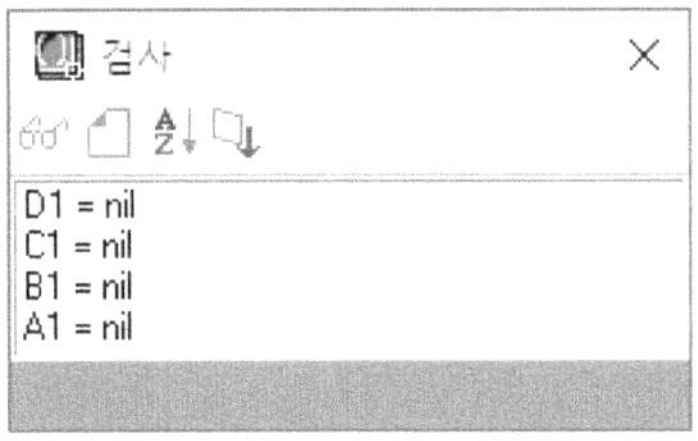

⑤ 다음은 아래와 같이 프로그램을 로드하고 "콘솔창"에서 프로그램을 실행시켜 보자.

▷ 프로그램 편집창에 마우스 커서를 두고 활성화된 상태에서 "도구"Tool bar에서 버튼을 클릭하여 프로그램을 로드 시킨다.

▷ 콘솔창에서 명령어인 "(c:cal)"을 입력하여 엔터를 입력 후 AutoCAD 명령창에서 각 변수에 값을 입력하면 "검사"창에서 변수 값을 확인할 수 있다.

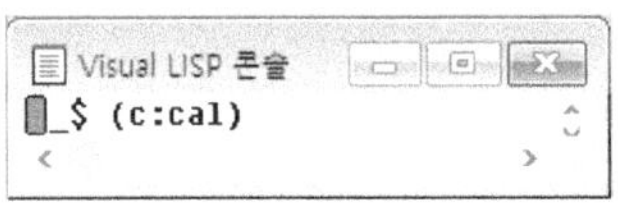	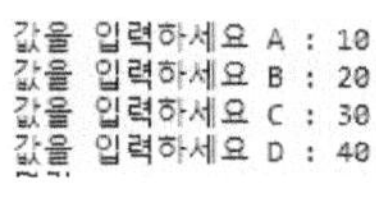	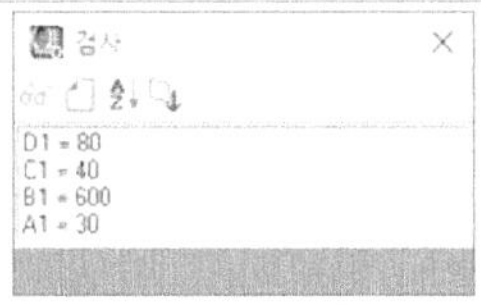
콘솔창에서 "(c:cal)" 입력	AutoCAD에서 변수 값 입력	"검사" 창 결과 출력

2) 끊기점 전환 활용하기

프로그램 작성 시 프로그램의 로직이 복잡하거나 에러 발생 예상 지점에 디버깅하고 싶을 때 끊기점 전환을 설정하여 해당 부분을 순차적으로 실행시키면서 "검사"창에서 그 결과를 바로 확인할 수 있는 기능이다.

① 예제 프로그램(cal.lsp)의 다음 위치에 커서를 위치한 후에 "디버그" Tool bar의 (끊기점 전환) 버튼을 클릭하여 위치를 설정한다.

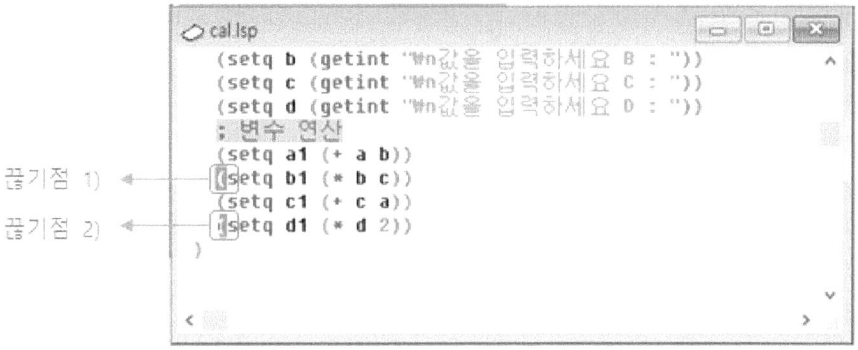

② 프로그램을 로드( )한 후 실행((c:cal))한다.

③ 끊기점 전환이 설정된 부분에서 실행이 중단된다.

④ 이 때"한 단계씩 실행"버튼을 클릭하면 한 괄호 묶음으로 순차적으로 실행되고, "건너뛰기"를 클릭하면 한 라인씩 순차적으로 실행되며,"나가기"버튼을 클릭하면 다음 "끊기점 전환"이 설정된 부분까지 한번에 실행을 한다.
이 때 "검사"창을 보면 순차적으로 실행될 때마다 변수의 결과 값들이 바로 확인을 할 수 있다.

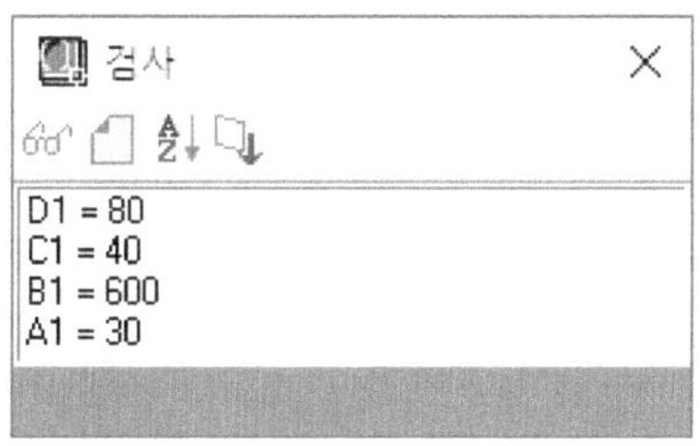

3) 애니메이트 활용하기

애니메이트 기능은 프로그램의 실행 과정이 순차적으로 일정 시간마다 자동 실행되며, “검사” 창을 같이 사용하면 실행단계에서 바로 확인할 수 있는 기능이다.

① Menu bar에서 “디버그(D) → 애니메이트(E)”를 선택한다.

② 프로그램을 실행한다.

콘솔창에서 “(c:cal)” 입력

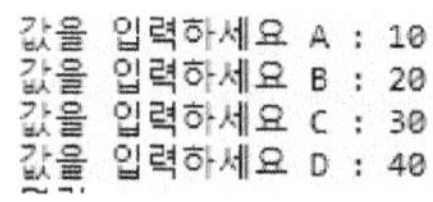

AutoCAD에서 변수 값 입력

③ 실행도중 전환점 끊기를 만나면 실행이 중단되는데 이때는 “디버그”tool bar의 “계속”버튼 ( )을 클릭한다.

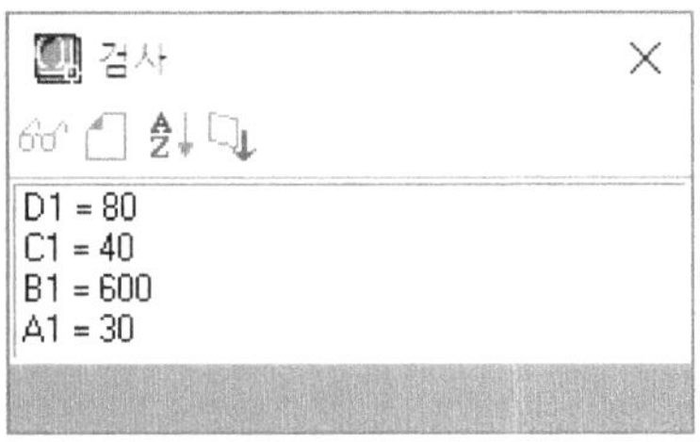

④ 이 때 프로그램이 순차적으로 실행될 때의 지연시간(Delay)을 설정하기 위해서는 Menu bar의 “도구 → 환경 옵션(O) → 일반 옵션(G)”을 선택, “일반 옵션”창에서 지연 시간을 입력하여 설정할 수 있다.

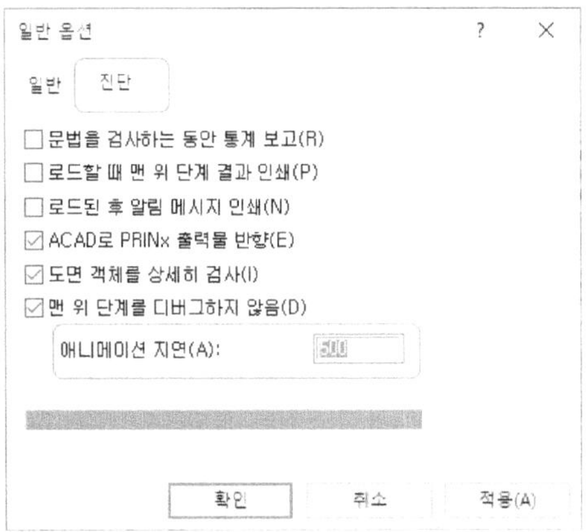

⑤ 애니메이트 기능을 OFF 하기 위해서는 Menu bar의 "디버그(D) → 애니메이트(E)"를 다시 선택하면 체크박스가 삭제되면서 OFF가 된다.

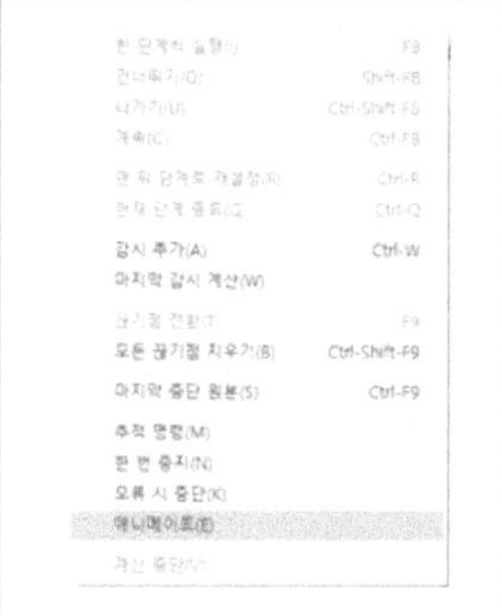

애니메이트 "ON"

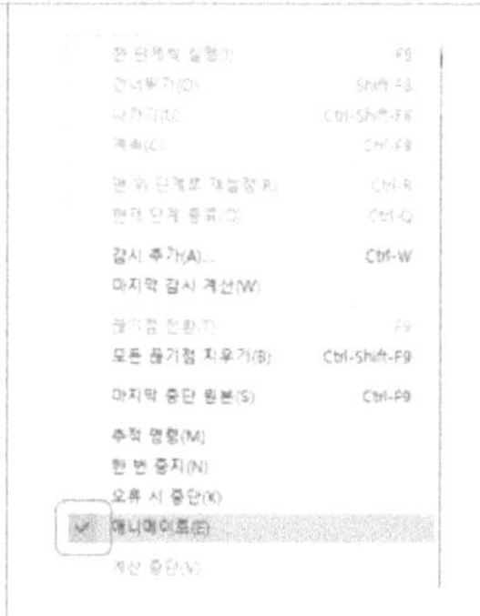

애니메이트 "OFF"

(5) 도구(T) 도구(T)

Menu bar의 "도구(T)"의 리스트는 프로그램 편집창(Editor) 또는 콘솔창(Console window)의 활성화에 따라 "도구(T)"의 리스트가 상이하며, 프로그램 편집창(Editor)가 활성된 경우의 리스트의 기능은 "도구"Tool bar와 기능이 동일하므로 사용자 편의에 따라 선택하여 사용하면 된다.

프로그램 편집창(Editor) 활성된 경우

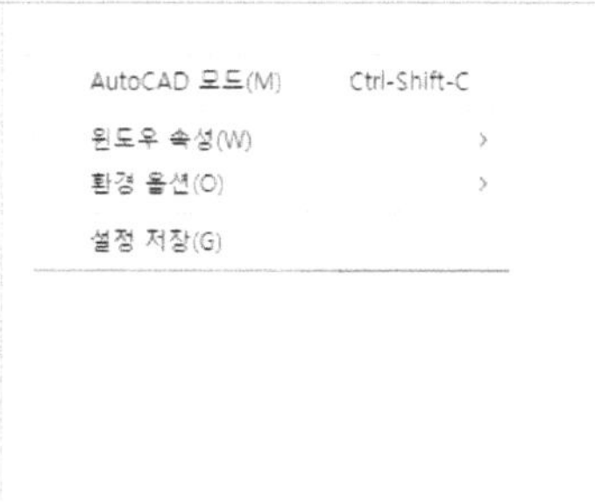

콘솔창(Console window) 활성된 경우

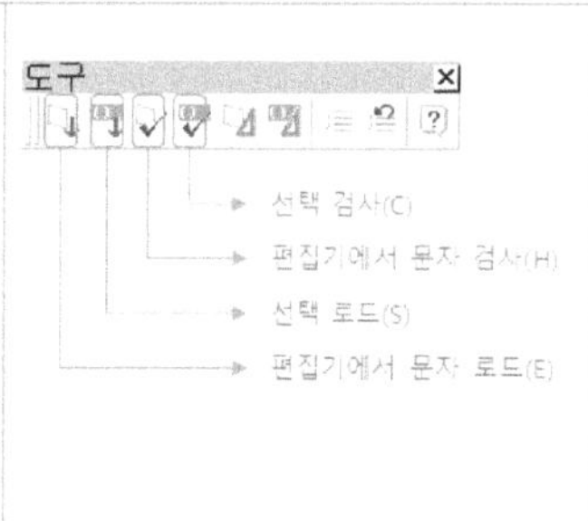

"도구" Tool bar 활용 시

- 선택 로드(S) (Ctrl + Shift + E) : 프로그램 편집창에서 블록으로 설정된 부분을 로드한다.
- 편집기에서 문자 로드(E) (Ctrl + Alt + E) : 현재 활성화된 프로그램 편집창의 프로그램을 로드한다.
- 선택 검사(C) (Ctrl + Shift + C) : 프로그램 편집창에서 블록으로 설정된 부분에 대하여 문법 오류를 검사한다.
- 편집기에서 문자 검사(H) (Ctrl + Alt + C) : 현재 활성화된 프로그램 편집창의 프로그램 전체를 문법 오류를 검사한다.

프로그램 문법 오류(괄호 누락)

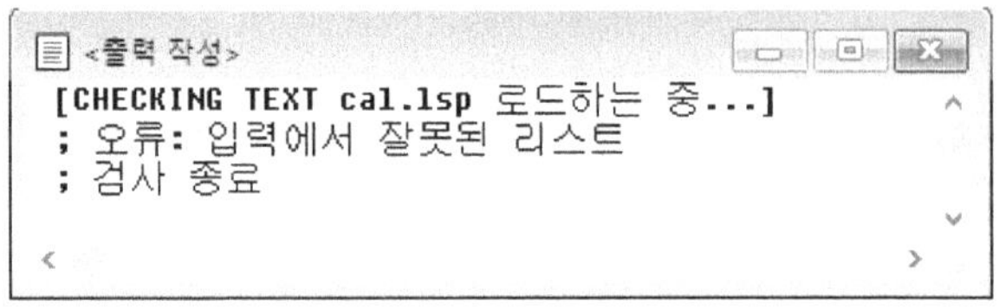

"편집기에서 문자 검사(H)" 오류 체크

- 인터페이스 도구 : DCL(Dialog Control Language)에 의한 대화상자 미리보기 기능이다. (뒤에서 학습할 예정)

(6) 윈도우(W)

윈도우 메뉴는 현재 열려있는 창들의 배치 방법과 Open되어 있는 Visual LISP 파일들의 리스트를 보여준다.

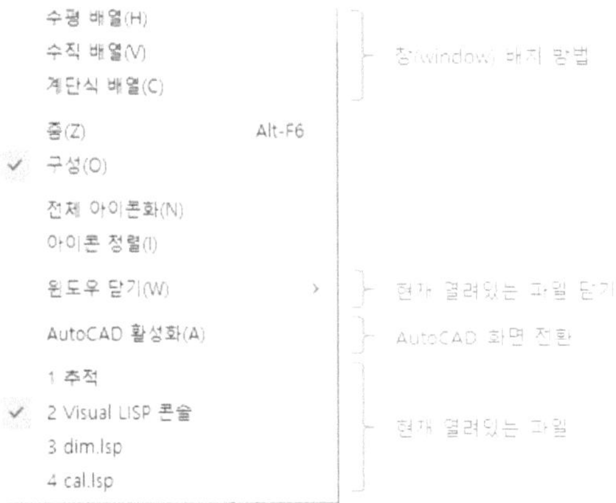

1.3 프로그램 예제 실습

1.3.1 실습 내용 살펴보기

AutoCAD 상에 6개 좌표를 가지고 육각형(hexagon)을 그리는 예제를 실습해 보자.

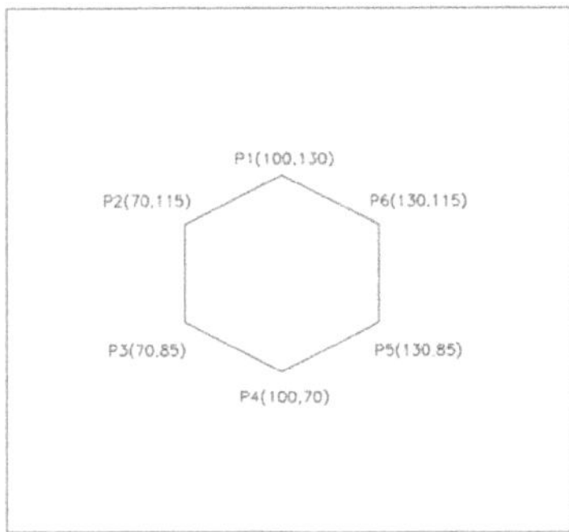

1.3.2 프로그램 작성하기

hex.lsp

```
(defun c:hex()
; 6포인트를 가지고 hexagon 그리기
  (setq p1 '(100 130))
  (setq p2 '(70 115))
  (setq p3 '(70 85))
  (setq p4 '(100 70))
  (setq p5 '(130 85))
  (setq p6 '(130 115))

  ; 또다른 변수 정의 방법
  ; (setq p1 '(100 130) p2 '(70 115) p3 '(70 85) p4 '(100 70) p5 '(130 85) p6 '(130 115) )

  (command "line" p1 p2 p3 p4 p5 p6 p1 "")
  (prompt "프로그램이 정상적으로 실행되었습니다.")
)
```

① 먼저, "Menu bar → 파일(F) → 새 파일(N)"을 선택하여 빈 문서를 Open 한다.

② 빈 문서에 위 예제 프로그램을 작성 후 "Menu bar → 파일(F) → 저장(S)"을 선택하여 "C:\GSINTER\App"폴더에 "hex.lsp" 파일명으로 저장한다.

③ 단축키 "Ctrl + Alt + Z" 또는 "도구" Tool bar의 첫 번째 아이콘( )을 선택하여 로드한 후 실행한다.(실행 :"(c:hex)" 입력 후 엔터)

Visual LISP 콘솔

```
_$
; #<editor "C:/GSINTER/App/hex.lsp">에서 1 폼가 로드되었습니다.
_$ (c:hex)
```

④ "뷰" Tool bar의 AutoCAD 활성화 버튼( )을 누르면 AutoCAD 영역에 위 그림과 같이 육각형이 그려져 있는 것을 볼 수 있다.

1.4 프로그램 분석 및 작성 규칙

1.4.1 프로그램 분석 및 작성 규칙

(1) 프로그램의 시작과 종료(DEFUN)

"defun"이란 명령을 정의한다는 의미를 갖는다. 프로그램의 시작은 반드시 "(defun" 으로 시작해서 ")"로 끝낸다.

Visual LISP 프로그램 편집창(Editor)

```
(defun    } 프로그램의 시작
..        } 프로그램 작성
..
)         } 프로그램의 끝
```

(2) 명령어의 실행(C:)

"C:"는 Command의 약자이며, 캐드에서 명령어로 쓰인다. AutoCAD 명령창에 위 예제 프로그램의 명령어인 "hex"를 입력하면 육각형 객체가 생성된다.

명령어 뒤에 "()"이 괄호는 다른 기능(함수)을 호출할 때 넣어 주는 인자 값이며, 전달할 인자가 없으면 예제와 같이 "()"을 작성한다.

(3) 주석문(;)

";"키워드를 사용하면 프로그램에 명령 또는 동작에 영향을 주지 않으며, 프로그램의 가독성을 용이하게 하기 위해서 사용한다. (;"문자열")

Visual LISP 프로그램 편집창(Editor)

```
; 6포인트를 가지고 hexagon 그리기 } 주석문 처리
..
..
; 또다른 변수 정의 방법
; (setq p1 '(100 130) p2 '(70 115) p3 '(70 85) p4 '(100 70) p5 '(130 85) p6 '(130 115) ) } 주석문 처리
```

(4) 문자열 출력(PROMPT)

사용자에게 입력 값을 요구하거나, 프로그램 실행 상태를 쉽게 파악할 수 있도록 AutoCAD 명령창에 출력할 때 "prompt" 키워드를 작성한다. (prompt"문자열")

Visual LISP 프로그램 편집창(Editor)

```
(prompt "프로그램이 정상적으로 실행되었습니다.")
```

(5) 변수의 정의(SETQ)

프로그램 작성 시 숫자나 문자 등의 일정한 값을 메모리에 저장하였다가 언제든지 사용할 수 있도록 변수명을 정의하고 변수에 값을 대입한다. (setq 변수명 변수값)

1) 변수 정의하기

새 파일을 열어서 프로그램 편집창에 아래와 같이 작성 후 실행(↓) 한다.

Visual LISP 프로그램 편집창(Editor)

```
(setq a 100)
(setq b 200)
```

(실행 후 콘솔창 상태)

```
Visual LISP 콘솔
; #<editor "<제목 없음-0> 로드하는 중...">에서 2 폼가 로드되었습니다.
_$
```

2) 변수 값 확인하기(콘솔창)

콘솔창에서 변수 "a", "b"를 각각 입력 후 엔터 입력하면, 각 변수의 값이 100, 200 인 것을 확인할 수 있다.

3) 변수 값 확인하기(AutoCAD 명령창)

AutoCAD 명령창에서 변수 값을 확인하는 방법은 변수값 앞에 "!"붙여서 엔터를 입력하면 아래와 같이 AutoCAD 명령창에서 각 변수의 값을 확인할 수 있다.

(6) 괄호 및 따옴표(") 일치

Visual LISP 프로그램 작성 시에는 괄호와 따옴표(")의 개수가 매우 중요하다. 따옴표의 개수는 반드시 짝수가 되어야 하고, 괄호의 개수는 반드시 동일해야 한다.

1) 괄호 일치

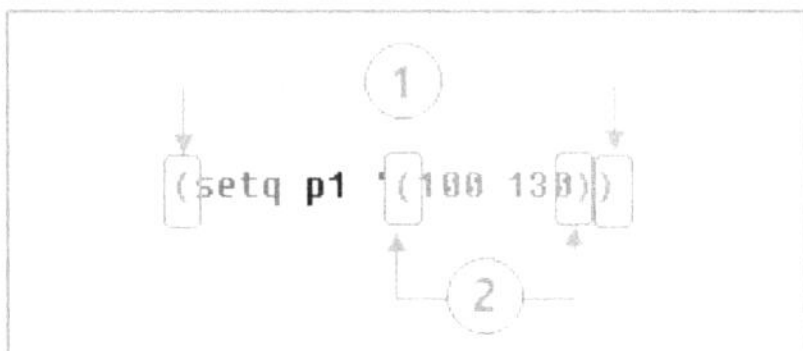

①번의 경우 프로그램 전체를 정의하는 괄호이며, ②번의 괄호는 리스트 변수 100, 130을 포함하는 괄호이다. 이중에 하나라도 누락되었을 경우에는 에러가 발생한다.

다음은 괄호 관련 영역을 확인할 때 간단하게 사용하는 방법으로 마우스 커서를 확인하고자하는 괄호 끝에 두고 더블 클릭을 하면 괄호가 포함한 프로그램의 영역을 활성화가 되어 쉽게 확인할 수 있다.

(setq p1 '(100 130)	(setq p1 '(100 130))
괄호 누락(오류)	괄호 일치(정상)

2) 따옴표 (") 일치

따옴표는 AutoCAD 명령어를 사용할 경우나 또는 명령어 후 엔터의 기능을 한다. 또한 문자열을 작성할 경우에도 따옴표를 사용한다.

```
(command "line" p1 p2 p3 p4 p5 p6 p1 "")
(prompt "프로그램이 정상적으로 실행되었습니다.")
```

①번 : AutoCAD 명령어를 사용할 경우

②번 : AutoCAD 명령어 사용 후 엔터의 기능

③번 : 문자열 작성할 경우

(7) AutoCAD 명령어 실행(COMMAND)

Visual LISP 프로그램으로 AutoCAD의 명령어를 실행하고자 할 때는 "command"함수를 사용한다.

```
(command "line" p1 p2 p3 p4 p5 p6 p1 "")
```

위 프로그램 내용을 AutoCAD에서 "line"명령어를 사용하여 변수 값을 넣어 라인을 그려보자.

```
(command "line" p1 p2 p3 p4 p5 p6 p1 "")
```

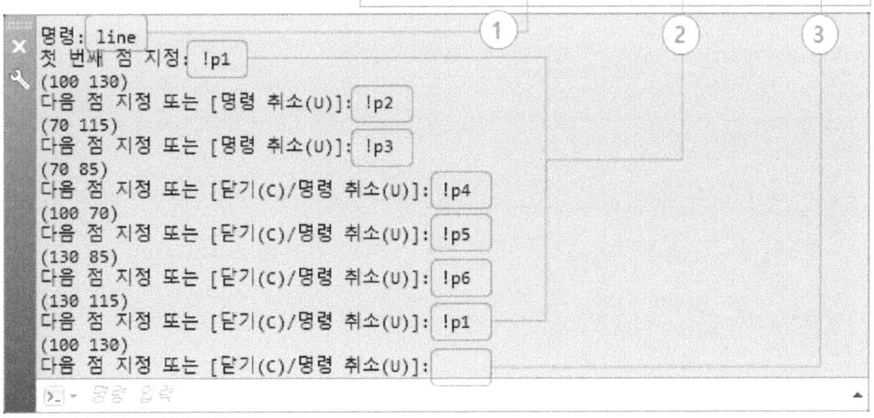

① AutoCAD 명령어 "line" 입력 → 엔터

② AutoCAD 명령창에 변수 값 입력 시 변수 앞에 "!"붙여서 입력 → 엔터

③ AutoCAD 명령어 "line"은 종료지점에서 엔터를 입력하므로, 프로그램에서도 엔터 기능인 따옴표("")로 종료한다.

(8) 프로그램 로드

Visual LISP 프로그램을 작성하고 AutoCAD상에서 프로그램을 구현하려면 작성된 프로그램을 로드를 시켜줘야 한다. 방법으로는 대표 Visual LISP 파일에 로드시킬 프로그램들을 작성하고, AutoCAD 상에서 옵션(APPLOAD)으로 대표 Visual LISP 파일을 로드를 시키면 대표 Visual LISP 파일에 작성된 프로그램을 한번에 로드시킬 수 있다.

위에서 말한 방법으로 로드하는 방법을 알아보자.

▷ 예제 파일 Open : C:\GSINTER\App\ini.lsp

① 먼저, Visual LISP 편집기 실행 후 위의 예제 파일을 Open 한다.

【AutoCAD에서 명령어 "VLIDE 또는 VLISP" → 편집기 "파일(F)" "파일 열기(O)"】

Init.lsp

```
;; Visual LISP for AutoCAD
;;     설계자동화의 시작
;; 실습 예제 프로그램 로드

(setq GSpath "C:/GSINTER/APP/") ;; Visual LISP 파일 저장 경로

(load (strcat GSpath "dim.lsp")) ;; 예제 dim.lsp 파일 로드
(load (strcat GSpath "cal.lsp")) ;; 예제 cal.lsp 파일 로드
(load (strcat GSpath "hex.lsp")) ;; 예제 hex.lsp 파일 로드

(princ "₩n Succeed Loading!")
```

② 프로그램을 로드하기 위해서는 "LOAD" 함수를 사용하여 프로그램 작성을 하고, "Ctrl + Alt + E" 를 누르거나, "도구"Tool bar에서 아이콘을 클릭하면 아래와 같이 콘솔창에서 로드된 것을 볼 수 있다.
(폴더의 구분은 "/" 또는 "\\"를 사용)

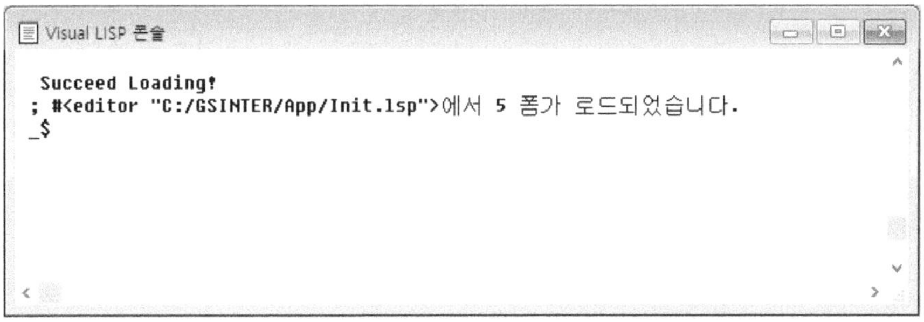

1.4.2 변수의 종류 및 사용 방법

"defun" 함수는 모든 Visual LISP 프로그램의 시작을 알리는 함수이며 AutoCAD 내부에서 명령어처럼 사용되는 함수를 정의한다. 앞의 "hex" 예제에서는 AutoCAD 내부에서 육각형(hexagon)을 그리는 명령어로 사용되었다.

이때 defun 함수의 사용 형식은 다음과 같으며 변수의 종류는 선언 방법에 따라 전역변수, 지역변수, 독립변수로 구분된다.

Visual LISP 프로그램 편집창(Editor)

```
(defun 함수명 (변수선언)
  (프로그램 내용)
)
```

(1) 전역 변수

전역 변수는 프로그램 내부에서 한번 사용된 변수의 값이 프로그램 종료 후에도 계속 유지되는 변수로서 변수의 선언은 별도로 하지 않는다. 즉 다음과 같이 "defun"문에서 변수를 선언하지 않으면 그 프로그램 내부에서 사용된 모든 변수들은 기본적으로 전역변수로 설정이 되어 프로그램 내부에서 계속 변수 값을 가지고 있다.

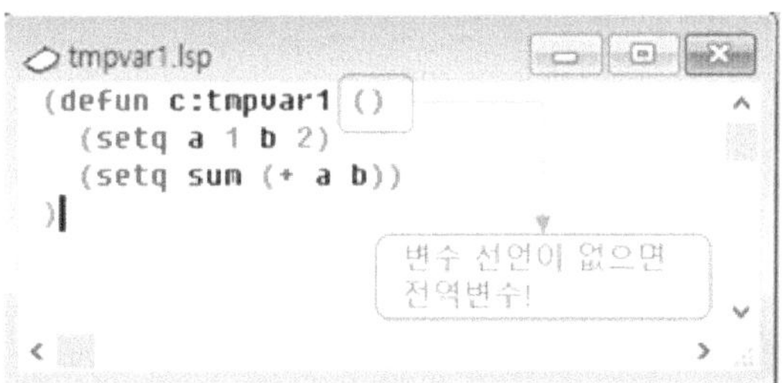

프로그램을 로드 및 명령어 실행을 하여 각각의 변수 값을 확인한다.

프로그램 로드 :“Ctrl + Alt + E”

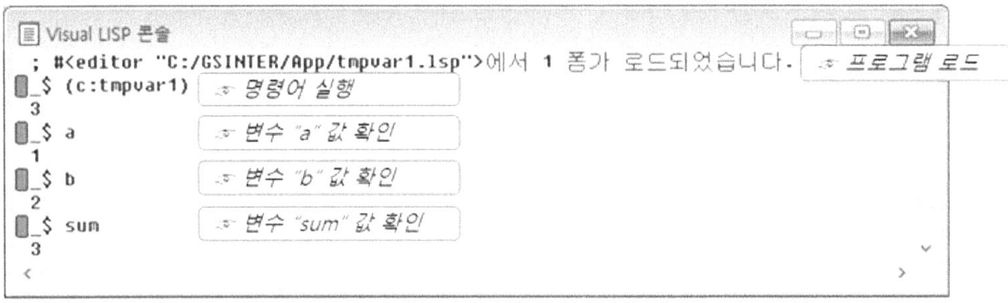

(2) 지역 변수

대부분의 실무 프로그램에서는 많은 변수를 사용하기 때문에 종종 변수의 값이 혼동이 생겨 오류가 발생되는 경우가 발생되므로 사용이 편리함에도 불구하고 전역 변수보다는 지역 변수를 주로 사용한다. 지역 변수는 프로그램 내부에서 한번 사용된 변수의 값이 프로그램 종료와 함께 지워지는 변수로서 선언은 다음과 같이 “/”뒤에 선언한다.

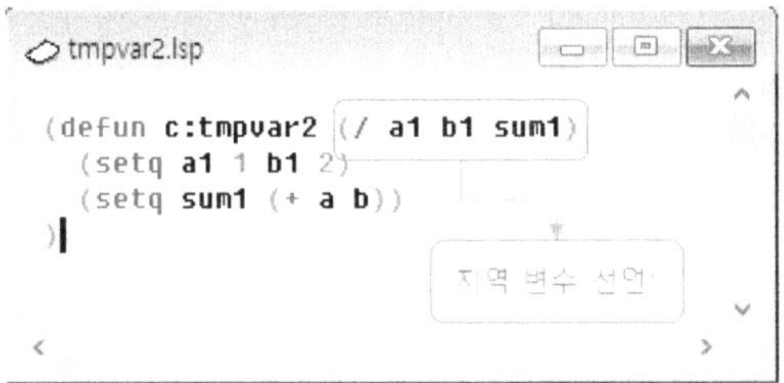

프로그램을 로드 및 명령어 실행을 하여 각각의 변수 값을 확인한다.

프로그램 로드 :“Ctrl + Alt + E”

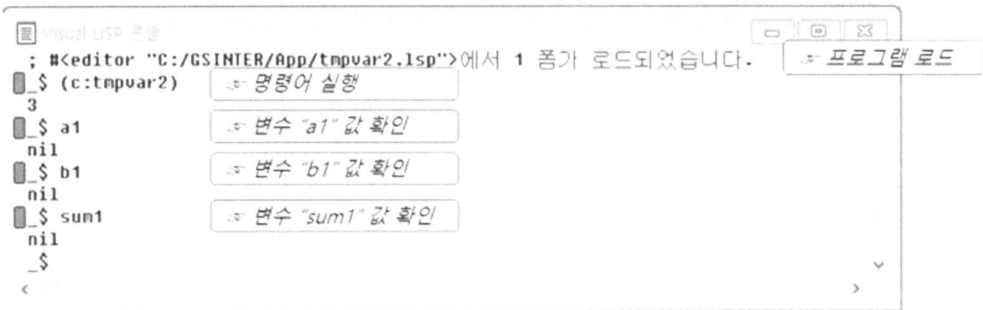

위 프로그램의 변수 값을 확인한 결과, 모두 “nil”이 출력되었는데 여기서, “nil”은 값이 없다는 것을 의미한다.

(3) 독립 변수

독립변수는 프로그램 외부에서 값을 받아 사용하는 변수로서 다음과 같이 defun 문에서 단순히 사용할 변수명을 지정해 준다.

```
tmpvar3.lsp

(defun c:tmpvar3 ()
  (setq ang1 90 ang2 pi)
  (setq rad (dtr ang1))
  (setq deg (rtd ang2))
)

; degree -> radian 변환 함수
(defun dtr (a)
  (* a (/ pi 180.0))
)

; radian -> degree 변환 함수
(defun rtd (a)
  (* a (/ 180.0 pi))
)
```

독립 변수!

우리는 AutoCAD에서 각도 입력할 때 Degree 각도를 입력하지만, Visual LISP에서는 Radian 각도를 사용한다. 즉 다음과 같은 직선을 그릴 때 AutoCAD에서는 각도 60도를 입력하고, Visual LISP에서는 (/ pi 2.0)을 입력한다.

▷ AutoCAD 명령 실행

```
명령: LINE
첫 번째 점 지정: 0,0
다음 점 지정 또는 [명령 취소(U)]: @30<60
다음 점 지정 또는 [명령 취소(U)]:
명령 입력
```

▷ AutoCAD 명령 실행 후 결과

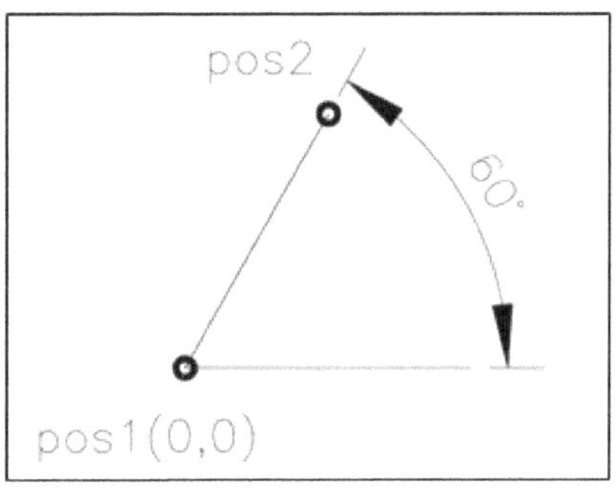

만약에 각도 45도를 Radian으로 변환하면 (/ pi 4.0)으로 쉽게 계산할 수 있으나, 만약 각도 값이 소수점을 Radian으로 변환한다면 쉬운 일은 아닐 것이다. 이런 경우에 "dtr(a)" 함수를 이용하면 Degree 값을 Radian 값으로 쉽게 변환이 가능하다.

반대로 Radian 각도 pi는 180도 라고 쉽게 계산할 수 있으나 Radian각도 1.25의 값을 Degree로 계산하는 일은 쉬운 일이 아니다. 그러나 이런 경우에 "rtd(a)" 함수를 이용하면 Radian 값을 Degree 값으로 쉽게 변환할 수 있다. 이렇게 외부에서 각도 "a"를 입력받아 계산을 수행하는 변수 "a"를 독립변수라 한다.

(dtr 90)을 풀이해 보면

```
(defun dtr(90)
  (* 90 (/ pi 90))
)
```

이므로 90 * (pi / 180) = pi/2 = 1.57 이 된다.

(rtd pi)을 풀이해 보면

```
(defun rtd(pi)
  (* pi (/ 180.0 pi))
)
```

이므로 pi * (180 / pi) = 180이 된다.

> Tip) "pi"는 Visual LISP 내부에서 radian 각도 3.14를 의미하는 예약어 이므로
> 사용자 변수로는 사용할 수 없다.

1.4.3 초기 자동로드 프로그램 활용하기

Visual LISP의 로드는 AutoCAD에서 LISP을 자동으로 인식시켜 AutoCAD가 실행 시 자동으로 로드시키는 걸 의미한다.

하나의 LISP 파일만 AutoCAD 명령어 "appload"를 통해서 로드하여 간편하게 사용할 수 있다. 로드하는 방법을 알아보자.

① 먼저, AutoCAD에서 명령어 "appload" 또는 "ap" 입력 후 엔터를 치면 아래와 같은 응용 프로그램 로드/언로드 대화상자가 열린다.

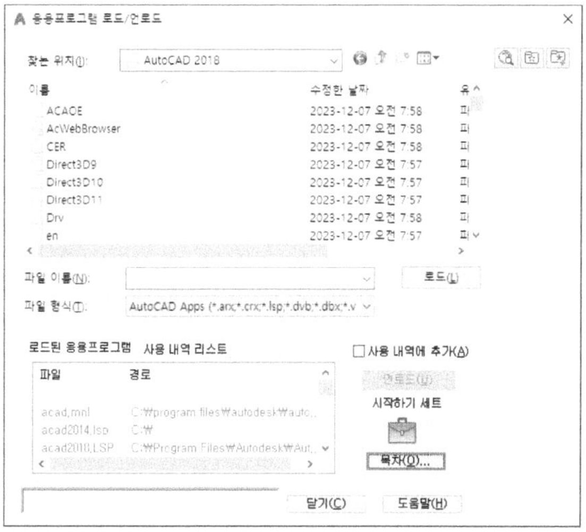

② 응용프로그램 로드/언로드 대화상자에서 목차(O)... 버튼을 클릭한다.

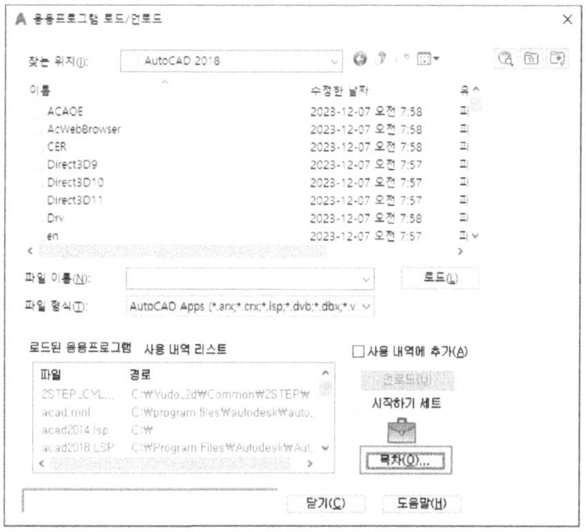

③ 시작하기 세트 대화상자에서 추가(A)...버튼을 클릭한다.

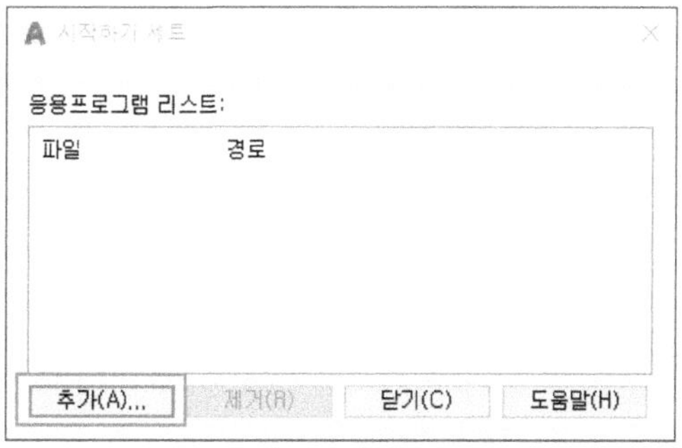

④ "C:\GSINTER\App\ " 이 경로에 있는 "ini.lsp"파일을 선택하여 열기(O) 버튼을 클릭하여 추가한다.

▷ **예제 파일 Open : C:\GSINTER\App\ini.lsp**

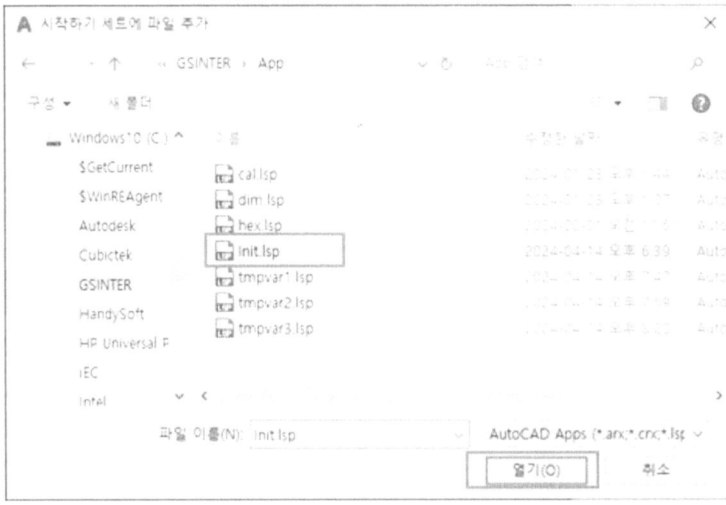

⑤ 아래와 같이 시작하기 세트 대화상자에 파일명 확인 후 닫기(C) → 응용프로그램 로드/언로드 대화상자에 닫기(C)를 클릭한다.
→ AutoCAD에서 새도면을 열때마다 LISP 프로그램이 자동으로 로드된 것을 확인할 수 있다.

1.4.4 시스템 변수 확인 및 설정하기

시스템 변수란 AutoCAD 고유의 변수 값으로 AutoCAD Drawing 시 사용되는 설정 값을 setvar 및 getvar 함수를 통해서 변경하거나 변수 값을 참조할 수 있다.

(1) setvar

setvar 함수는 AutoCAD의 시스템 변수 값을 변경할 때 사용한다.

```
프로그램 형식)
(setvar "시스템변수명" 변수값)
```

```
(setvar "osmode" 0)     ; 현재의 osnap 설정을 모두 해제
(setvar "FILEDIA" 1)    ; 파일 open 시 대화상자로 탐색하여 열기
(setvar "ltscale" 10)   ; line type style 축척 비율 10으로 설정
(setvar "dimtzin" 8)    ; 치수의 소수점 이하의 0의 표현억제
(setvar "orthomode" 1)  ; 직교모드 On
```

(2) getvar

getvar 함수는 AutoCAD의 시스템 변수 값을 참조할 때 사용한다.

```
프로그램 형식)
(getvar "시스템변수명") 또는
(setq varval (getvar "시스템변수명"))  ; 시스템변수 값을 varval 변수에 저장
```

현재 설정되어 있는 시스템 변수 값을 확인 후 setvar 함수를 이용하여 변경할 수 있다. 예를 들어 현재의 시스템변수 값을 getvar 함수를 이용하여 어떠한 변수에 저장한 뒤에 나중에 일일이 재설정할 필요없이 setvar를 이용하여 작업 전의 시스템 변수 값으로 재설정이 가능하다.

위에 대한 내용은 다음 서브 함수 편에서 예제를 참고하길 바란다.

1.4.5 서브 함수(SUB FUNCTION)

서브 함수란 메인 함수안에 내포되어 사용되는 보조 함수다. 이러한 서브 함수는 일반적으로 메인 함수의 작업을 단순화하거나 모듈화하기 위해 사용하며, 반복적인 기능이 필요할 때 메인 함수에서 서브 함수를 호출하여 사용한다.

앞에서 학습한 dtr(a) 함수와 rtd(a) 함수와 같이 degree와 radian 각도를 변환하는 내용을 서브 함수로 작성하면 각도 변환 시 반복적으로 편리하게 사용할 수 있다. 즉 서브 함수를 사용하면 프로그램의 실행속도 향상은 물론 프로그램에 대한 가독성이 좋아 에러(error) 발생 시 오류를 쉽게 찾을 수 있다.

프로그램 형식)
(defun 함수명 ()
(프로그램 기능 작성)
)

subfun.lsp

```
(defun c:subfun()
  (sysval_Fun1)
  (setq p1 '(100 130))
  (setq p2 '(70 115))
  (setq p3 '(70 85))
  (setq p4 '(100 70))
  (setq p5 '(130 85))
  (setq p6 '(130 115))
  (hexagon_Draw)
  (sysval_Fun2)
)
```

☞ 메인 함수

```
(defun sysval_Fun1()
  (setq cur_osmode (getvar "osmode"))
  (setvar "osmode" 0)
)
```

☞ 시스템 변수 저장 및 초기화하는 서브 함수

```
(defun hexagon_Draw()
  (command "line" p1 p2 p3 p4 p5 p6 p1 "")
)
```

☞ hexagon 그리는 서브 함수

```
(defun sysval_Fun2()
  (setvar "osmode" cur_osmode)
)
```

☞ 시스템 변수 복원 서브 함수

위 예제 프로그램의 실행되는 순서는 아래와 같다.

① 명령어 "subfun" 실행(메인 함수 실행)

② 서브 함수 "sysval_Fun1" 호출 및 실행
- 현재 osnap 설정 값 시스템 변수 "osmode" 값 "cur_osmode" 변수에 저장
- "osmode" 시스템 변수 값 초기화

③ 메인 함수 복귀 및 실행
- 변수 p1 ~ p6 X, Y 좌표 값 정의

④ 서브 함수 "hexagon_Draw" 호출 및 실행
- 전역변수 p1 ~ p6 좌표 값을 활용하여 hexagon Drawing

⑤ 메인 함수 복귀 및 실행

⑥ 서브 함수 “sysval_Fun2” 호출 및 실행
  - “osmode“ 시스템 변수 값 복원

Chapter 2

Visual LISP 기본 함수

1강에서는 Visual LISP 프로그램을 작성하기 위해 Visual LISP의 환경 설정부터 편집기를 사용한 기본적인 프로그램 작성 방법과 규칙에 대해 학습하였다.

2강에서는 자동화 프로그램 작성 시 반드시 알아야 하는 Visual LISP의 기본 함수들에 대해 설명했다. 이 강의에서는 산술 함수, LIST 함수, 사용자 입력 함수, 비교 논리 함수, 조건 및 판단문, 데이터 변환 함수, 문자열 함수, 입출력 함수를 포함한 다양한 함수들을 다루었다.

학습 방법은 기본 예제 실습 및 작성, 프로그램 분석, 함수 설명과 응용 예제 순서로 구성하여 각 함수에 대해 충분히 이해할 수 있도록 하였다.

2.1 산술 함수

산술 함수는 AutoCAD의 도면 객체 요소에 대해 수학적으로 계산할 때 필요한 함수들로 구성되어 있다.

2.1.1 기본 예제 실습

(1) 기본 예제 실습

원기둥의 반지름과 높이 값을 이용하여 원기둥의 부피를 구해보자.

예제 파일명	cyl_vol.lsp	
명령어	exe1	
변수 정의	원의 반지름	cir_r
	원기둥의 높이	hei
	원의 단면적	Area
	원기둥의 부피	Volume

(2) 프로그램 작성

아래 내용을 Visual LISP 편집창에서 새파일을 만들어 직접 작성한다.

Visual LISP 프로그램 편집창(Editor)

```
(defun c:exe1 ()

  ;; 원기둥의 반지름과 높이 값을 이용하여 원기둥의 부피 구하는 예제
  ;; cyl_vol.lsp

  (setq cir_r 30 hei 80)
  (setq Area (* pi (expt cir_r 2)))
  (setq Volume (* Area hei))
  (prompt "\n Result -- ")
  (prompt "\n원의 면적 = ") (princ Area)
  (prompt "\n원기둥의 부피 = ") (princ Volume)
  (prompt "\n -- ")
)
```

(3) 프로그램 실행

▷ 프로그램 저장 :"C:\GSINTER\App"폴더에 파일명 "cyl_col.lsp"로 저장한다.

▷ 프로그램 로드 : 단축키 "Ctrl + Alt + E" 또는 "도구" Tool bar의 첫 번째 아이콘 ( )을 선택하여 로드 한다.

▷ 프로그램 실행 : 아래와 같이 콘솔창에서 실행 또는 AutoCAD에서 명령어 "exe1"를 실행한다.

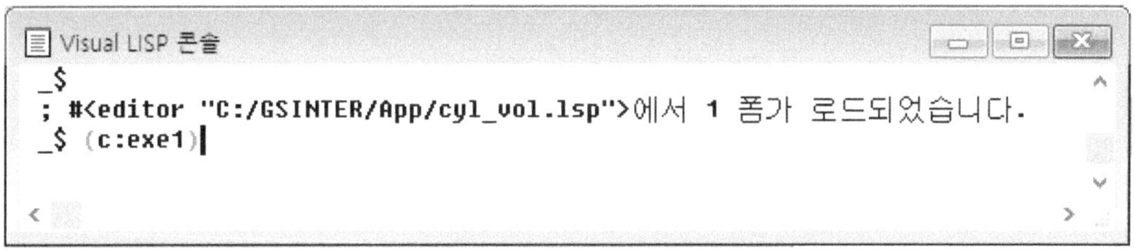

실행 결과는 AutoCAD에서 "F2"버튼을 클릭하면 확인이 용이하다.

(4) 프로그램 분석

```
(defun c:exe1 ()
     ........
)
```

▷ defun은 프로그램의 시작과 정의를 알리는 함수이며, "exe1"은 AutoCAD에서 명령어로 사용된다.

```
;; 원기둥의 반지름과 높이 값을 이용하여 원기둥의 부피 구하는 예제
;; cyl_vol.lsp
```

▷ ";" 세미콜론은 주석문 표현 시 사용하며, 프로그램 동작에는 무관하다. 해당 프로그램의 기능과 lsp 파일명을 설명하였다.

```
(setq cir_r 30 hei 80)
```

▷ setq 변수 정의 함수를 사용하여 원의 반지름과 원기둥의 높이 값을 정의하였다.

```
(setq Area (* pi (expt cir_r 2))
```

▷ 원의 단면적을 구한다. (원의 단면적 = = πr^2)

▷ "expt"는 주어진 수의 거듭제곱을 구하는 함수이다.
(expt cir_r 2) = cir_r^2

▷ "pi"는 Visual LISP 내부에서 3.14를 의미하는 예약어로서 고정된 변수이다.

```
(setq Volume (* Area hei))
```

▷ 원기둥의 부피를 구하는 프로그램이다.(원기둥 부피 = 단면적 * 높이)

```
(prompt "₩n Result -- ")
(prompt "₩n원의 면적 = ") (princ Area)
(prompt "₩n원기둥의 부피 = ") (princ Volume)
(prompt "₩n -- ")
```

▷ "prompt"함수는 실행 결과를 AutoCAD 명령어 창에 출력해주는 함수다.

▷ "\n"은 출력 시 줄바꿈 시 사용하며, 원의 면적 다음 줄에 원기둥의 부피 순으로 줄바꿈하여 결과를 출력한다.

2.1.2 더하기(+)

입력된 모든 숫자의 합을 구한다. 주어진 수에 따라 정수 또는 실수로 결과 값을 반환한다.

프로그램 형식)
(+ 숫자1 숫자2 ....)

Visual LISP 콘솔창(Console window)	
_$ (+ 5 10 15) ↵	
30	☞ 5 + 10 + 15
_$ (+ 5 10 15.0) ↵	
30.0	☞ 5 + 10 + 15.0
_$ (+ 3.3 4.2) ↵	
7.5	☞ 3.3 + 4.2
_$ (setq q 1 w 2 e 3.0) ↵	
_$ (+ q w) ↵	
3	☞ 1 + 2
_$ (+ q e) ↵	
4.0	☞ 1 + 3.0

2.1.3 빼기(-)

입력된 모든 숫자의 입력된 순으로 차를 구한다. 인자 값이 1개만 주어지면 0에서 숫자를 뺀 값을 반환한다.

프로그램 형식)
(- 숫자1 숫자2 ....)

Visual LISP 콘솔창(Console window)	
_$ (- 10 5) ↵	
5	☞ 10 - 5
_$ (- 5 10) ↵	
-5	☞ 5 - 10
_$ (- 4.2 3.1) ↵	
1.1	☞ 4.2 - 3.1
_$ (setq q 1 w 2 e 3.0) ↵	
_$ (- e w) ↵	
1.0	☞ 3.0 - 2
_$ (- q e) ↵	
-2.0	☞ 1 - 3.0

2.1.4 곱하기(*)

입력된 모든 숫자의 입력된 순으로 곱을 구한다. 인자 값이 1개만 주어지면 1에 곱한 값을 반환한다.

프로그램 형식)
(* 숫자1 숫자2 ....)

Visual LISP 콘솔창(Console window)

```
_$ (* 5 10 15) ↵
750                                ☞ 5 * 10 * 15
_$ (* 5 10 15.0) ↵
750.0                              ☞ 5 * 10 * 15.0
_$ (* 3.3 4.2) ↵
13.86                              ☞ 3.3 * 4.2
_$ (setq q 1 w 2 e 3.0) ↵
_$ (* q w) ↵
2                                  ☞ 1 * 2
_$ (* q e) ↵
3.0                                ☞ 1 + 3.0
```

2.1.5 나누기(/)

숫자1을 숫자2로 나눈 값을 반환한다. 숫자가 1개이면 기존 입력된 숫자 그대로 반환되고, 2개 이상 주어지면 숫자1을 숫자2 이하의 모든 숫자의 곱으로 나눈 값을 반환한다.

프로그램 형식)
(/ 숫자1 숫자2 ....)

Visual LISP 콘솔창(Console window)

```
_$ (/ 20 5) ↵
4                                  ☞ 20 / 5
_$ (/ 20 5.5) ↵
3.63636                            ☞ 20 / 5.5
_$ (/ 50 2 5) ↵
5                                  ☞ 50 / (2*5)
_$ (- (* 30 2) (/ 10 2.0)) ↵
55.0                               ☞ (30 * 2) / (10 / 2.0)
```

2.1.6 1+

입력된 숫자에 1을 더한 값을 반환한다.

프로그램 형식)
(1+ 숫자)

Visual LISP 콘솔창(Console window)

```
_$ (1+ 5) ↵
6                                    ☞ 5 + 1
_$ (setq q 5 w 10 e 15) ↵
_$ (* (+ q w) (1+ e)) ↵
240                                  ☞ (5 + 10) * (15 + 1)
```

2.1.7 1-

입력된 숫자에 1을 뺀 값을 반환한다.

프로그램 형식)
(1- 숫자)

Visual LISP 콘솔창(Console window)

```
_$ (1- 5) ↵
4                                    ☞ 5 - 1
_$ (setq q 5 w 10 e 15) ↵
_$ (* (+ q w) (1- e)) ↵
210                                  ☞ (5 + 10) * (15 - 1)
```

2.1.8 최대공약수(GCD)

입력된 숫자1과 숫자2의 최대공약수를 반환한다.

프로그램 형식)
(gcd 숫자1 숫자2)

Visual LISP 콘솔창(Console window)

```
_$ (gcd 9 18) ↵
9
_$ (setq q 4 w 8 e 32) ↵
_$ (gcd q w) ↵
4
_$ (gcd w e) ↵
8
```

2.1.9 나머지 연산(REM)

입력된 숫자1을 숫자2로 나눈 값의 나머지를 반환한다.

프로그램 형식)
(rem 숫자1 숫자2)

Visual LISP 콘솔창(Console window)

```
_$ (rem 10 3) ↵
1                              ☞ 10 = (3 * 3) + 1
_$ (setq q 33 w 7) ↵
_$ (rem q w) ↵
5                              ☞ 33 = (7 * 4) + 5
```

2.1.10 log 연산(LOG)

입력된 숫자의 자연대수 값을 실수로 반환한다.

프로그램 형식)
(log 숫자)

Visual LISP 콘솔창(Console window)

```
_$ (log 30) ↵
3.4012
_$ (setq q 10 w 20 e 30) ↵
_$ (* (log q) (log (+ w e))) ↵
9.00777
```

2.1.11 거듭제곱(EXP)

e를 숫자만큼 거듭제곱한 후 그 값을 반환한다.

프로그램 형식)
(exp 숫자)

Visual LISP 콘솔창(Console window)

```
_$ (exp 1) ↵
2.71828
_$ (exp 2.5) ↵
12.1825
```

2.1.12 거듭제곱근(EXPT)

숫자1을 숫자2 만큼 거듭제곱한 값을 반환한다.

프로그램 형식)
(expt 숫자1 숫자2)

Visual LISP 콘솔창(Console window)

```
_$ (expt 2 2) ↵
4                         ☞ 2 * 2
_$ (expt 4 3) ↵
64                        ☞ 4 * 4 * 4
```

2.1.13 제곱근(SQRT)

입력된 숫자의 제곱근을 반환한다.

프로그램 형식)
(sqrt 숫자)

Visual LISP 콘솔창(Console window)

```
_$ (sqrt 4) ↵
2.0
_$ (sqrt 49) ↵
7.0
```

2.1.14 절대값(ABS)

입력된 숫자의 절대값을 반환한다.

프로그램 형식)
(abs 숫자)

Visual LISP 콘솔창(Console window)

```
_$ (abs -4) ↵
4
_$ (abs 5.5) ↵
5.5
```

2.1.15 Sine(SIN)

입력된 각도의 sine 값을 반환한다. 이때 값은 radian 각도이다.

프로그램 형식)
(sin 숫자)

Visual LISP 콘솔창(Console window)

```
_$ (sin 90) ↵
0.893997
_$ (sin pi) ↵
1.22465e-16
_$ (sin (/ pi 2)) ↵
1.0
```

2.1.16 Cosine(COS)

입력된 각도의 sine 값을 반환한다. 이때 값은 radian 각도이다.

프로그램 형식)
(cos 숫자)

Visual LISP 콘솔창(Console window)

```
_$ (cos 1) ↵
0.540302
_$ (cos pi) ↵
-1.0
```

2.1.17 Arctangent(ATAN)

-pi ~ pi 범위내에서 숫자1을 숫자2로 나눈값의 Arctangent 값을 radian 각도 값으로 반환한다. 숫자1만 주어진 경우에는 -pi/2 ~ pi/2 범위내에서 숫자1의 Arctangent 값을 반환한다.

프로그램 형식)
(atan 숫자1 숫자2)

Visual LISP 콘솔창(Console window)

```
_$ (atan 1.0) ↵
0.785398
_$ (atan 2 3.0) ↵
0.588003
_$ (atan (sin (/ pi 4.0))) ↵
0.61548
```

참고) VisualLisp에서는 sin함수와 cos함수만 지원이 되고 tan함수는 지원이 되지 않으므로 tan 함수를 이용하려면 앞에서 학습한 dtr(a) 함수나 rtd(a) 함수와 같은 방법으로 사용자가 함수를 만들어 사용해야 한다.

(1) tangent 변환 사용자 함수 프로그램 작성하기

▷ 아래 내용을 Visual LISP 편집창에서 새파일을 만들어 직접 작성한다.

Visual LISP 프로그램 편집창(Editor)

```
(defun c:tan ()

  ;; tangent() 함수를 이용하여 TAN 함수를 구하는 예제
  ;; tangent_exchange.lsp

  (setq var1 (sin (/ pi 2.0)))
  (setq var2 (tangent (/ pi 4.0)))
)

(defun tangent (a)
  ;; TAN(a) = SIN(a) / COS(a)
  a = (/ (sin a) (cos a))
)
```

(2) 프로그램 실행

▷ 프로그램 저장 :"C:\GSINTER\App"폴더에 파일명 "tangent_exchange.lsp"로 저장한다.

▷ 프로그램 로드 : 단축키 "Ctrl + Alt + E" 또는 "도구" Tool bar의 첫 번째 아이콘 ( )을 선택하여 로드 한다.

▷ 프로그램 실행 : 아래와 같이 콘솔창에서 실행 또는 AutoCAD에서 명령어 "tan"를 실행한다.

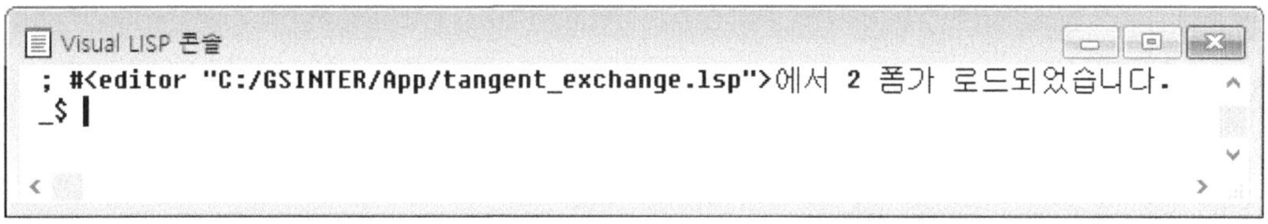

실행 결과는 AutoCAD에서 "F2"버튼을 클릭하면 확인이 용이하다.

(3) 프로그램 결과 확인

Visual LISP 콘솔창(Console window)	
_$ var1 ↵	
1.0	☞ (sin (/ pi 2.0)) = sin(90)
_$ var2 ↵	
1.0	☞ (tangent (/ pi 4.0)) = tan(45)

2.1.18 Maximum(MAX)

입력된 숫자 중 가장 큰 숫자를 반환한다.

<u>프로그램 형식)</u>

(max 숫자1 숫자2....)

Visual LISP 콘솔창(Console window)

```
_$ (max 30 88 99.0 100 5 3) ↵
100.0
_$ (setq q 10 w 30 e 50) ↵
_$ (max (+ q w) (- w e) (abs (- q e))) ↵
40
```

2.1.19 Minimum(MIN)

입력된 숫자 중 가장 작은 숫자를 반환한다.

프로그램 형식)
(min 숫자1 숫자2....)

Visual LISP 콘솔창(Console window)

```
_$ (min 30 88 99.0 100 5 3) ↵
3.0
_$ (setq q 10 w 30 e 50) ↵
_$ (min (+ q w) (- w e) (abs (- q e))) ↵
-20
```

2.1.20 응용 예제 실습

(1) 응용 예제 실습

무게 단위인 Ton 값을 숫자로 입력받아서 gram으로 변환하는 프로그램을 작성해보자. 이 때 변환할 Ton 값은 변수로 정의하지 않고, 사용자로부터 입력받아서 처리하는 getreal함수를 이용하여 프로그램 응용 예제를 작성해보도록 한다.

예제 파일명	weight_exchange.lsp	
명령어	exe2	
변수 정의	변환할 숫자(Ton)	get_ton
	변환할 결과(gram)	TonTogram

(2) 프로그램 작성

아래 내용을 Visual LISP 편집창에서 새파일을 만들어 직접 작성한다.

Visual LISP 프로그램 편집창(Editor)

```
(defun c:exe2 ()

  ;; 무게 변환하는 예제 (ton -> gram)
  ;; weight_exchange.lsp

  (setq get_ton (getreal "\n gram으로 변환할 값을 입력하세요. (ton) : "))
  (setq TonTogram (* get_ton 1000000))
  (prompt "\n Result -- ")
  (prompt "\n변환 전 [Ton] = ") (princ get_ton)
  (prompt "\n변환 후 [g] = ") (princ TonTogram)
  (prompt "\n -- ")

)
```

(3) 프로그램 실행

▷ 프로그램 저장 :"C:\GSINTER\App"폴더에 파일명 "weight_exchange.lsp"로 저장한다.

▷ 프로그램 로드 : 단축키 "Ctrl + Alt + E" 또는 "도구" Tool bar의 첫 번째 아이콘 ( )을 선택하여 로드 한다.

▷ 프로그램 실행 : 아래와 같이 콘솔창에서 실행 또는 AutoCAD에서 명령어 "exe2"를 실행한다.

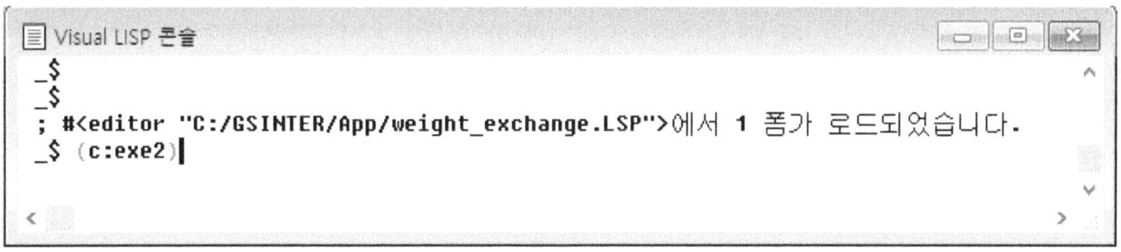

실행 결과는 AutoCAD에서 "F2"버튼을 클릭하면 확인이 용이하다.

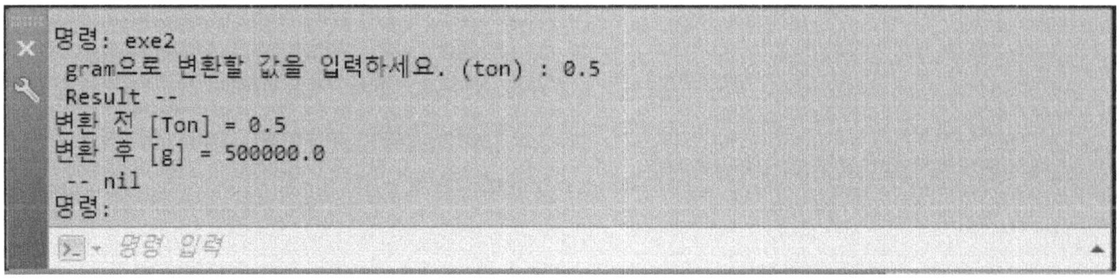

(4) 프로그램 분석

```
(defun c:exe2 ()
      ........
)
```

▷ defun은 프로그램의 시작과 정의를 알리는 함수이며, “exe2”은 AutoCAD에서 명령어로 사용된다.

```
;; 무게 변환하는 예제 (ton -> gram)
;; weight_exchange.lsp
```

▷ “;” 세미콜론은 주석문 표현 시 사용하며, 프로그램 동작에는 무관하다. 해당 프로그램의 기능과 lsp 파일명을 설명하였다.

```
(setq get_ton (getreal "₩n gram으로 변환할 값을 입력하세요. (ton) : "))
```

▷ “getreal”사용자 입력 함수를 이용하여 변환할 숫자(ton)을 입력받아 get_ton이라는 변수에 값을 저장한다.

▷ “getreal”함수 다음 "\n gram으로 변환할 값을 입력하세요. (ton) : " 라는 문자열은 아래와 같이 프로그램 실행 시 메시지를 화면에 출력한다.

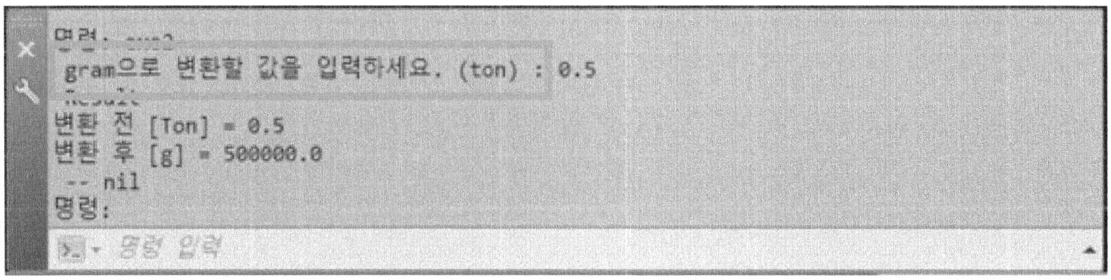

```
(setq TonTogram (* get_ton 1000000))
```

▷ 1[Ton] = 1,000,000[g] 이므로 산술 함수를 이용하여 단위 변환을 한다.

```
(prompt "₩n Result -- ")
(prompt "₩n변환 전 [Ton] = ") (princ get_ton)
(prompt "₩n변환 후 [g] = ") (princ TonTogram)
(prompt "₩n -- ")
```

▷ "prompt"함수를 이용하여 실행 결과를 AutoCAD 명령어 창에 출력한다.

2.2 LIST 함수

AutoCAD에서 생성된 객체들의 모든 정보들은 LIST 형태로 데이터를 관리되고 있다.

예를 들어 원을 그렸다면 원에 대한 X,Y,Z 좌표, 지름, 레이어 등 여러 가지의 정보가 생성된다. 우리는 앞으로 학습을 통해서 이러한 정보를 Visual LISP 함수를 이용하여 속성 정보들을 추출 및 변경할 수 있다.

이번 학습의 기본 예제 실습은 사용자로부터 두 점을 입력받아 두 점 사이의 거리를 계산하여 출력하는 프로그램과 두 점을 입력받아 사각형을 그리는 프로그램으로 구성하였으며, 응용 예제 실습은 도면 객체의 속성을 추출하고 변경하는 내용으로 구성하였으니, 반드시 직접 작성해 보고 충분히 이해하길 바란다.

2.2.1 기본 예제 실습

(1) 기본 예제 실습

AutoCAD에서 사용자로부터 두 점을 입력받아 두 점 사이의 거리를 계산하여 출력한다.

예제 파일명	2Pos_dist.lsp	
명령어	exe3	
변수 정의	첫 번째 포인트	pos1
	두 번째 포인트	pos2
	두 점 사이의 거리 값	dist
관련 함수	car	list 첫 번째 요소 반환(X좌표)
	cadr	list 두 번째 요소 반환(Y좌표)
	expt	반환된 숫자의 누승을 구한다.
	sqrt	반환된 숫자의 제곱근을 구한다.
	getpont	사용자로부터 점을 입력받는 함수
관련 수식	두 점 사이의 거리 = $\sqrt{(x2-x1)^2+(y2-y1)^2}$	

(2) 프로그램 작성

아래 내용을 Visual LISP 편집창에서 새파일을 만들어 직접 작성한다.

Visual LISP 프로그램 편집창(Editor)

```
(defun c:exe3 ()

  ;; 사용자로부터 2점을 입력받아 거리값을 계산하는 예제
  ;; 2Pos_dist.lsp

  (setq pos1 (getpoint "\n 첫 번째 위치를 클릭하세요. : "))
  (setq pos2 (getpoint "\n 두 번째 위치를 클릭하세요. : "))

  (setq dist (sqrt (+ (expt (- (car pos2) (car pos1)) 2) (expt (- (cadr pos2) (cadr pos1)) 2))))

  (prompt "\n Result -- ")
  (prompt "\n pos1 와 pos2의 거리값 = ") (princ dist)
  (prompt "\n -- ")

)
```

(3) 프로그램 실행

▷ 프로그램 저장 :“C:\GSINTER\App”폴더에 파일명 “2Pos_dist.lsp”로 저장한다.

▷ 프로그램 로드 : 단축키 “Ctrl + Alt + E” 또는 “도구” Tool bar의 첫 번째 아이콘 (↓)을 선택하여 로드 한다.

▷ 프로그램 실행 : 아래와 같이 콘솔창에서 실행 또는 AutoCAD에서 명령어 "exe3"를 실행한다.

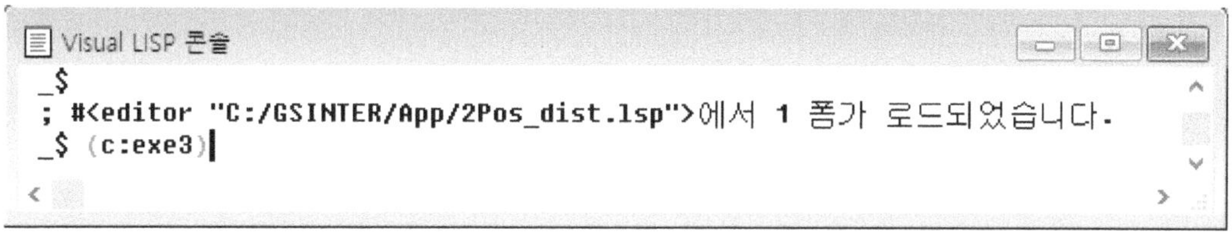

▷ 명령어 실행 후 각각 첫 번째 위치와 두 번째 위치를 클릭하면 아래와 같이 그 결과를 확인할 수 있다.

(4) 프로그램 분석

```
(defun c:exe3 ()
      ........
)
```

▷ defun은 프로그램의 시작과 정의를 알리는 함수이며, "exe3"은 AutoCAD에서 명령어로 사용된다.

```
;; 사용자로부터 2점을 입력받아 거리값을 계산하는 예제
;; 2Pos_dist.lsp
```

▷ ";" 세미콜론은 주석문 표현 시 사용하며, 프로그램 동작에는 무관하다. 해당 프로그램의 기능과 lsp 파일명을 설명하였다.

```
(setq pos1 (getpoint "₩n 첫 번째 위치를 클릭하세요. : "))
(setq pos2 (getpoint "₩n 두 번째 위치를 클릭하세요. : "))
```

▷ "getpoint" 함수를 사용하여 첫 번째 위치와 두 번째 위치를 사용자로부터 마우스로 입력 받아 변수 pos1, pos2 에 list 형태로 값을 저장한다.

▷ "getpoint" 함수 다음의 "\n 첫 번째 위치를 클릭하세요. :"는 명령어 실행 시 command 창에 사용자 안내 메시지로 출력된다.

```
(setq dist (sqrt (+ (expt (- (car pos2) (car pos1)) 2) (expt (- (cadr pos2) (cadr pos1)) 2))))
```

▷ 변수 pos1, pos2의 데이터 형식은 리스트 형식으로 (x__. y__. z__) 각각 저장된다.

▷ 각 변수 pos1, 2의 X 값은 = (car pos1,2) 또는 (nth 0 pos1,2)

▷ 각 변수 pos1, 2의 Y 값은 = (cadr pos1,2) 또는 (nth 1 pos1,2)

```
(prompt "₩n Result -- ")
(prompt "₩n pos1 와 pos2의 거리값 = ") (princ dist)
(prompt "₩n -- ")
```

▷ "prompt"함수는 실행 결과를 AutoCAD 명령어 창에 출력해주는 함수이다.

▷ "\n"은 출력 시 줄바꿈 시 사용한다.

2.2.2. LIST 함수

먼저, 리스트란 () 안에 묶여서 하나의 그룹을 형성하며, 리스트 함수를 사용하여 숫자 또는 문자열을 나열하여 하나의 리스트로 정의한다. 즉, 객체의 좌표점을 하나로 묶어서 X좌표, Y좌표, Z좌표를 하나의 리스트로 관리한다. (list 함수 대신 ' 작은 따옴표를 사용할 수도 있다.)

프로그램 형식)
(list 데이터1 데이터2....)

Visual LISP 콘솔창(Console window)

```
_$ (list 33 99 33.5 "리습" ) ↵
(33 99 33.5 "리습")
_$ (list "홍" "길" "동" ) ↵
("홍" "길" "동")
_$ '(1 2 3 4) ↵
(1 2 3 4)
```

2.2.3 LIST 분리 함수(CAR)

리스트 구성 요소에서 첫 번째 요소를 반환한다. 앞서 기본 예제 실습에서 car 함수를 이용하여 리스트 중 첫 번째 값인 X좌표 값을 사용했던 것과 동일하다.

프로그램 형식)
(car list)

Visual LISP 콘솔창(Console window)

```
_$ (setq L1(list 33 99 88) L2 '(1 2 3)) ↵
_$ (setq sum (+ (car L1) (car L2))) ↵
34
```

2.2.4 LIST 분리 함수(CDR)

리스트 구성 요소에서 첫 번째 요소를 제외한 나머지 요소들을 리스트로 반환한다.

프로그램 형식)
(cdr list)

Visual LISP 콘솔창(Console window)

```
_$ (setq L1(list 5 10 15)) ↵
(5 10 15)
_$ (setq L2 (cdr L1)) ↵
(10 15)
_$ (setq sum (+ (car L1) (car L2))) ↵
15
```

2.2.5 LIST 분리 함수(CADR)

리스트 구성 요소에서 두 번째 요소를 반환한다. (주로 Y 좌표 값 사용 시)

프로그램 형식)
(cadr list)

Visual LISP 콘솔창(Console window)

```
_$ (setq L1(list 33 99 88) L2 '(1 2 3)) ↵
_$ (setq sum (+ (cadr L1) (cadr L2))) ↵
101
```

2.2.6 LIST 분리 함수(CADDR)

리스트 구성 요소에서 세 번째 요소를 반환한다. (주로 Z 좌표 값 사용 시)

프로그램 형식)
(caddr list)

Visual LISP 콘솔창(Console window)

```
_$ (setq L1(list 33 99 88) L2 '(1 2 3)) ↵
_$ (setq sum (+ (caddr L1) (caddr L2))) ↵
91
```

2.2.7 LIST n+1 번째 요소 반환 함수(NTH)

리스트 구성 요소에서 (n+1) 번째 요소를 반환한다.

프로그램 형식)
(nth n list)

Visual LISP 콘솔창(Console window)

```
_$ (setq L1(list 33 99 88) L2 '(1 2 3)) ↵
_$ (nth 2 L2) ↵
3
_$ (setq sum (+ (nth 0 L1) (nth 1 L2))) ↵
35
```

2.2.8 기본 예제 실습 2

(1) 기본 예제 실습

AutoCAD에서 사용자로부터 대각선 두 점을 입력받아 사각형을 그리는 예제를 작성해 보자.

예제 파일명	2Pos_rec.lsp	
명령어	exe4	
변수 정의	첫 번째 포인트	pos1
	두 번째 포인트	pos2
	세 번째 포인트	pos3
	네 번째 포인트	pos4
관련 함수	car	list 첫 번째 요소 반환(X좌표)
	nth	list 두 번째 요소 반환(Y좌표)
	caddr	list 세 번째 요소 반환(Z좌표)

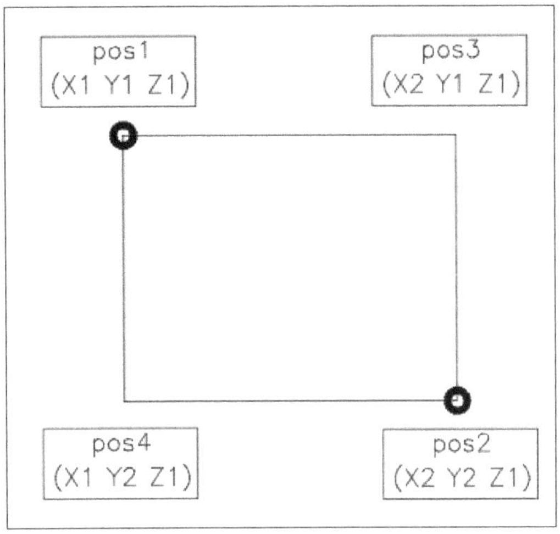

(2) 프로그램 작성

아래 내용을 Visual LISP 편집창에서 새파일을 만들어 직접 작성한다.

Visual LISP 프로그램 편집창(Editor)

```
(defun c:exe4 ()

  ;; 사용자로부터 대각선 2점을 입력받아 사각형을 그리는 예제
  ;; 2Pos_rec.lsp

  (setq pos1 (getpoint "\n 사각형의 시작점을 클릭하세요. : "))
  (setq pos2 (getpoint "\n 사각형의 대각선 점을 클릭하세요. : "))
  (setq pos3 (list (car pos2) (nth 1 pos1) (caddr pos1)))
  (setq pos4 (list (car pos1) (nth 1 pos2) (caddr pos1)))

  (command "line" pos1 pos3 pos2 pos4 pos1 "")

  (prompt "\n 사각형이 완료되었습니다!")
  (prompt "\n -- ")
)
```

(3) 프로그램 실행

▷ 프로그램 저장 :“C:\GSINTER\App”폴더에 파일명 “2Pos_rec.lsp”로 저장한다.

▷ 프로그램 로드 : 단축키 “Ctrl + Alt + E” 또는 “도구” Tool bar의 첫 번째 아이콘 (↓)을 선택하여 로드 한다.

▷ 프로그램 실행 : 아래와 같이 콘솔창에서 실행 또는 AutoCAD에서 명령어 "exe4"를 실행한다.

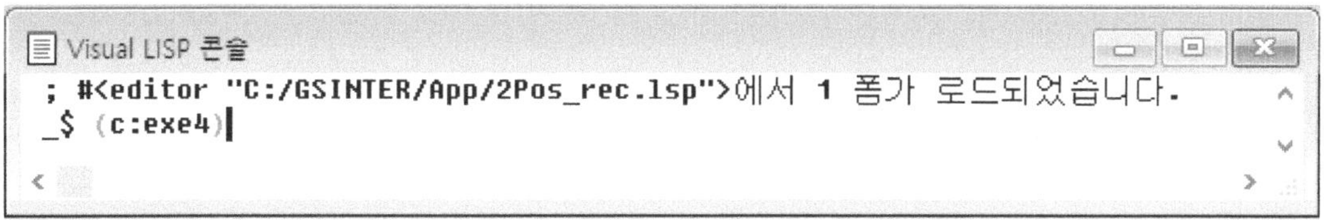

▷ 사각형의 시작점과 대각선 점을 클릭한다. (사각형 생성 완료)

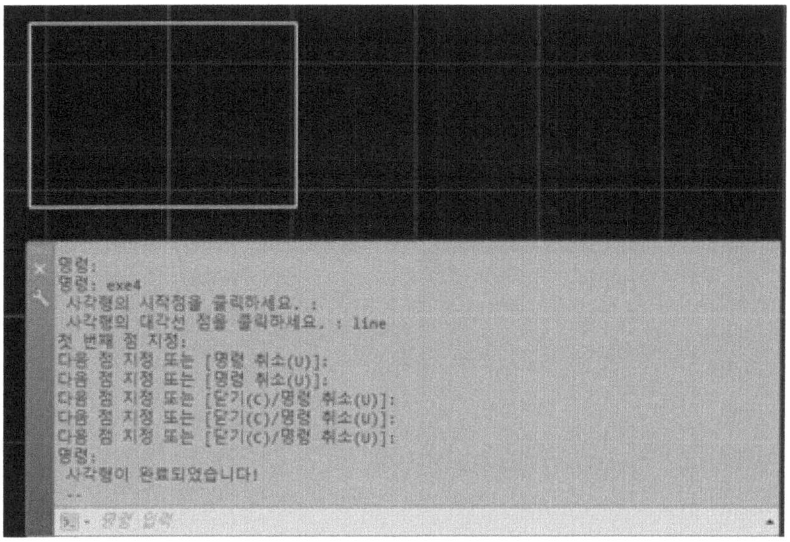

(4) 프로그램 분석

```
(defun c:exe4 ()
     ........
)
```

▷ defun은 프로그램의 시작과 정의를 알리는 함수이며, "exe4"은 AutoCAD에서 명령어로 사용된다.

```
;; 사용자로부터 대각선 2점을 입력받아 사각형을 그리는 예제
;; 2Pos_rec.lsp
```

▷ ";" 세미콜론은 주석문 표현 시 사용하며, 프로그램 동작에는 무관하다. 해당 프로그램의 기능과 lsp 파일명을 설명하였다.

```
(setq pos1 (getpoint "₩n 사각형의 시작점을 클릭하세요. : "))
(setq pos2 (getpoint "₩n 사각형의 대각선 점을 클릭하세요. : "))
```

▷ "getpoint" 함수를 사용하여 첫 번째 위치와 두 번째 위치를 사용자로부터 마우스로 입력받아 변수 pos1, pos2 에 list 형태로 값을 저장한다.

```
(setq pos3 (list (car pos2) (nth 1 pos1) (caddr pos1)))
(setq pos4 (list (car pos1) (nth 1 pos2) (caddr pos1)))
```

▷ 변수 pos1, pos2 리스트 (좌표) 요소를 추출하여 변수 pos3와 pos4 리스트를 작성했다.

▷ pos3의 X 좌표 = pos2 리스트의 첫 번째 요소(X 좌표)

▷ pos3의 Y 좌표 = pos1 리스트의 두 번째 요소(Y 좌표)

▷ pos4의 X 좌표 = pos1 리스트의 첫 번째 요소(X 좌표)

▷ pos4의 Y 좌표 = pos2 리스트의 두 번째 요소(Y 좌표)

▷ pos3, pos4의 Z 좌표 = pos1 리스트의 세 번째 요소(Z 좌표)
☞ 2D 상이므로 Z좌표는 0.0으로 출력된다.

```
(command "line" pos1 pos3 pos2 pos4 pos1 "")
```

▷ AutoCAD 명령어 "line"을 이용하여 4개의 좌표점을 연결하여 사각형을 그린다.

```
(prompt "₩n 사각형이 완료되었습니다!")
(prompt "₩n -- ")
```

▷ "prompt"함수를 이용하여 프로그램이 안전하게 종료되었음을 확인한다.

▷ "\n"은 출력 시 줄바꿈 시 사용한다.

2.2.9 LIST 순서 재배열(REVERSE)

리스트 구성 요소들의 순서를 역으로 재배열하여 반환한다.

프로그램 형식)
(reverse list)

Visual LISP 콘솔창(Console window)

```
_$ (setq L1(list 33 66 99)) ↵
(33 66 99)
_$ (setq L2(reverse L1)) ↵
(99 66 33)
_$ (setq L3(reverse L2)) ↵
(33 66 99)
```

2.2.10 LIST 결합(APPEND)

여러 개의 리스트들을 하나의 리스트로 결합하여 반환한다.

프로그램 형식)
(append list1 list2....)

Visual LISP 콘솔창(Console window)

```
_$ (setq L1(list 33 66 99) L2(list "폴" "리" "텍" )) ↵
_$ (append L1 L2) ↵
(33 66 99 "폴" "리" "텍")
```

2.2.11 LIST 마지막 요소 반환(LAST)

리스트 구성 요소에서 마지막 요소를 반환한다.

프로그램 형식)
(last list)

Visual LISP 콘솔창(Console window)
_$ (setq L1(list "폴" "리" "텍")) ↵ _$ (last L1) ↵ "텍"

2.2.12 LIST 요소 변경(SUBST)

해당 리스트 대체할 요소<요소2>를 검색하여 원하는 요소<요소1>로 변경하여 리스트를 반환한다.

프로그램 형식)
(subst 요소1 요소2 list)

Visual LISP 콘솔창(Console window)
_$ (setq L1(list 33 66 99 "변경전")) ↵ _$ (subst "변경후" "변경전" L1) ↵ (33 66 99 "변경후")

2.2.13 LIST 요소 추가(CONS)

원하는 요소를 리스트의 첫 번째 구성 요소로 추가하여 반환한다. 여기서 추가하려는 요소가 리스트의 형태가 아니면 점 형태의 리스트로 반환한다.

프로그램 형식)
(cons 요소1 요소2 list)

Visual LISP 콘솔창(Console window)
_$ (setq L1(list 33 66 99) L2 0) ↵ _$ (cons "GSINTER" L1) ↵ ("GSINTER" 33 66 99) _$ (cons 5 L2) ↵ (5 . 0)

2.2.14 LIST 전체 함수 추가(APPLY)

리스트 구성 요소 전체에 함수에 대입하고 그 결과를 반환한다.

프로그램 형식)
(apply 함수 list)

Visual LISP 콘솔창(Console window)

```
_$ (setq L1(list 1 2 3)) ↵
_$ (apply '+ L1) ↵
6
_$ (apply '* L1) ↵
6
```

2.2.15 LIST 요소 함수 적용(MAPCAR)

다수의 리스트 구성 요소들에 대해 함수를 적용하고 그 결과를 반환한다.

프로그램 형식)
(mapcar 함수 list1 list2....)

Visual LISP 콘솔창(Console window)

```
_$ (setq L1(list 1 2 3) L2(list 10 20 30)) ↵
_$ (mapcar '1+ L1) ↵
(2 3 4)                      ☞ (1+1 1+2 1+3)
_$ (mapcar '+ L1 L2) ↵
(11 22 33)                   ☞ (1+10 2+20 3+30)
```

2.2.16 LIST 요소 개수 반환(LENGTH)

리스트의 구성 요소들의 개수를 정수로 반환한다.

프로그램 형식)
(length list)

Visual LISP 콘솔창(Console window)
_$ (setq L1(list 1 2 3) L2(list "폴" "리" "텍" "대" "학")) ↵ _$ (length L1) ↵ 3 _$ (length L2) ↵ 5

2.2.17 LIST 확인 함수(LISTP)

확인할 변수 또는 데이터가 리스트이면 T, 리스트가 아니면 nil을 반환한다.

프로그램 형식)
(listp 데이터)

Visual LISP 콘솔창(Console window)
_$ (setq L1(list 1 2 3) L2 50) ↵ _$ (listp L1) ↵ T _$ (listp L2) ↵ nil

2.2.18 LIST 요소 반환(MEMBER)

리스트의 요소들 중에 주어진 데이터가 존재하면, 그 데이터 포함하여 그 이하의 구성 요소를 별도의 리스트로 반환한다.

프로그램 형식)
(menber 데이터 list)

Visual LISP 콘솔창(Console window)
_$ (setq L1(list "G" "S" "인" "터" "비" "전")) ↵ _$ (member "인" L1) ↵ ("인" "터" "비" "전")

2.2.19 LIST 요소 검색(ASSOC)

리스트의 요소들 중에 주어진 데이터가 존재하면, 그 데이터 포함하고 있는 리스트를 반환한다.

프로그램 형식)
(assoc 데이터 list)

Visual LISP 콘솔창(Console window)

```
_$ (setq L1 '((-1. <도면요소 이름: 2910>) (0. "LINE") (5. "4C31"))) ↵
((-1.0 <도면요소 이름: 2910>) (0.0 "LINE") (5.0 "4C31"))
_$ (assoc 0. L1) ↵
(0.0 "LINE")
```

2.2.20 응용 예제 실습

(1) 응용 예제 실습

AutoCAD에서 작성한 모든 객체들의 속성들은 리스트 형태로 되어 있다. 이번 응용 예제 실습을 통해 ASSOC 함수를 이용하여 객체의 속성을 확인해보도록 하겠다.

예제 파일명	circle_ent.lsp	
명령어	exe5	
변수 정의	sel	선택된 객체(원)
	ent	선택된 객체(원) 요소
	ent_name	객체 이름
	ent_coordi	객체 좌표(중심점)
	ent_rad	객체 반지름
관련 함수	entsel	Entity 객체 선택 함수
	entget	선택된 객체 속성 출력 함수
	assoc	해당 요소 리스트 출력 함수
	car	리스트의 첫 번째 값 반환
	cdr	리스트 첫 번째 값 외 값들 반환

▷ 먼저 아래 그림과 같이 X50, Y50 좌표에 반지름 15mm 원을 그린다.

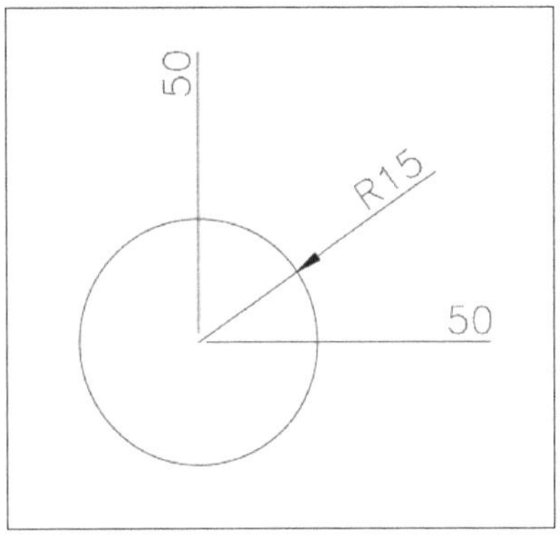

(2) 프로그램 작성

아래 내용을 Visual LISP 편집창에서 새파일을 만들어 직접 작성한다.

Visual LISP 프로그램 편집창(Editor)

```
(defun c:exe5 ()

  ;; AutoCAD 객체인 원의 속성을 확인해 보는 예제
  ;; circle_ent.lsp

  (setq sel (entsel "\n 원을 선택하세요. : "))
  (setq ent (entget (car sel)))
  (setq ent_name (cdr (assoc 0 ent)))
  (setq ent_coordi (cdr (assoc 10 ent)))
  (setq ent_rad (cdr (assoc 40 ent)))

  (prompt "\n Result -- ")
  (prompt "\n 선택된 객체 이름 : ") (princ ent_name)
  (prompt "\n 객체 중심점 : ") (princ ent_coordi)
  (prompt "\n 객체 반지름 : ") (princ ent_rad)
  (prompt "\n -- ")
)
```

(3) 프로그램 실행

▷ 프로그램 저장 :"C:\GSINTER\App"폴더에 파일명 "circle_ent.lsp"로 저장한다.

▷ 프로그램 로드 : 단축키 "Ctrl + Alt + E" 또는 "도구" Tool bar의 첫 번째 아이콘 (↓)을 선택하여 로드 한다.

▷ 프로그램 실행 : 아래와 같이 콘솔창에서 실행 또는 AutoCAD에서 명령어 "exe5"를 실행한다.

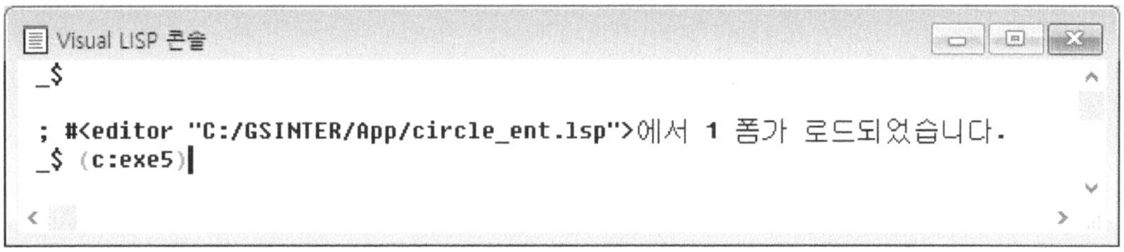

실행 후 AutoCAD에서 앞 전에 작성한 원을 클릭한다.

▷ 실행 결과

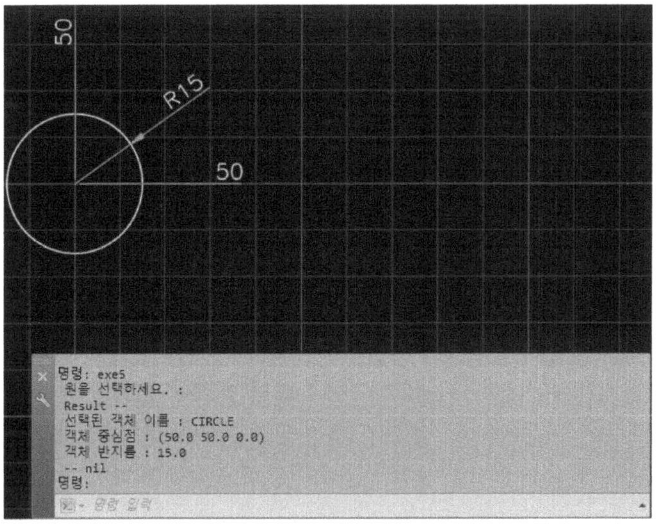

(4) 프로그램 분석

```
(defun c:exe5 ()
      ........
)
```

▷ defun은 프로그램의 시작과 정의를 알리는 함수이며, "exe5"은 AutoCAD에서 명령어로 사용된다.

```
;; AutoCAD 객체인 원의 속성을 확인해 보는 예제
;; circle_ent.lsp
```

▷ “;” 세미콜론은 주석문 표현 시 사용하며, 프로그램 동작에는 무관하다. 해당 프로그램의 기능과 lsp 파일명을 설명하였다.

```
(setq sel (entsel "₩n 원을 선택하세요. : "))
(setq ent (entget (car sel)))
```

▷ “entsel” 함수를 사용하여 AutoCAD의 객체를 선택하여 객체의 속성 정보를 변수 sel에 저장한다.

▷ “entget” 함수를 사용하여 선택된 객체 정보 중 첫 번째 요소 〈도면요소 이름:xxxxxx〉에 해당하는 리스트 형태의 속성 값들을 변수 ent에 저장한다.

▷ 변수 ent 저장된 객체 속성 리스트는 아래 형태로 표현된다.
(콘솔창에서 변수 입력 후 엔터)

Visual LISP 콘솔창(Console window)
_$ ent ↵ ((-1 . <도면요소 이름: 279c6db6930>) (0 . "CIRCLE") (5 . "4C33") (102 . "{ACAD_REACTORS") (330 . <도면요소 이름: 279c6db6b50>) (330 . <도면요소 이름: 279c6db6ed0>) (330 . <도면요소 이름: 279d58be050>) (102 . "}") (330 . <도면요소 이름: 279c6d251f0>) (100 . "AcDbEntity") (67 . 0) (410 . "Model") (8 . "0") (100 . "AcDbCircle") (10 50.0 50.0 0.0) (40 . 15.0) (210 0.0 0.0 1.0))

```
(setq ent_name (cdr (assoc 0 ent)))
(setq ent_coordi (cdr (assoc 10 ent)))
(setq ent_rad (cdr (assoc 40 ent)))
```

▷ 변수 ent의 속성 리스트에서 객체 이름, 원의 좌표, 원의 반지름 값을 출력한다.
- (assoc 0 ent) = (0 . “CIRCLE”) 출력 → (cdr (0 . “CIRCLE”)) = “CIRCLE”→ 출력
- (assoc 10 ent) = (10 50.0 50.0 0.0) 출력 → (cdr (10 50.0 50.0 0.0)) = 50.0 50.0 0.0 → 출력
- (assoc 40 ent) = (40 . 15.0) 출력 → (cdr (40 . 15.0)) = 15.0 → 출력

```
(command "line" pos1 pos3 pos2 pos4 pos1 "")
```

▷ AutoCAD 명령어 "line"을 이용하여 4개의 좌표점을 연결하여 사각형을 그린다.

```
(prompt "\n Result -- ")
(prompt "\n 선택된 객체 이름 : ") (princ ent_name)
(prompt "\n 객체 중심점 : ") (princ ent_coordi)
(prompt "\n 객체 반지름 : ") (princ ent_rad)
(prompt "\n -- ")
```

▷ "prompt"함수를 이용하여 결과를 AutoCAD 명령창에 출력한다.

▷ "\n"은 출력 시 줄바꿈 시 사용한다.

2.3 사용자 입력 함수

사용자 입력 함수 편에서는 AutoCAD에서 사용자가 키보드를 통해서 입력받는 방법과 마우스를 이용하여 객체를 입력받는 방식이 있다. 키보드를 입력받는 방법으로 "get___" 함수를 사용하는 방법과 마우스로 좌표(point)를 입력받아 도면을 자동으로 그리기 위한 함수를 학습해 본다.

2.3.1 기본 예제 실습

(1) 기본 예제 실습

AutoCAD에서 사용자로부터 한 점을 입력받아 사각형을 그리는 예제를 작성해 보자.

예제 파일명	Get1Pos_rec.lsp	
명령어	exe6	
변수 정의	첫 번째 포인트	pos1
	사각형 한 변의 길이	dist
	두 번째 포인트	pos2
	세 번째 포인트	pos3
	네 번째 포인트	pos4
관련 함수	getpoint	좌표점 입력 함수
	getdist	거리 값 입력 함수
	polar	좌표점 출력 함수(점-각-거리)

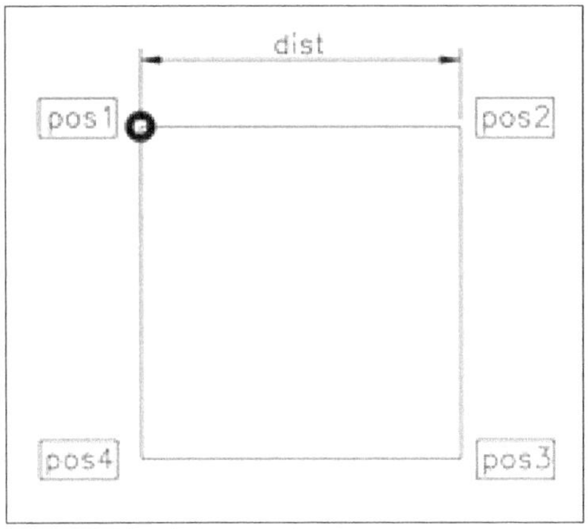

(2) 프로그램 작성

아래 내용을 Visual LISP 편집창에서 새파일을 만들어 직접 작성한다.

Visual LISP 프로그램 편집창(Editor)

```
(defun c:exe6 ()

  ;; 사용자로부터 1점을 입력받아 사각형을 그리는 예제
  ;; Get1Pos_rec.lsp

  (setq pos1 (getpoint "\n 사각형의 시작점을 클릭하세요. : "))
  (setq dist (getdist "\n 사각형 한 변의 길이를 입력하세요. : "))

  (setq pos2 (polar pos1 0 dist))
  (setq pos3 (polar pos2 (* pi -0.5) dist))
  (setq pos4 (polar pos3 pi  dist))

  (command "line" pos1 pos2 pos3 pos4 pos1 "")

  (prompt "\n 사각형이 완료되었습니다!")
  (prompt "\n -- ")
)
```

(3) 프로그램 실행

▷ 프로그램 저장 :“C:\GSINTER\App”폴더에 파일명 “Get1Pos_rec.lsp”로 저장한다.

▷ 프로그램 로드 : 단축키 “Ctrl + Alt + E” 또는 “도구” Tool bar의 첫 번째 아이콘 (↓)을 선택하여 로드 한다.

▷ 프로그램 실행 : 아래와 같이 콘솔창에서 실행 또는 AutoCAD에서 명령어 "exe4"를 실행한다.

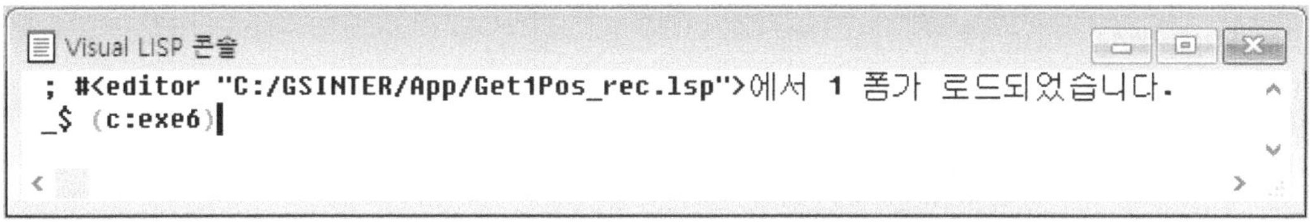

▷ 사각형의 시작점 클릭 후 한 변의 길이를 입력한다.(사각형 생성 완료)

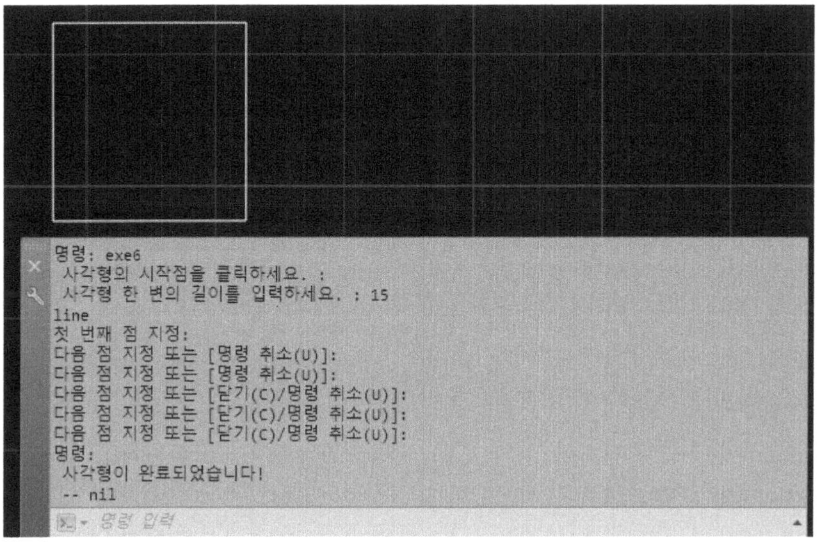

(4) 프로그램 분석

```
(defun c:exe6 ()
      ........
)
```

▷ defun은 프로그램의 시작과 정의를 알리는 함수이며, "exe6"은 AutoCAD에서 명령어로 사용된다.

```
;; 사용자로부터 1점을 입력받아 사각형을 그리는 예제
;; Get1Pos_rec.lsp
```

▷ ";" 세미콜론은 주석문 표현 시 사용하며, 프로그램 동작에는 무관하다. 해당 프로그램의 기능과 lsp 파일명을 설명하였다.

```
(setq pos1 (getpoint "₩n 사각형의 시작점을 클릭하세요. : "))
(setq dist (getdist "₩n 사각형 한 변의 길이를 입력하세요. : "))
```

▷ "getpoint" 함수를 사용하여 첫 번째 위치(좌표점)와 사용자로부터 마우스로 입력받아 변수 pos1 에 list 형태로 값을 저장한다.

▷ "getdist" 함수를 사용하여 사각형 한 변의 길이 값을 사용자로부터 키보드로 입력받아 변수 dist에 값을 저장한다.

```
(setq pos2 (polar pos1 0 dist))
(setq pos3 (polar pos2 (* pi -0.5) dist))
(setq pos4 (polar pos3 pi  dist))
```

▷ 변수 pos2 은 polar 함수를 사용하여 사용자로부터 입력받은 좌표점(pos1)을 기준으로 0도 방향으로 사각형 한 변의 길이(dist) 만큼 이동하여 좌표점을 생성했다.

▷ 변수 pos3 은 polar 함수를 사용하여 위와 같은 방법으로 pos2 좌표를 기준으로 -90도(pi * -0.5)로 dist 값 만큼 이동하여 좌표점을 생성했다.

▷ 변수 pos4 은 polar 함수를 사용하여 위와 같은 방법으로 pos3 좌표를 기준으로 180도(pi)로 dist 값 만큼 이동하여 좌표점을 생성했다.

```
(command "line" pos1 pos2 pos3 pos4 pos1 "")
```

▷ AutoCAD 명령어 "line"을 이용하여 4개의 좌표점을 연결하여 사각형을 그린다.

```
(prompt "₩n 사각형이 완료되었습니다!")
(prompt "₩n -- ")
```

▷ "prompt"함수를 이용하여 프로그램이 안전하게 종료되었음을 확인한다.

▷ "\n"은 출력 시 줄바꿈 시 사용한다.

2.3.2 좌표점 입력(GETPOINT)

사용자로부터 좌표점을 입력받는다.

기준점이 주어지면 기준점으로부터 가이드 라인이 보인다. (기준점 생략 가능)

사용자가 좌표점 입력 시 안내하는 메세지로서 줄바꿈 문자"\n"과 함께 사용된다.

프로그램 형식)
(getpoint 기준점 메세지)

Visual LISP 콘솔창(Console window)

```
_$ (setq pos1 (getpoint "₩n Enter First Point : "))  ↵
(661.515 156.766 0.0)                              ☞ 사용자가 입력한 좌표점
_$ (setq pos2 (getpoint pos1 "₩n Second point: "))  ↵
(672.807 162.609 0.0)                              ☞ pos1 점에서 가이드 라인 생성

_$ (command "line" pos1 pos2 "" ) ↵                ☞ pos1과 pos2를 잇는 선을 그림
```

2.3.3 좌표점 입력/ 좌표점 출력(GETCORNER)

사용자로부터 좌표점을 입력받고 좌표점을 출력한다.

기준점이 주어지면 기준점으로부터 윈도우 형태의 가이드 라인이 보인다.(기준점 필수)

사용자가 좌표점 입력 시 안내하는 메세지로서 줄바꿈 문자"\n"과 함께 사용된다.

프로그램 형식)
(getconer 기준점 메세지)

Visual LISP 콘솔창(Console window)

```
_$ (setq pos1 (getpoint "₩n Enter First Point : "))  ↵
(661.515 156.766 0.0)                              ☞ 사용자가 입력한 좌표점
_$ (setq pos2 (getcorner pos1 "₩n Second corner Point: "))  ↵
(672.807 162.609 0.0)                              ☞ pos1 점에서 윈도우 생성
_$ (command "rectang" pos1 pos2) ↵                 ☞ pos1과 pos2 이용하여 사각형 그림
```

2.3.4 각도값 입력/ 각도 출력(GETANGLE)

사용자로부터 각도를 입력받고 radian 각도로 출력한다.

기준점이 주어지면 기준점과 사용자가 입력하는 한 점의 각도를 출력한다.

프로그램 형식)
(getangle 기준점 메세지)

Visual LISP 콘솔창(Console window)

```
_$ (setq pos1 (list 100 100 0))  ↵
(100 100 0)
_$ (setq ang (getangle "₩n Enter Angle : "))  ↵
180 ↵                              ☞ AutoCAD에서 180 입력
3.14159                            ☞ 각도 180도 → radian 3.14159로 출력
_$ (setq ang1 (getangle pos1 "₩n Enter Point : "))  ↵
4.71239            ☞ pos1 점을 기준으로 사용자로부터 입력받은 좌표점과의 각도를 출력
```

2.3.5 각도값 입력2/ 각도 출력(GETORIENT)

getangle과 같이 입력된 각도를 Radian으로 출력한다. getangle 함수는 Units 대화상자에서 정의한 "0도 방향"과 "회전방향"에 따라 출력 값이 달라지지만 getorient 함수는 항상 "동쪽방향"을 "0도 방향"으로 하고 "반시계방향"을 "(+)증가방향"으로 하여 각도를 출력한다.

프로그램 형식)
(getorient 기준점 메세지)

Visual LISP 콘솔창(Console window)

```
_$ (setq pos1 (list 100 100 0))  ↵
(100 100 0)
_$ (setq ang (getorient "₩n Enter Angle : "))  ↵
180 ↵                              ☞ AutoCAD에서 180 입력
3.14159                            ☞ 각도 180도 → radian 3.14159로 출력
_$ (setq ang1 (getorient pos1 "₩n Enter Point : "))  ↵
4.71239
```

2.3.6 거리값 입력/ 실수 출력(GETDIST)

사용자로부터 길이를 입력받아 실수로 출력한다. 기준점 이 주어지면 가이드 라인에 의해 "점"을 입력하여 기준점과 지정한 점 사이의 거리를 구한다.

프로그램 형식)
(getdist 기준점 메세지)

Visual LISP 콘솔창(Console window)

```
_$ (setq pos1 (list 100 100 0)) ↵
(100 100 0)
_$ (setq dist1 (getdist "₩n Enter distance : ")) ↵
150 ↵                          ☞ AutoCAD에서 150 입력
150.0                          ☞ 150.0 실수로 출력
_$ (setq dist2 (getdist pos1 "₩n Second Point : ")) ↵
322.188        ☞ pos1을 기준점과 dist2 점 사이의 거리를 실수로 출력
```

2.3.7 점,각,거리 좌표 리스트(POLAR)

입력된 점에서 각도 방향으로 거리 만큼 위치한 점을 출력한다. 이때 각도의 단위는 Radian 이다.

프로그램 형식)
(polar 점 각 거리)

Visual LISP 콘솔창(Console window)

```
_$ (setq pos1 (list 100 100 0)) ↵
(100 100 0)
_$ (setq pos2 (polar pos1 (* pi 0.5) 50)) ↵
☞ pos1 점을 기준으로 90도 방향으로 50mm 이동한 좌표점 정의
_$ (command "line" pos1 pos2 "" ) ☞ pos1과 pos2를 연결하는 선을 그림
```

2.3.8 문자열 입력(GETSTRING)

사용자로부터 문자열을 입력받는다. 문자[T]는 문자열 입력 시 띄어쓰기의 허용 여부를 나타낸다.

프로그램 형식)
(getstring 문자 메세지)

Visual LISP 콘솔창(Console window)

```
_$ (setq str1 (getstring "₩n 직원 이름과 내선 번호를 입력하세요 :" )) ↵
 "김성태"
 ☞ 문자[T] 가 없으면, 띄어쓰기를 위해 space bar 입력 시 엔터로 인식된다.

_$ (setq str1 (getstring T "₩n 직원 이름과 내선 번호를 입력하세요 :" )) ↵
"김성태 119 "
 ☞ 문자[T] 가 있기 때문에 space bar 입력 시 띄어쓰기로 인식된다.
```

2.3.9 키워드 입력(GETKWORD)

사용자로부터 키워드(문자 타입)을 입력받는다. 여기서 키워드는 "initget" 함수에 의해 정의된 목록의 문자이다. 목록에 없는 키워드를 입력할 경우에는"옵션 키워드가 유효하지 않음."이라는 에러 메시지 발생과 동시에 재입력을 요구한다.

프로그램 형식)
(getkword 키워드(문자))

Visual LISP 콘솔창(Console window)

```
_$ (initget 1 "Y N" ) ↵
_$ (setq kwd (getkword "₩nSelect Yes<Y> or No<N> :" )) ↵
OK ↵                          ☞ AutoCAD에서 "OK" 입력
옵션 키워드가 유효하지 않음.        ☞ 에러 메시지 발생
Copy<c> or Move<m> : copy ↵  ☞ 재입력 요구
Invalid option keyword.
Select Yes<Y> or No<N> : Y ↵
 "Y"
```

2.3.10 옵션 선택(INITGET)

Get___ 함수에서 사용될 옵션을 정의한다.

단, getstring, getvar, getenv 함수는 키워드를 받아들이지 않는 유일한 사용자 입력 함수이다.

프로그램 형식)
(initget <bits> 메세지)

옵션〈bits〉에 대한 내용은 아래와 같다.

bits	옵션
1	nil의 입력을 허용 안함
2	0<zero> 값의 입력을 허용 안함
4	음수값의 입력을 허용 안함
8	Limits(도면용지크기)를 체크 안함
32	Rubber-Band 선을 파선으로 사용
64	getdist 함수에서 3D점의 Z좌표를 무시

▷ 사용자가 옵션에 적합하지 않은 문자를 입력하면 에러 메시지 발생과 함께 재입력을 요구한다.

Visual LISP 콘솔창(Console window)

```
_$ (initget 4) ↵                                ☞ 음수값의 입력을 허용 안함(bits 4)
_$ (setq rpt (getint "반복 횟수를 입력하세요(양수) :" )) ↵
반복 횟수를 입력하세요(양수) : -50 ↵        ☞ AutoCAD에서 "-50" 입력
값은 반드시 양수이어야 함.                    ☞ 에러 메시지 발생
반복 횟수를 입력하세요(양수) : 50 ↵         ☞ 재입력 요구
50
```

▷ 이 외 여러 가지 옵션들 설정하려면 해당하는 bits 값들을 더하기로 표현한다.
예를 들어 nil의 입력을 허용하지 않고(bits 1), 0 값의 입력을 허용하지 않고(bits 2), 음수값의 입력을 허용하지 않는 경우(bits 4)에는 아래와 같이 정의할 수 있다.

Visual LISP 콘솔창(Console window)
_$ (initget (+ 1 2 4)) ↵ ☞ 입력 옵션 설정(bits 1, 2, 4) _$ (setq rpt (getint "반복 횟수를 입력하세요(양수) :")) ↵ 반복 횟수를 입력하세요(양수) : ↵ ☞ AutoCAD에서 입력하지 않고 엔터(nil) 칠 경우 0이 아닌 양의 정수를 요구함. ☞ 에러 메시지 발생 반복 횟수를 입력하세요(양수) : -50 ↵ ☞ 음수 값 입력한 경우 값은 반드시 양수와 0이 아닌 값이어야 함. ☞ 에러 메시지 발생 반복 횟수를 입력하세요(양수) : 0 ↵ ☞ 0 값을 입력한 경우 값은 반드시 양수와 0이 아닌 값이어야 함. ☞ 에러 메시지 발생 반복 횟수를 입력하세요(양수) : 50 ↵ ☞ 50 값을 입력한 경우 50

2.3.11 실수 입력(GETREAL)

사용자로부터 실수를 입력받는다.

프로그램 형식)
(getreal 메세지)

Visual LISP 콘솔창(Console window)
_$ (setq rel (getreal "₩n 치수를 입력하세요 :")) ↵ 치수를 입력하세요 :20 ↵ ☞ AutoCAD에서 20 입력 20.0 ☞ 20.0 실수로 출력

2.3.12 정수 입력(GETINT)

사용자로부터 정수를 입력받는다. 만약 실수 값으로 입력되면 에러 메시지와 함께 재입력을 요구한다.

프로그램 형식)
(getint 메세지)

Visual LISP 콘솔창(Console window)

```
_$ (setq int (getint "₩n 치수를 입력하세요 :" )) ↵
치수를 입력하세요 :20.0 ↵            ☞ AutoCAD에서 20.0 입력(실수 입력)
정수값을 요구함.                      ☞ 에러 메시지 발생
치수를 입력하세요 :20 ↵              ☞ AutoCAD에서 20 입력(정수 입력)
20                                  ☞ 20 정수로 출력
```

2.3.13 거리값 출력(DISTANCE)

주어진 좌표점1과 좌표점2 사이의 거리 값을 출력한다.

프로그램 형식)
(distance 좌표점1 좌표점2)

Visual LISP 콘솔창(Console window)

```
_$ (setq pos1(list 50 50 0) pos2(list 100 100 0)) ↵
_$ (setq dist(distance pos1 pos2)) ↵
70.7107    ☞ 거리값 출력
```

2.3.14 각도값 출력(ANGLE)

주어진 좌표점1과 좌표점2 사이의 각도 값을 radian 각도로 출력한다. 이 때 동쪽 방향0도를 기준으로 각도값이 출력되며, 좌표점 입력 순서에 따라 180도 만큼의 차이가 발생한다.

프로그램 형식)
(angle 좌표점1 좌표점2)

Visual LISP 콘솔창(Console window)

```
_$ (setq pos1(list 50 50 0) pos2(list 100 100 0)) ↵
_$ (setq ang1(angle pos1 pos2)) ↵
0.785398    ☞ 각도값 출력 (45도)
_$ (setq ang2(angle pos2 pos1)) ↵
3.92699    ☞ 각도값 출력 (225도)
```

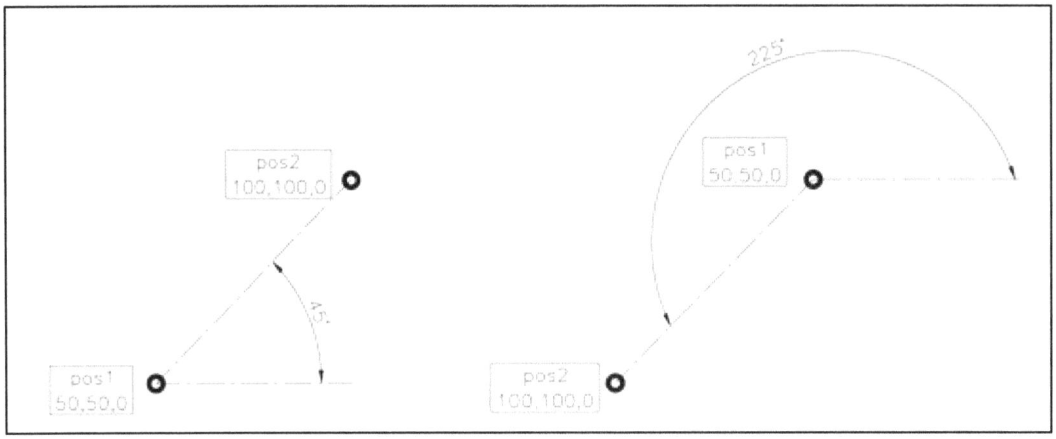

2.3.15 교차점 출력(INTERS)

주어진 좌표점1과 좌표점2를 연결하는 직선과 좌표점3과 좌표점4를 연결하는 두 직선의 교차점을 구한다. 두 직선이 교차하지 않는 경우에는 nil을 출력하지만 [onseg]인수가 nil로 주어지면 두 직선은 주어진 〈점〉들을 통과하는 무한직선으로 간주되어 교차점을 구할 수 있다.

프로그램 형식)
(inters 좌표점1 좌표점2 좌표점3 좌표점4 [onseg])

Visual LISP 콘솔창(Console window)

```
_$ (setq pos1  '(0 0 0) pos2  '(50 50 0) pos3  '(0 50 0) pos4  '(50 0 0)) ⏎
_$ (setq interpos1 (inters pos1 pos2 pos3 pos4)) ⏎
_$ interpos1 ⏎        ☞ 교차점 출력
(25.0 25.0 0.0)
_$ (setq pos5  '(10 0 0) pos6 '(30 0 0) pos7  '(20 20 0) pos8  '(20 10 0)) ⏎
_$ (setq interpos2 (inters pos5 pos6 pos7 pos8 nil)) ⏎
_$ interpos2 ⏎        ☞ [onseg] 인수 nil을 추가하여 교차점을 출력
(20 10 0)
```

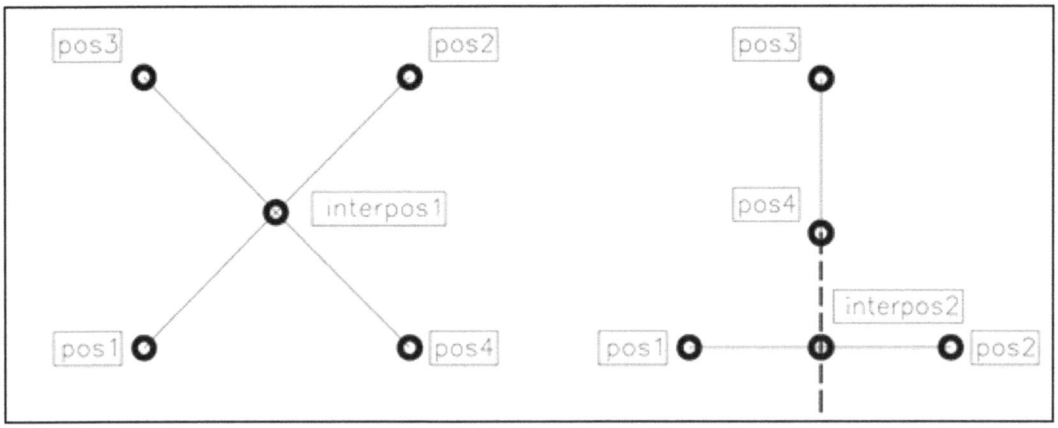

2.3.16 OSNAP 모드(OSNAP)

주어진 좌표점에서 지정된 [osnap 모드]를 적용시켜 도면 요소의 특정 위치를 찾아서 출력한다. 여기에서 주어진 좌표점은 도면 요소와 일치하거나 포함되어 있어야 한다.

2개 이상의 [osnap 모드]를 사용할 경우에는 콤마(,)로 구분하여 연결한다.

```
프로그램 형식)
(osnap 좌표점 [osnap 모드])
```

사용 가능한 [osnap 모드]는 아래와 같다.

osnap 모드	내용
NONE	osnap 모드를 사용 안함
END	도면 요소의 끝점을 출력
MID	도면 요소의 중간점을 출력
CEN	도면 요소의 중심점을 출력
NEA	도면 요소의 가장 가까운 점을 출력
PER	도면 요소의 수직점을 출력
TAN	도면 요소의 접선점을 출력
INT	두 도면 요소의 교차점을 출력

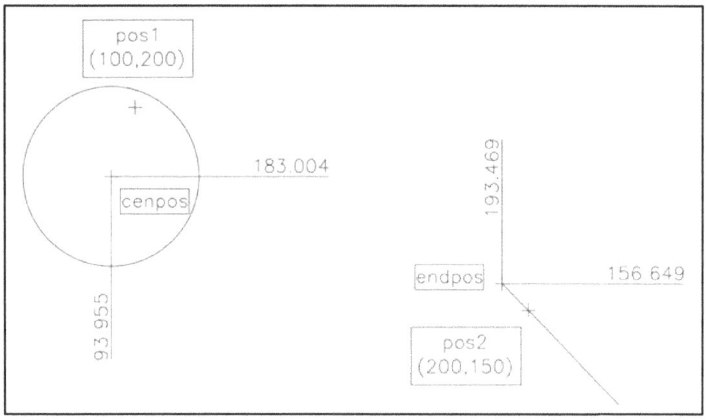

Visual LISP 콘솔창(Console window)
_$ (setq pos1 '(100 200) pos2 '(200 150 0)) ↵ _$ (setq cenpos (osnap pos1 "cen")) ↵ _$ cenpos ↵ ☞ 중심점 출력 (93.9548 183.004 0.0) _$ (setq endpos (osnap pos2 "end")) ↵ _$ endpos ↵ ☞ 끝점 출력 (193.469 156.649 0.0)

2.3.17 응용 예제 실습

(1) 응용 예제 실습

AutoCAD에서 사용자로부터 pos1과 pos2 좌표점을 입력받아서 한 변의 길이(dist)와 회전 각도(ang)를 산출한 후 사각형을 그리는 예제를 응용해 보자.

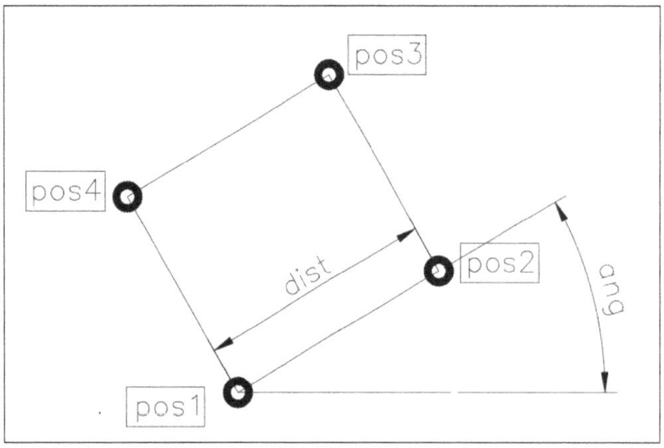

예제 파일명	Get2Pos_rec2.lsp	
명령어	exe6	
변수 정의	첫 번째 포인트	pos1
	두 번째 포인트	pos2
	한 변의 길이	dist
	사각형 회전 각도	ang
	세 번째 포인트	pos3
	네 번째 포인트	pos4
관련 함수	getpoint	좌표점 입력 함수
	getdist	거리 값 입력 함수
	polar	좌표점 출력 함수(점-각-거리)
	dtr	사용자 함수(Degree to Radian)

(2) 프로그램 작성

아래 내용을 Visual LISP 편집창에서 새파일을 만들어 직접 작성한다.

Visual LISP 프로그램 편집창(Editor)

```
(defun c:exe7 ()

  ;; 사용자로부터 2점을 입력받아 한 변의 길이와 회전 각도를
  ;; 산출하여 사각형을 그리는 예제
  ;; Get2Pos_rec2.lsp

  (setq pos1 (getpoint "\n 사각형의 시작점을 클릭하세요. : "))
  (setq pos2 (getpoint pos1 "\n 사각형의 두 번째 점을 클릭하세요. : "))

  (setq dist (distance pos1 pos2))
  (setq ang (angle pos1 pos2))

  (setq pos3 (polar pos2 (+ ang (dtr 90))  dist))
  (setq pos4 (polar pos1 (+ ang (dtr 90))  dist))

  (command "line" pos1 pos2 pos3 pos4 pos1 "")

  (prompt "\n 사각형이 완료되었습니다!")
  (prompt "\n -- ")
)

;; 사용자 함수 (Degree To Radian)
(defun dtr (d)
  (* pi (/ d 180.0))
)
```

(3) 프로그램 실행

▷ 프로그램 저장 :"C:\GSINTER\App"폴더에 파일명 "Get2Pos_rec2.lsp"로 저장한다.

▷ 프로그램 로드 : 단축키 "Ctrl + Alt + E" 또는 "도구" Tool bar의 첫 번째 아이콘 (↓)을 선택하여 로드 한다.

▷ 프로그램 실행 : 아래와 같이 콘솔창에서 실행 또는 AutoCAD에서 명령어 "exe7"를 실행한다.

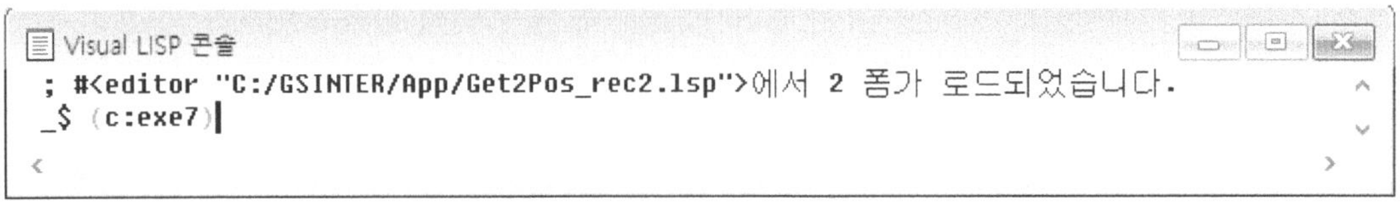

▷ 사각형의 시작점과 두 번째 점을 클릭한다.(사각형 생성 완료)

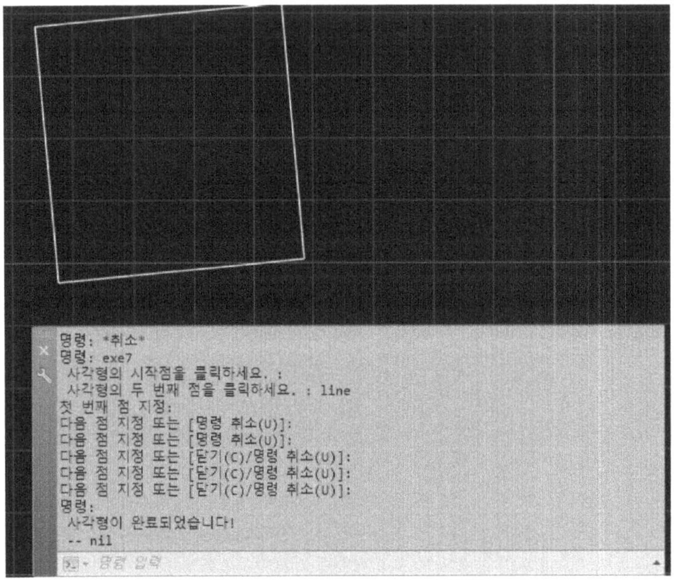

(4) 프로그램 분석

```
(defun c:exe7 ()
      ........
)
```

▷ defun은 프로그램의 시작과 정의를 알리는 한수이며, "exe7"은 AutoCAD에서 명령어로 사용된다.

```
;; 사용자로부터 2점을 입력받아 한 변의 길이와 회전 각도를
;; 산출하여 사각형을 그리는 예제
;; Get2Pos_rec2.lsp
```

▷ ";" 세미콜론은 주석문 표현 시 사용하며, 프로그램 동작에는 무관하다. 해당 프로그램의 기능과 lsp 파일명을 설명하였다.

```
(setq pos1 (getpoint "₩n 사각형의 시작점을 클릭하세요. : "))
(setq pos2 (getpoint pos1 "₩n 사각형의 두 번째 점을 클릭하세요. : "))
```

▷ "getpoint" 함수를 사용하여 첫 번째 위치(좌표점)와 두 번째 점을 사용자로부터 마우스로 입력받아 변수 pos1, pos2 에 list 형태로 값을 저장한다.

```
(setq dist (distance pos1 pos2))
(setq ang (angle pos1 pos2))
```

▷ pos1과 pos2 사이의 거리값을 "distance"함수를 사용하여 변수 dist에 저장한다.

▷ pos1과 pos2 연결되는 방향과 동쪽 방향 0도를 기준으로 "angle" 함수를 사용하여 변수 ang에 각도값(radian)을 저장한다.

```
(setq pos3 (polar pos2 (+ ang (dtr 90))  dist))
(setq pos4 (polar pos1 (+ ang (dtr 90))  dist))
```

▷ 변수 pos3 은 polar 함수를 사용하여 pos2 좌표점을 기준으로 정의했다.

▷ 변수 pos4 은 polar 함수를 사용하여 pos1 좌표점을 기준으로 정의했다.

▷ 여기서, (dtr 90) 은 사용자 함수로써 degree 90도를 radian으로 변환하는 기능이다. dtr 함수를 호출하면서 degree 각도 값을 인자로 전달하면 radian으로 변환하여 그 값을 반환한다.

```
;; 사용자 함수 (Degree To Radian)
(defun dtr (d)
  (* pi (/ d 180.0))
)

(command "line" pos1 pos2 pos3 pos4 pos1 "")
```

▷ AutoCAD 명령어 "line"을 이용하여 4개의 좌표점을 연결하여 사각형을 그린다.

```
(prompt "₩n 사각형이 완료되었습니다!")
(prompt "₩n -- ")
```

▷ "prompt"함수를 이용하여 프로그램이 안전하게 종료되었음을 확인한다.

▷ "\n"은 출력 시 줄바꿈 시 사용한다.

2.4 비교 논리 함수

비교 함수와 논리 함수는 주로 조건 함수과 반복문과 함께 사용되어 반복되거나 조건이 일치할 때까지 Roof를 빠져나가기 위한 조건으로 이용된다. 자동화 프로그램을 개발할 때 중요한 함수이니 반드시 이해하고 넘어가길 바란다.

2.4.1 기본 예제 실습

AutoCAD에서 두 점을 이용하여 두 점을 지나는 원 또는 선을 그려보는 예제를 작성해 보겠다.

(1) 기본 예제 실습

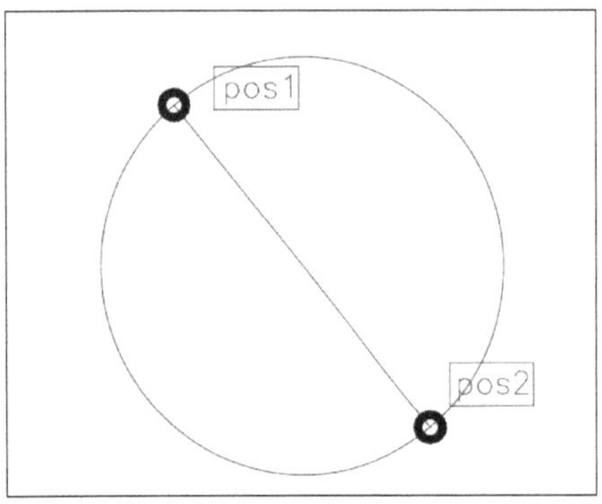

예제 파일명	EQ_CnL.lsp	
명령어	exe8	
변수 정의	첫 번째 포인트	pos1
	두 번째 포인트	pos2
관련 함수	initget	get___함수에서 입력 조건 제한
	getkword	사용자로부터 키워드(문자) 입력
	(if (조건) (실행문1) (실행문2))	조건이 참이면 실행문1 실행, 거짓이면 실행문2 실행

(2) 프로그램 작성

아래 내용을 Visual LISP 편집창에서 새파일을 만들어 직접 작성한다.

Visual LISP 프로그램 편집창(Editor)

```
(defun c:exe8 ()

  ;; 2점을 이용하여 두 점을 지나는 원과 선을 그리는 예제
  ;; EQ_CnL.lsp

  (setq pos1 '(10 20) pos2 '(20 10))

  (initget "L C")
  (setq key (getkword "[L]ine or [C]ircle :"))

  (if (= key "C") (command "circle" "2p" pos1 pos2))
  (if (= key "L") (command "line" pos1 pos2 ""))

  (prompt "\n Sucess!")
  (prompt "\n -- ")

)
```

(3) 프로그램 실행

▷ 프로그램 저장 :"C:\GSINTER\App"폴더에 파일명 "EQ_CnL.lsp"로 저장한다.

▷ 프로그램 로드 : 단축키 "Ctrl + Alt + E" 또는 "도구" Tool bar의 첫 번째 아이콘 ( )을 선택하여 로드 한다.

▷ 프로그램 실행 : 아래와 같이 콘솔창에서 실행 또는 AutoCAD에서 명령어 "exe8"를 실행한다.

▷ 프로그램을 실행한다.

(4) 프로그램 분석

```
(defun c:exe8 ()
    ........
)
```

▷ defun은 프로그램의 시작과 정의를 알리는 함수이며, "exe8"은 AutoCAD에서 명령어로 사용된다.

```
;; 2점을 이용하여 두 점을 지나는 원과 선을 그리는 예제
;; EQ_CnL.lsp
```

▷ ";" 세미콜론은 주석문 표현 시 사용하며, 프로그램 동작에는 무관하다. 해당 프로그램의 기능과 lsp 파일명을 설명하였다.

```
(setq pos1 '(10 20) pos2 '(20 10))
```

▷ 변수 pos1, pos2 에 각 리스트 형태로 좌표값을 저장한다.

```
(initget "L C")
(setq key (getkword "[L]ine or [C]ircle :"))
```

▷ "initget"함수와 "getkword"함수를 사용하여 사용자가 입력할 수 있는 범위를 "L"과 "C"로 제한한다.

```
(if (= key "C") (command "circle" "2p" pos1 pos2))
(if (= key "L") (command "line" pos1 pos2 ""))
```

▷ "if" 조건문을 사용하여 사용자 입력 값이 "C" 또는 "L "이 조건과 동일할 때 조건에 맞는 실행문을 실행한다. (if [조건] [실행문])

```
(prompt "₩n 사각형이 완료되었습니다!")
(prompt "₩n -- ")
```

▷ "prompt"함수를 이용하여 프로그램이 안전하게 종료되었음을 확인한다.

▷ "\n"은 출력 시 줄바꿈 시 사용한다.

2.4.2 같다(=)

"같다(Equal To)"라는 관계 함수로서 비교 대상이 서로 같으면 T, 그렇지 않으면 nil을 반환한다.

프로그램 형식)
(= 데이터1 데이터2)

Visual LISP 콘솔창(Console window)
_$ (setq q 5 w 10 e 15) ↵ _$ (= q w) ↵ ☞ (= 5 10) 거짓 (nil) nil _$ (= w (- e q)) ↵ ☞ (= 10 (- 15 5) 참 (T) T _$ (if (= q (- e w)) (prompt "₩n 참(T)일 때 실행~") (prompt "₩n 거짓(nil)일 때 실행~")) ↵ 참(T)일 때 실행~ ☞ AutoCAD 창 결과 확인 (= 5 (- 15 10) 참 (T)

2.4.3 같지 않다(/=)

"같지 않다(Not Equal)"라는 관계 함수로서 비교 대상이 서로 같지 않으면 T, 그렇지 않으면 nil을 반환한다.

프로그램 형식)
(/= 데이터1 데이터2)

Visual LISP 콘솔창(Console window)	
_$ (setq q 5 w 10 e 15) ↵	
_$ (/= q w) ↵	
T	☞ (/= 5 10) 이므로 참(T)
_$ (/= q (- e w)) ↵	
nil	☞ (/= 5 5) 이므로 거짓(nil)
_$ (if (/= q w) (setq e (+ e 1)) (setq e (- e 1))) ↵	
16	☞ (/= 5 10) 으로 참이므로 (setq e (+ e 1)) 실행

2.4.4 보다 크다(>)

"보다 크다(Greater Than)"라는 관계 함수로서 데이터1이 데이터2보다 크면 T, 그렇지 않으면 nil을 반환한다.

프로그램 형식)
(> 데이터1 데이터2)

Visual LISP 콘솔창(Console window)	
_$ (setq q 10 w 20 e 30) ↵	
_$ (> q w) ↵	
nil	☞ (> 10 20) 이므로 거짓(nil)
_$ (> (+ q w) e) ↵	
nil	☞ (> 30 30) 이므로 거짓(nil)
_$ (> e w q) ↵	
T	☞ (> 30 20 10) 이므로 참(T)

2.4.5 보다 작다(<)

"보다 작다(Less Than)"라는 관계 함수로서 데이터1이 데이터2보다 작으면 T, 그렇지 않으면 nil을 반환한다. 만약 데이터가 2개 이상일 경우에는 순차적으로 좌측 데이터보다 우측 데이터의 값이 큰 경우 T를 반환한다.

프로그램 형식)
(< 데이터1 데이터2...)

Visual LISP 콘솔창(Console window)

```
_$ (setq q 10 w 20 e 30) ↵
_$ (< q w) ↵
T                        ☞ (< 10 20) 이므로 참(T)
_$ (< q w e) ↵
T                        ☞ (< 10 20 30) 이므로 참(T)
_$ (< (+ q w) e) ↵
nil                      ☞ (< 30 30) 이므로 거짓(nil)
```

2.4.6 크거나 같다(>=)

"크거나 같다(Greater Than or Equal)"라는 관계 함수로서 데이터1이 데이터2보다 크거나 같으면 T, 그렇지 않으면 nil을 반환한다. 만약 데이터가 2개 이상일 경우에는 순차적으로 좌측 데이터보다 우측 데이터의 값이 크거나 같은 경우 T를 반환한다.

프로그램 형식)
(>= 데이터1 데이터2...)

Visual LISP 콘솔창(Console window)

```
_$ (setq q 10 w 20 e 30) ↵
_$ (>= (* q w) e) ↵
T                             ☞ (>= 200 30) 이므로 참(T)
_$ (>= (+ w q) e) ↵
T                             ☞ (>= 30 30) 이므로 참(T)
_$ (>= (1+ w) (/ e 10) (- w q)) ↵
nil                           ☞ (>= 21 3 10) 이므로 거짓(nil)
```

2.4.7 작거나 같다(<=)

"작거나 같다(Less Than or Equal To)"라는 관계 함수로서 데이터1이 데이터2보다 작거나 같으면 T, 그렇지 않으면 nil을 반환한다. 만약 데이터가 2개 이상일 경우에는 순차적으로 좌측 데이터보다 우측 데이터의 값이 작거나 같은 경우 T를 반환한다.

프로그램 형식)
(<= 데이터1 데이터2...)

Visual LISP 콘솔창(Console window)	
_$ (setq q 10 w 20 e 30) ↵	
_$ (<= q w) ↵	
T	☞ (<= 10 20) 이므로 참(T)
_$ (<= (+ q w) e) ↵	
T	☞ (<= 30 30) 이므로 참(T)
_$ (<= (+ q e) w) ↵	
nil	☞ (<= 40 20) 이므로 거짓(nil)

2.4.8 논리곱(AND)

식의 논리곱(and)를 구한다. 주어진 식들이 모두 참인 경우 T를 반환하며, 하나라도 거짓일 경우에는 nil을 반환한다.

프로그램 형식)
(and 식1 식2...)

Visual LISP 콘솔창(Console window)	
_$ (setq q 5 w 15 e 20) ↵	
_$ (and (> w q) (>= e (+ q w))) ↵	
T	☞ T AND T
_$ (and (= e (+ q w)) (> q (- e w))) ↵	
nil	☞ T AND nil

2.4.9 논리합(OR)

식의 논리합(or)를 구한다. 주어진 식들 중에서 하나라도 참인 경우 T를 반환하며, 모든 식이 거짓일 경우에는 nil을 반환한다.

프로그램 형식)
(or 식1 식2...)

Visual LISP 콘솔창(Console window)

```
_$ (setq q 5 w 15 e 20) ↵
_$ (or (> w q) (>= w (- w q))) ↵
T                              ☞ T OR T
_$ (or (= q w) (> w e)) ↵
nil                            ☞ nil OR nil
```

2.4.10 논리부정(NOT)

식이 참이면 nil, 거짓이면 T를 반환한다.

프로그램 형식)
(not 식)

Visual LISP 콘솔창(Console window)

```
_$ (setq q 5 w 15 e 20) ↵
_$ (not (> q w)) ↵
T                              ☞ (> 5 15) 으로 거짓이므로 참(T)
_$ (not (and (> w q) (< w e))) ↵
nil                            ☞ (T AND T) 로 참이므로 거짓(nil)
```

2.4.11 응용 예제 실습

(1) 응용 예제 실습

AutoCAD에서 한 점을 이용하여 반지름 5mm 인 원을 X 방향으로 2mm 씩 이동하면서 10개 반복해서 그리는 예제를 작성해 보자.

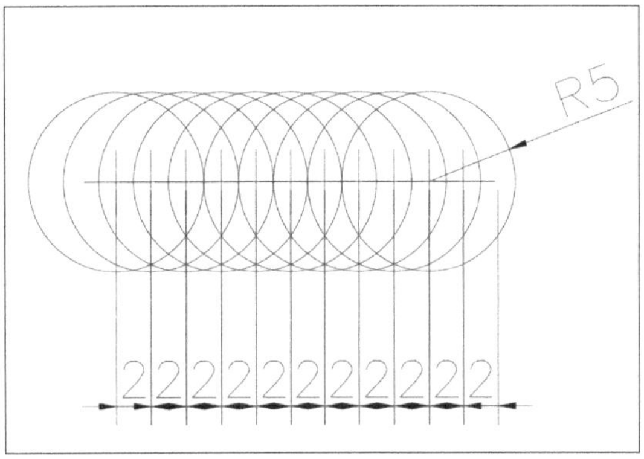

예제 파일명	circle_offset.lsp	
명령어	exe9	
변수 정의	원 중심 좌표점	pos1
	X좌표 분리 (2mm씩 증가하기 위해)	xpos
	Y좌표 분리	ypos
	Z좌표 분리	zpos
	원의 반지름	rad
	카운터 변수 값	qa
	반복문 조건 값	q
	x좌표값 갱신하여 좌표점 재정의 리스트 변수	tmppos
관련 함수	getpoint	좌표점 입력 함수
	car	리스트 첫 번째 값 선택(x값)
	cadr	리스트 두 번째 값 선택(y값)
	while	조건이 참일 때까지 반복 루프
	setvar	시스템 변수 설정 함수
시스템 변수	"orthomode"	0=직교모드off, 1=직교모드 on
	"osmode"	osmap mode 설정

(2) 프로그램 작성

아래 내용을 Visual LISP 편집창에서 새파일을 만들어 직접 작성한다.

Visual LISP 프로그램 편집창(Editor)

```
(defun c:exe9 ()

  ;; 반지름 5인 원을 2mm 간격으로 10개 그리는 예제
  ;; circle_offset.lsp

  (setq pos1 (getpoint "\n 원의 중심점을 클릭하세요. :"))
  (setq xpos (car pos1) ypos (cadr pos1) zpos 0.0)

  (setq rad 5)
  (setq qa 0)
  (setq q T)
  (setvar "orthomode" 0)
  (setvar "osmode" 0)

  (while q
    (if (< qa 10)
      (progn
          ;;(alert (itoa qa)) ;반복 횟수 확인
          (setq tmppos (list xpos ypos zpos)) ; 좌표점 변경용 변수
          (command "circle" tmppos rad) ;Circle draw
          (setq xpos (+ xpos 2)) ; X 좌표점 +2mm 씩 증가
          (setq qa (+ qa 1)) ; 반복 횟수 1씩 증가
      )

      (progn
          (setq q nil)
      )
    ) ;if
  ) ;while

  (setvar "osmode" 7)
  (prompt "\n Sucess!")
  (prompt "\n -- ")

);defun
```

(3) 프로그램 실행

▷ 프로그램 저장 :"C:\GSINTER\App"폴더에 파일명 "circle_offset.lsp"로 저장한다.

▷ 프로그램 로드 : 단축키 "Ctrl + Alt + E" 또는 "도구" Tool bar의 첫 번째 아이콘 (↓)을 선택하여 로드 한다.

▷ 프로그램 실행 : 아래와 같이 콘솔창에서 실행 또는 AutoCAD에서 명령어 "exe9"를 실행한다.

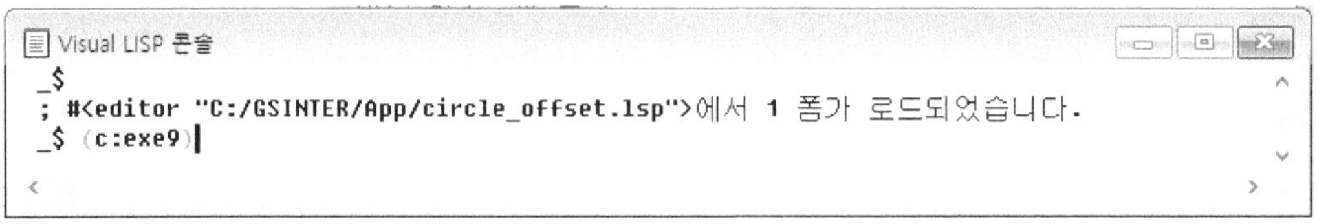

▷ 프로그램을 실행한다.

(4) 프로그램 분석

```
(defun c:exe9 ()
      ........
)
```

▷ defun은 프로그램의 시작과 정의를 알리는 함수이며, "exe9"은 AutoCAD에서 명령어로 사용된다.

```
;; 반지름 5인 원을 2mm 간격으로 10개 그리는 예제
;; circle_offset.lsp
```

▷ ";" 세미콜론은 주석문 표현 시 사용하며, 프로그램 동작에는 무관하다. 해당 프로그램의 기능과 lsp 파일명을 설명하였다.

```
(setq pos1 (getpoint "\n 원의 중심점을 클릭하세요. :"))
(setq xpos (car pos1) ypos (cadr pos1) zpos 0.0)
```

▷ 변수 pos1에 리스트 형태로 원의 중심 좌표값을 저장한다.

▷ 변수 pos1의 X, Y, Z 좌표 값을 각각 분할하여 변수 xpos, ypos, zpos 에 저장한다. 이는 X 좌표값에 2mm 씩 증가시키기 위함이다.

```
(setq rad 5)
(setq qa 0)
(setq q T)
```

▷ 변수 rad에 원의 반지름 값을 정의했다.

▷ 변수 qa는 1씩 증가하는 카운터 변수로서 qa 값이 10 이상일 경우 반복문에서 빠져나오게 된다.

▷ 변수 q는 조건 qa 〈 10 결과가 nil 일 경우 q 값은 nil로 바뀌면서 while문을 빠져나오게 된다.

```
(setvar "orthomode" 0)
(setvar "osmode" 0)
```

▷ setvqr 함수를 이용하여 "orthomode" 직교 모드를 0으로 설정하여 기능을 OFF 한다.

▷ setvqr 함수를 이용하여 "osmode" osnap 설정을 해제한다.

▷ 위 두 가지 설정은 자동으로 객체를 생성할 때에는 해제 상태가 되어야 올바른 도면이 그려진다.

```
(while q
 반복문...
) ;while
```

▷ 변수 q 값이 T(참) 일때까지 반복문을 실행한다.

```
(if (< qa 10)
  (progn
    ;;(alert (itoa qa)) ;반복 횟수 확인
    (setq tmppos (list xpos ypos zpos)) ; 좌표점 변경용 변수
    (command "circle" tmppos rad) ;Circle draw
    (setq xpos (+ xpos 2)) ; X 좌표점 +2mm 씩 증가
    (setq qa (+ qa 1)) ; 반복 횟수 1씩 증가
  )

  (progn
    (setq q nil)
  )
) ;if
```

▷ 변수 qa 값이 10보다 작은 경우 “progn”으로 묶인 프로그램을 실행하고 10보다 클 경우에는 아래 “progn”으로 묶인 (setq q nil) 문자을 실행하여 while문 까지 빠져나오게 된다.

```
(getvar "osmode" 7)
```

▷ 프로그램 종료 전에 setvqr 함수를 이용하여 “osmode” 설정을 다시 한다.
osmode 7 = 끝점 1 + 중간점 2 + 중심점 4 설정 값이다.

```
(prompt "₩n Sucess!")
(prompt "₩n -- ")
```

▷ “prompt”함수를 이용하여 프로그램이 안전하게 종료되었음을 확인한다.
“\n”은 출력 시 줄바꿈 시 사용한다.

2.5 조건 함수 및 반복문

조건 함수 및 반복문은 주로 비교, 논리 함수와 함께 사용되며 주어진 조건의 참, 거짓에 따라 일정 루틴을 반복 실행하거나 조건에 따른 명령의 분기에 이용된다.

2.5.1 조건 함수(IF)

주어진 조건식을 비교하는 기능으로 지정된 조건식이 참이면 실행문1을 실행하고, 거짓이 면 실행문2를 실행한다. 추가로 실행문이 2개 이상이 되면 에러 메시지가 발생하며, 이 때는 progn 함수를 사용해서 실행문을 하나로 묶어서 프로그램을 작성한다.

프로그램 형식)
(IF 조건 실행문1 실행문2)

Visual LISP 콘솔창(Console window)

```
_$ (setq q 10 w 5) ↵
_$ (if (= q w) (setq res "Yes" ) (setq res "No" )) ↵
"No"
```

2.5.2 조건 함수(PROGN)

주어진 조건식의 결과에 따라 실행문이 실행되는데 실행문이 2개 이상일 경우에는 progn 함수를 사용해서 실행문을 하나로 묶어서 실행한다.

프로그램 형식)
(progn 실행문...)

다음과 같이 예제를 살펴보자. if 조건문에서 변수 q(10)와 w(20) 같다면 실행문1 ~ 실행문3을 실행하며, 그렇지 않다면 실행문4 ~ 실행문6을 실행한다.

예시

```
(setq q 10 w 20)
(if (= q w)
   (progn <실행문1>
          <실행문2>
          <실행문3>
   )
   (progn <실행문4>
          <실행문5>
          <실행문6>
   )
)
```

다음 샘플 예제를 작성해보자. 키워드 입력 함수 iniget을 사용하여 사용자로부터 “C”를 입력받으면 Circle을 그리고, “L”을 입력받으면 Line을 그리는 조건문을 progn으로 묶어서 실행한다.

sample_progn.lsp

```
(defun c:exe10 ()

  ;; progn 샘플 예제
  ;; sample_progn.lsp

  (initget "C L")
  (setq obj (getkword "\n\n 작성할 객체를 선택하세요. Circle : [C] or Line:[L] : "))
  (setq pos1 (getpoint "\nPick point 1:"))
  (setq pos2 (getpoint "\nPick point 2:"))
  (setq pos3 (getpoint "\nPick point 3:"))
  (if (= obj "C")
      (progn
       (prompt "\n Circle을 그립니다.")
       (command "circle" pos1 50)
       (command "circle" pos2 50)
       (command "circle" pos3 50)
      )
      (progn
       (prompt "\n Line을 그립니다.")
       (command "line" pos1 pos2 "")
       (command "line" pos2 pos3 "")
```

```
        (command "line" pos3 pos1 "")
      )
   )
 )
```

2.5.3 조건 함수(COND)

하나의 변수에 대한 조건이 참(T)인 경우를 찾아 그에 따른 실행문을 실행한다.

프로그램 형식)
(cond (조건1 실행문1) (조건2 실행문2) (조건문... 실행문...))

아래 샘플 예제는 사용자 입력 값(키워드)에 따라 도면 배치 별로 그에 맞는 사용자 함수를 실행한다. "F"를 입력받으면 "draw_Front_view"사용자 함수를 실행하고, "R"은 "Right_view" 함수, "T"는 "draw_Top_view"사용자 함수를 실행한다. 실무에서도 많이 활용하는 함수로서 실무에 응용하여 활용해 보길 바란다.

sample_cond.lsp

```
(defun c:exe11 ()

  ;; cond 샘플 예제
  ;; sample_cond.lsp

  (initget "F R T")
  (setq obj (getkword "\n 도면의 배치를 선택하세요. Front [F] or Right [R] or Top [T]
: "))
  (cond ((= obj "F") (draw_Front_view))
        ((= obj "R") (draw_Right_view))
        ((= obj "T") (draw_Top_view))
  )
)

(defun draw_Front_view ()
  (prompt "\n정면도를 그리는 함수 입니다.")
)

(defun draw_Right_view ()
```

```
  (prompt "₩n우측면도를 그리는 함수 입니다.")
)

(defun draw_Top_view ()
  (prompt "₩n평면도를 그리는 함수 입니다.")
)
```

2.5.4 조건 함수(FOREACH)

목록의 각 요소를 이름으로 정의하고 목록내의 모든 요소에 대해 식을 적용한 후 최종값을 출력한다.

프로그램 형식)
(foreach 이름 목록 리스트)

Visual LISP 콘솔창(Console window)

```
_$ (setq q '(5 10 15)) ↵
(5 10 15)
_$ (foreach name q  (terpri) (princ (/ name 5))) ↵
1       ☞ (/ 5 5)의 결과
2       ☞ (/ 10 5)의 결과
33      ☞ (/ 15 5)의 결과
```

2.5.5 반복문(WHILE)

주어진 조건이 참(T)이면 식을 반복 실행하며 조건식이 거짓(nil)이 되면 while문을 빠져나온다.

프로그램 형식)
(while 조건 식...)

다음 샘플은 1에서 10까지 합을 구하는 예제 프로그램이다.

sample_cond.lsp

```
(defun c:exe12 ()

  ;; while 샘플 예제
  ;; sample_while.lsp

  (setq num 1 sum 0)
  (while (<= num 10)
    (setq sum (+ sum num))
    (setq num (1+ num))
  )
  (princ "합계 = ") (princ sum) (princ)
)
```

2.5.6 반복문(REPEAT)

주어진 식을 횟수 만큼 반복 실행한다.

프로그램 형식)
(repeat 횟수 식...)

아래 샘플은 "repeat"함수를 이용하여 1에서 10까지 합을 구하는 예제 프로그램이다.

sample_cond.lsp

```
(defun c:exe13 ()

  ;; repeat 샘플 예제
  ;; sample_repeat.lsp

  (setq num 1 sum 0)
  (repeat 10
    (setq sum (+ sum num))
    (setq num (1+ num))
  )
  (princ "Total = ") (princ sum) (princ)
)
```

2.6 데이터 변환 함수

이번 학습할 내용은 데이터를 변환할 때 사용하는 함수로서 DCL(Dialog Control Language)에서 사용자가 입력하는 데이터는 모두 문자열로 인식되어 숫자를 데이터로 사용하려면 반드시 데이터 변환 함수를 이용해서 숫자로 변환해 주어야 사용이 가능하다. 이처럼 사용 비중이 많은 함수이므로 꼭 익혀두어야 한다.

2.6.1 Angle To String(ANGTOS)

입력된 Radian 각도를 모드에 따라 정밀도를 문자열 타입으로 변환하여 출력한다.

정밀도는 소수 이하 자릿수를 지정하며, rtos와 동일하다.

프로그램 형식)
(angtos 각도 [모드] [정밀도])

아래 모드는 각도 데이터를 어떤 형식으로 변환할 것인지 결정하는 정수이다.

모드	옵션
0	Degree (도)
1	Degree:Minutes:Second (도:분:초)
2	Grads
3	Radian (라디안)
4	Surveyor's unit (측량사단위)

[모드]가 생략되면 현재 AutoCAD의 시스템변수"AUNITS"의 값이 적용되고, [정밀도]가 생략되면 현재 AutoCAD의 시스템변수"AUPREC"의 값이 적용된다.

```
command : UNITS ↵
```

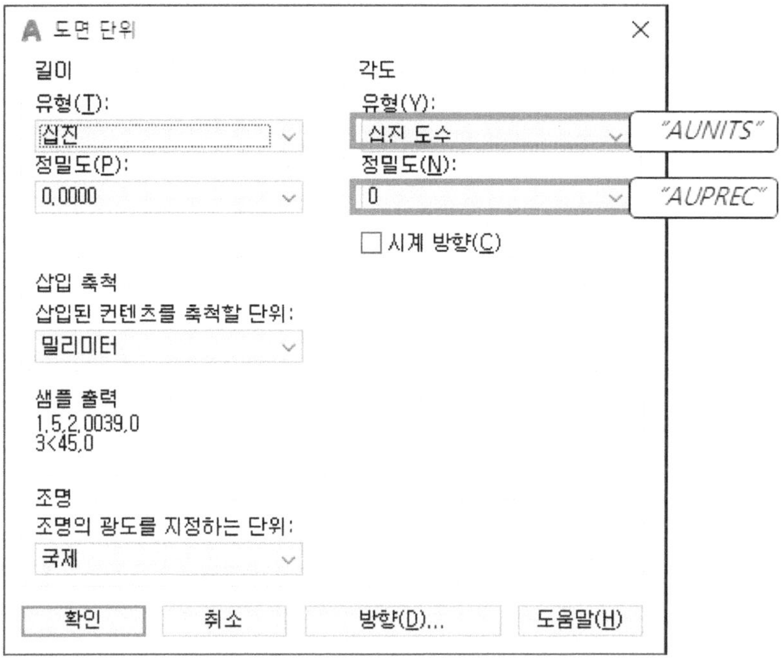

Visual LISP 콘솔창(Console window)

```
_$ (setq rad (/ pi 2.0)) ↵
1.5708
_$ (setq deg1 (angtos rad 0 2)) ↵
"90"
_$ (setq deg2 (angtos rad 1 2)) ↵
"90d0'"
_$ (setq deg3 (angtos rad 2)) ↵
"100g"
```

2.6.2 Angle To Float(ANGTOF)

입력된 문자열 형태를 가진 각도 값을 지정된 모드의 실수로 변환하여 출력한다.

프로그램 형식)
(angtof 각도 [모드])

[모드]는 ANGTOS 함수에서 사용된 [모드]와 동일하다.

Visual LISP 콘솔창(Console window)

```
_$ (setq a (angtof "90" )) ↵
1.5708
_$ (setq b (angtof "90" 0)) ↵
1.5708
_$ (setq c (angtof "90" 1)) ↵
1.5708
_$ (setq d (angtof "90" 2)) ↵
1.41372
_$ (setq d (angtof "90" 3)) ↵
2.03541
_$ (setq d (angtof "90" 4)) ↵
1.5708
```

2.6.3 Real To String(RTOS)

입력된 숫자를 지정된 형식의 문자열로 변환하여 출력한다.

프로그램 형식)
(rtos 숫자 [모드] [정밀도])

모드	옵션
1	과학단위 (Scientific)
2	십진단위 (Decimal)
3	공학단위 (Engineering)
4	건축단위 (Architectural)
5	분수단위 (Fractional)

Visual LISP 콘솔창(Console window)

```
_$ (setq x 5.0) ↵
5.0
_$ (setq y (rtos a 1 4)) ↵
"5.0000E+00"
_$ (setq z (rtos x 2)) ↵
 "5"
```

2.6.4 Integer To Alphabet(ITOA)

입력된 정수를 문자열로 변환하여 출력한다.

프로그램 형식)
(itoa 정수)

Visual LISP 콘솔창(Console window)
_$ (setq x 5.0) ↵ 5.0 _$ (setq y (itoa x)) ↵ ; 오류: 잘못된 인수 유형: fixnump: 5.0 ☞ 입력된 데이터가 정수가 아닌 경우 에러 발생 _$ (setq z (itoa 5)) ↵ "5"

2.6.5 Alphabet To Float(ATOF)

입력된 문자열을 실수로 변환하여 출력한다.

프로그램 형식)
(atof 문자열)

Visual LISP 콘솔창(Console window)
_$ (setq x (atof "5")) ↵ 5.0 _$ (setq y (atof "5.55")) ↵ 5.55

2.6.6 Alphabet To Integer(ATOI)

입력된 문자열을 정수로 변환하여 출력한다.

프로그램 형식)
(atoi 문자열)

Visual LISP 콘솔창(Console window)
_$ (setq x (atoi "5")) ↵
5
_$ (setq y (atoi "5.55")) ↵
5

2.6.7 CHR

"아스키문자코드"를 단일 문자로 변환하여 출력한다.

프로그램 형식)
(chr 숫자)

Visual LISP 콘솔창(Console window)
_$ (chr 67) ↵
"C"
_$ (chr 65) ↵
"A"

2.6.8 ASCII

입력된 문자열의 첫 번째 문자를 ASCII 문자코드로 변환하여 출력한다.

프로그램 형식)
(ascii 문자열)

Visual LISP 콘솔창(Console window)
_$ (ascii "C") ↵
67
_$ (ascii "A") ↵
65

2.6.9 FIX

입력된 숫자를 정수로 변환하여 출력한다.

프로그램 형식)
(fix 숫자)

Visual LISP 콘솔창(Console window)

```
_$ (fix 5.05) ↵
5
_$ (fix 10) ↵
10
```

2.6.10 FLOAT

입력된 숫자를 실수로 변환하여 출력한다.

프로그램 형식)
(float 숫자)

Visual LISP 콘솔창(Console window)

```
_$ (float 5.05) ↵
5.05
_$ (float 10) ↵
10.0
```

2.6.11 CVUNIT

"단위1"의 숫자를 "단위2"로 환산하여 출력한다.

프로그램 형식)
(cvunit 숫자 단위1 단위2)

Visual LISP 콘솔창(Console window)

```
_$ (cvunit 5 "cm" "inch" ) ↵
1.9685
_$ (cvunit 5 "cm" "mm" ) ↵
50.0
```

2.6.12 응용 예제 실습

(1) 응용 예제 실습

AutoCAD에서 한 점을 입력받아 카운터보어를 드로윙하는 예제를 작성해보자.

이번 예제는 M8 Bolt 규격에 맞는 카운터보어를 드로윙하고, 8. 입출력 함수 및 파일 관리 함수 편 응용 예제 실습 편에서 규격 별로 사용자가 선택한 규격을 자동 드로윙하는 실습을 해보도록 한다.

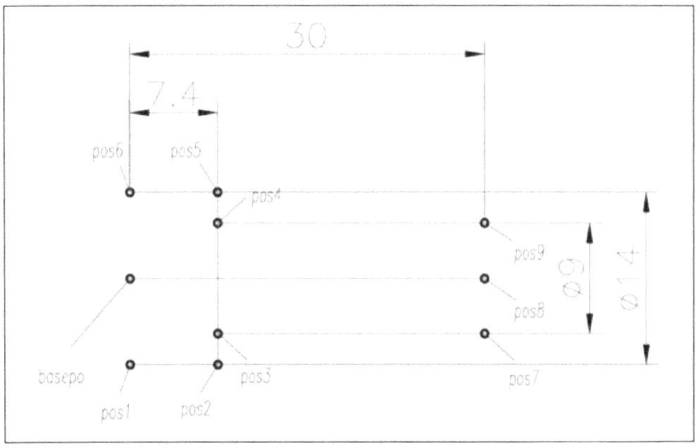

예제 파일명	sample_counterbore.lsp	
명령어	exe14	
변수 정의	시작점(기준점)	basepo
	카운터보어 직경(볼트머리)	d1
	볼트 홀 직경	d2
	카운터보어 깊이	h
	전체 길이	len
	카운터보어 좌표점	pos1 ~ pos9
관련 함수	getpoint	시작점 입력 함수
	polar	좌표점 정의 함수(점-각-거리)
	dtr	Degree To Radian 변환 (사용자 함수)
	command	AutoCAD 명령 함수
	setvar	시스템 변수 설정 함수
시스템 변수	"orthomode"	0=직교모드off, 1=직교모드 on
	"osmode"	osmap mode 설정

(2) 프로그램 작성

아래 내용을 Visual LISP 편집창에서 새파일을 만들어 직접 작성한다.

Visual LISP 프로그램 편집창(Editor)

```
(defun c:exe14 ()

  ;; counterbore(M8) 샘플 예제
  ;; sample_counterbore.lsp

  (setvar "orthomode" 0)
  (setvar "osmode" 0)

  (setq basepo (getpoint "\n M8 카운터보어 시작 위치를 지정하세요.. : "))
  (setq d1 14.0 d2 9.0 h 7.4 len 30)

  ;; 좌표 정의
  (setq pos1 (polar basepo (dtr -90) (/ d1 2)))
  (setq pos2 (polar pos1 (dtr 0) h))
  (setq pos3 (polar pos2 (dtr 90) (/ (- d1 d2) 2.0)))
  (setq pos4 (polar pos3 (dtr 90) d2))
  (setq pos5 (polar pos2 (dtr 90) d1))
  (setq pos6 (polar pos5 (dtr 180) h))
  (setq pos7 (polar pos3 (dtr 0) (- len h)))
  (setq pos8 (polar basepo (dtr 0) len))
  (setq pos9 (polar pos4 (dtr 0) (- len h)))

  ;; Drawing Counterbore
  (command "line" pos1 pos2 pos5 pos6 "")
  (command "line" pos4 pos9 "")
  (command "line" pos3 pos7 "")
  (command "line" basepo pos8 "")

  (setvar "osmode" 7)
  (prompt "\n Sucess!")
  (prompt "\n -- ")
)

  ;; Degree to Radian 사용자 함수
(defun dtr (a)
  (* a (/ pi 180.0))
)
```

(3) 프로그램 실행

▷ 프로그램 저장 :"C:\GSINTER\App"폴더에 파일명 "sample_counterbore.lsp"로 저장한다.

▷ 프로그램 로드 : 단축키 "Ctrl + Alt + E" 또는 "도구" Tool bar의 첫 번째 아이콘 (↓)을 선택하여 로드 한다.

▷ 프로그램 실행 : 아래와 같이 콘솔창에서 실행 또는 AutoCAD에서 명령어 "exe14"를 실행한다.

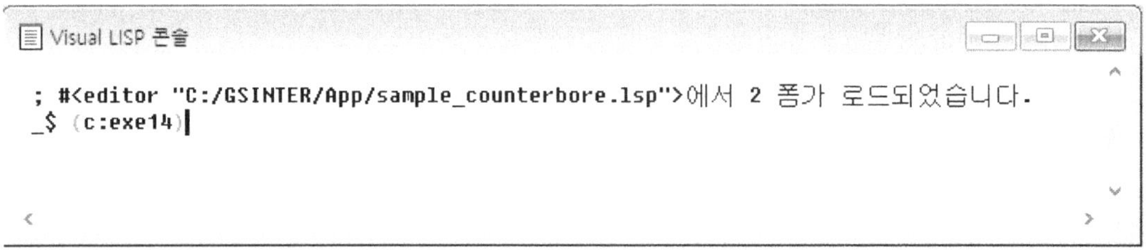

▷ 프로그램을 실행한다.

(4) 프로그램 분석

```
(defun c:exe14 ()
      ........
)
```

▷ defun은 프로그램의 시작과 정의를 알리는 함수이며, "exe14"은 AutoCAD에서 명령어로 사용된다.

```
;; counterbore(M8) 샘플 예제
;; sample_counterbore.lsp
```

▷ ";" 세미콜론은 주석문 표현 시 사용하며, 프로그램 동작에는 무관하다. 해당 프로그램의 기능과 lsp 파일명을 설명하였다.

```
(setvar "orthomode" 0)
(setvar "osmode" 0)
```

▷ setvqr 함수를 이용하여 “orthomode” 직교 모드를 0으로 설정하여 기능을 OFF 한다.

▷ setvqr 함수를 이용하여 “osmode” osnap 설정을 해제한다.

▷ 위 두 가지 설정은 자동으로 객체를 생성할 때에는 해제 상태가 되어야 올바른 도면이 그려진다.

```
(setq basepo (getpoint "₩n M8 카운터보어 시작 위치를 지정하세요.. : "))
(setq d1 14.0 d2 9.0 h 7.4 len 30)
```

▷ 변수 basepo에 카운터보어의 시작점을 사용자로부터 입력받아 저장한다.

▷ 변수 d1은 볼트 머리가 묻히는 부분의 직경, d2는 볼트 도피 홀, h는 카운터보어 깊이, len은 카운터보어 전체 길이 변수이다.

```
 ;; 좌표 정의
(setq pos1 (polar basepo (dtr -90) (/ d1 2)))
(setq pos2 (polar pos1 (dtr 0) h))
(setq pos3 (polar pos2 (dtr 90) (/ (- d1 d2) 2.0)))
(setq pos4 (polar pos3 (dtr 90) d2))
(setq pos5 (polar pos2 (dtr 90) d1))
(setq pos6 (polar pos5 (dtr 180) h))
(setq pos7 (polar pos3 (dtr 0) (- len h)))
(setq pos8 (polar basepo (dtr 0) len))
(setq pos9 (polar pos4 (dtr 0) (- len h)))
```

▷ 변수 pos1부터 pos9 는 “polar” 함수를 사용하여 드로윙 좌표점으로 정의했다.

```
;; Drawing Counterbore
(command "line" pos1 pos2 pos5 pos6 "")
(command "line" pos4 pos9 "")
(command "line" pos3 pos7 "")
(command "line" basepo pos8 "")
```

▷ "polar"함수를 이용하여 정의한 좌표점을 기준으로 "command"함수를 사용하여 AutoCAD 의 Line 명령을 실행하여 카운터보어 형상을 드로윙한다.

```
(getvar "osmode" 7)
```

▷ 프로그램 종료 전에 setvqr 함수를 이용하여 "osmode" 설정을 다시 한다.
osmode 7 = 끝점 1 + 중간점 2 + 중심점 4 설정 값이다.

```
(prompt "₩n Sucess!")
(prompt "₩n -- ")
```

▷ "prompt"함수를 이용하여 프로그램이 안전하게 종료되었음을 확인한다.

▷ "\n"은 출력 시 줄바꿈 시 사용한다.

2.7 문자열 함수

문자열 함수는 입력된 문자열 또는 주어진 문자열의 길이를 반환하거나, 문자열끼리 합치고, 일부만 선택하여 반환하는 기능을 가진 함수이다.

2.7.1 STRCASE

strcase 뒤에 오는 문자열이나 변수에 저장된 문자열을 [Option]에 따라 대문자 또는 소문자로 변환하여 출력한다.

프로그램 형식)
(strcase 문자열 [Option])

Visual LISP 콘솔창(Console window)

```
_$ (strcase "visual lisp" ) ↵
"VISUAL LISP"               ☞ [Option]이 생략된 경우
_$ (strcase "visual lisp" ) ↵
"visual lisp"                ☞ [Option]이 T 지정된 경우
```

sample_strcase.lsp

```
(defun c:exe15 ()

  ;; strcase 샘플 예제
  ;; sample_strcase.lsp

  (setq pos1 '(10 20) pos2 '(20 10))
  (initget "l c")
  (setq key (getkword "[L]ine or [C]ircle :"))

  (if (= key "C") (command "circle" "2p" pos1 pos2))
  (if (= key "L") (command "line" pos1 pos2 ""))

  ;;(if (= (strcase key) "C") (command "circle" "2p" pos1 pos2))
  ;;(if (= (strcase key) "L") (command "line" pos1 pos2 ""))

  (prompt "\n Sucess!")
  (prompt "\n -- ")
)
```

▷ 프로그램 로드 : 단축키 "Ctrl + Alt + E" 또는 "도구" Tool bar의 첫 번째 아이콘 ( )을 선택하여 로드 한다.

▷ 대문자를 입력받아도 "initget" 함수에 의해서 변수 key는 소문자(l 또는 c)로 인식되어 다음 실행 프로그램인 if 조건문이 실행되지 않는다.

▷ 프로그램에 주석처리를 한 프로그램을 ";;"삭제 후 다시 로드하면 "strcase" 함수를 이용하였기 때문에 변수 key에는 대문자로 변환 후 저장되어 그 뒤에 if 조건문을 실행할 수 있다. 아래내용처럼 프로그램을 수정하여 재실행 해보길 바란다.

```
;;(if (= key "C") (command "circle" "2p" pos1 pos2))   ☞ 주석 처리
;;(if (= key "L") (command "line" pos1 pos2 ""))       ☞ 주석 처리

(if (= (strcase key) "C") (command "circle" "2p" pos1 pos2))  ☞ 주석 처리 해제
(if (= (strcase key) "L") (command "line" pos1 pos2 ""))      ☞ 주석 처리 해제
```

2.7.2 STRCAT

strcat 뒤에 오는 문자열1, 문자열2 문자열...들을 모두 연결하여 하나의 문자열로 출력한다.

프로그램 형식)
(strcat 문자열1 문자열2 문자열...)

Visual LISP 콘솔창(Console window)
_$ (setq a "Visual" b "LISP" C 5) ↵ 5 _$ (setq str1 (strcat a b)) ↵ "VisualLISP" _$ (setq str2 (strcat a b (rtos c))) ↵ "VisualLISP5"

2.7.3 STRLEN

strlen 뒤에 오는 문자열의 문자 개수를 정수로 출력한다.

프로그램 형식)
(strlen 문자열)

Visual LISP 콘솔창(Console window)
_$ (setq a "Visual" b "LISP" C 5) ↵ _$ (setq num1 (strlen a)) ↵ 6 _$ (setq num2 (strlen (strcat a b))) ↵ 10 _$ (setq num3 (* (strlen a) (strlen (rtos c)))) ↵ 6

2.7.4 SUBSTR

문자열에서 지정한 위치에서 지정한 길이만큼 문자열을 출력한다. 지정한 길이가 생략되었을 경우에는 지정한 위치부터 끝까지 나온다.

프로그램 형식)
(substr 문자열 지정위치 문자수)

Visual LISP 콘솔창(Console window)

```
_$ (setq a "VisualLISP") ↵
"VisualLISP"
_$ (setq b (substr a 7 4)) ↵
"LISP"
_$ (setq c (substr a 9)) ↵
 “SP”
_$ (setq x "비주얼리습") ↵
"비주얼리습 “
(setq y (substr x 1 4)) ↵
"비주"                          ☞ 한글은 한 글자에 2개로 인식된다.
(setq z (substr x 1 6)) ↵
"비주얼"
```

2.7.5 응용 예제 실습

(1) 응용 예제 실습

데이터 변환 함수 편에서 작성했던 카운터보어 드로윙 예제를 응용하여 정면도(Front view)와 우측면도(Right view)를 사용자에게 도면 배치 값을 입력 받아 드로윙하는 프로그램을 작성해 보도록 한다.

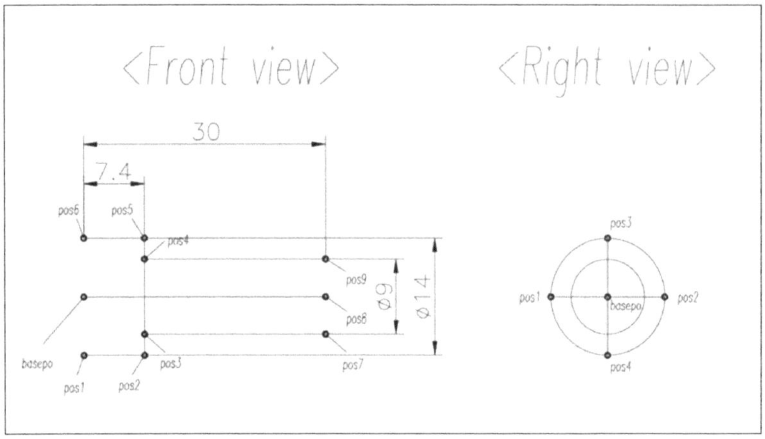

예제 파일명	sample_counterbore2.lsp	
명령어	exe16	
변수 정의	시작점(기준점)	basepo
	카운터보어 직경(볼트머리)	d1
	볼트 홀 직경	d2
	카운터보어 깊이	h
	전체 길이	len
	카운터보어 좌표점	pos1 ~ pos9
관련 함수	initget	사용자 선택 목록 정의
	getkword	사용자 키워드 입력
	cond	조건 함수
	getpoint	시작점 입력 함수
	polar	좌표점 정의 함수(점-각-거리)
	draw_Front_view	정면도 드로윙 함수 (사용자 함수)
	draw_Right_view	우측면도 드로윙 함수 (사용자 함수)
	dtr	Degree To Radian 변환 (사용자 함수)
	command	AutoCAD 명령 함수
	setvar	시스템 변수 설정 함수
시스템 변수	"orthomode"	0=직교모드off, 1=직교모드 on
	"osmode"	osmap mode 설정

(2) 프로그램 작성

아래 내용을 Visual LISP 편집창에서 새파일을 만들어 직접 작성한다.

Visual LISP 프로그램 편집창(Editor)

```
(defun c:exe16 ()

  ;; counterbore(M8) 도면 배치 샘플 예제
  ;; sample_counterbore2.lsp

  (setvar "orthomode" 0)
  (setvar "osmode" 0)

  (setq d1 14.0 d2 9.0 h 7.4 len 30)

  (initget "F R")
  (setq obj (getkword "\n 도면의 배치를 선택하세요. Front [F] or Right [R] : "))
  (cond ((= obj "F") (draw_Front_view))
        ((= obj "R") (draw_Right_view))
  )

  (setvar "osmode" 7)
  (prompt "\n Sucess!")
  (prompt "\n -- ")

)

  ;; 정면도 사용자 함수
(defun draw_Front_view ()
  (prompt "\n정면도를 그리는 함수 입니다.")
  (setq basepo (getpoint "\n M8 카운터보어 시작 위치를 지정하세요.. : "))

  ;; 정면도 좌표 정의
  (setq pos1 (polar basepo (dtr -90) (/ d1 2)))
  (setq pos2 (polar pos1 (dtr 0) h))
  (setq pos3 (polar pos2 (dtr 90) (/ (- d1 d2) 2.0)))
  (setq pos4 (polar pos3 (dtr 90) d2))
  (setq pos5 (polar pos2 (dtr 90) d1))
  (setq pos6 (polar pos5 (dtr 180) h))
  (setq pos7 (polar pos3 (dtr 0) (- len h)))
  (setq pos8 (polar basepo (dtr 0) len))
  (setq pos9 (polar pos4 (dtr 0) (- len h)))

  ;; Drawing Counterbore
```

```
  (command "line" pos1 pos2 pos5 pos6 "")
  (command "line" pos4 pos9 "")
  (command "line" pos3 pos7 "")
  (command "line" basepo pos8 "")
)

  ;; 우측면도 사용자 함수
(defun draw_Right_view ()
  (prompt "\n우측면도를 그리는 함수 입니다.")
  (setq basepo (getpoint "\n M8 카운터보어 시작 위치를 지정하세요.. : "))
  (setq pos1 (polar basepo (dtr 180) (/ d1 2)))
  (setq pos2 (polar basepo (dtr 0) (/ d1 2)))
  (setq pos3 (polar basepo (dtr 90) (/ d1 2)))
  (setq pos4 (polar basepo (dtr -90) (/ d1 2)))

  ;; Drawing Counterbore
  (command "circle" basepo pos2)
  (command "circle" basepo (/ d2 2))

  (command "line" pos1 pos2 "")
  (command "line" pos3 pos4 "")
)

  ;; Degree to Radian 사용자 함수
(defun dtr (a)
  (* a (/ pi 180.0))
)
```

(3) 프로그램 실행

▷ 프로그램 저장 :"C:\GSINTER\App"폴더에 파일명 "sample_counterbore2.lsp"로 저장한다.

▷ 프로그램 로드 : 단축키 "Ctrl + Alt + E" 또는 "도구" Tool bar의 첫 번째 아이콘 (↓)을 선택하여 로드 한다.

▷ 프로그램 실행 : 아래와 같이 콘솔창에서 실행 또는 AutoCAD에서 명령어 "exe16"를 실행한다.

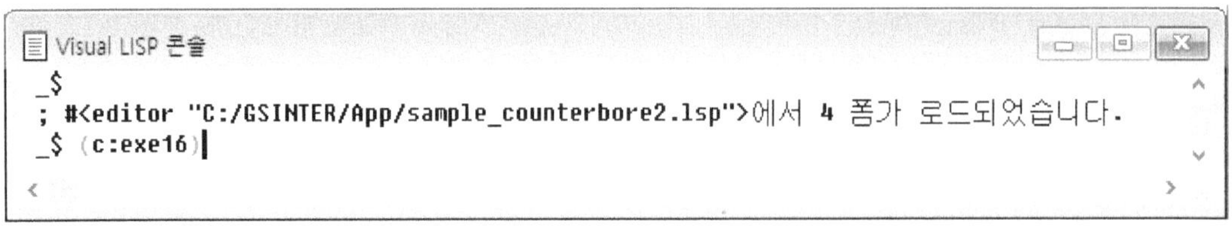

▷ 프로그램을 실행한다.

(4) 프로그램 분석

```
(defun c:exe16 ()
    ........
)
```

▷ defun은 프로그램의 시작과 정의를 알리는 함수이며, "exe16"은 AutoCAD에서 명령어로 사용된다.

```
;; counterbore(M8) 도면 배치 샘플 예제
;; sample_counterbore2.lsp
```

▷ ";" 세미콜론은 주석문 표현 시 사용하며, 프로그램 동작에는 무관하다. 해당 프로그램의 기능과 lsp 파일명을 설명하였다.

```
(setvar "orthomode" 0)
(setvar "osmode" 0)
```

▷ setvqr 함수를 이용하여 "orthomode" 직교 모드를 0으로 설정하여 기능을 OFF 한다.

▷ setvqr 함수를 이용하여 "osmode" osnap 설정을 해제한다.

▷ 위 두 가지 설정은 자동으로 객체를 생성할 때에는 해제 상태가 되어야 올바른 도면이 그려진다.

```
(setq d1 14.0 d2 9.0 h 7.4 len 30)
```

▷ 변수 basepo에 카운터보어의 시작점을 사용자로부터 입력받아 저장한다.

▷ 변수 d1은 볼트 머리가 묻히는 부분의 직경, d2는 볼트 도피 홀, h는 카운터보어 깊이, len은 카운터보어 전체 길이 변수이다.

```
 (initget "F R")
 (setq obj (getkword "₩n 도면의 배치를 선택하세요. Front [F] or Right [R] : "))
 (cond ((= obj "F") (draw_Front_view))
       ((= obj "R") (draw_Right_view))
 )
```

▷ "initget" 함수를 사용하여 사용자가 입력할 목록을 정의한다.

▷ "getkword" 함수를 사용하여 사용자로부터 키워드를 입력받아 변수 obj에 저장한다.

▷ "cond" 함수를 사용하여 변수 obj 와 일치하는 조건에 해당하는 실행문인 사용자 함수를 실행한다.

```
 ;; 정면도 사용자 함수
(defun draw_Front_view ()
 (prompt "₩n정면도를 그리는 함수 입니다.")
 (setq basepo (getpoint "₩n M8 카운터보어 시작 위치를 지정하세요.. : "))

 ;; 정면도 좌표 정의
 (setq pos1 (polar basepo (dtr -90) (/ d1 2)))
 (setq pos2 (polar pos1 (dtr 0) h))
 (setq pos3 (polar pos2 (dtr 90) (/ (- d1 d2) 2.0)))
 (setq pos4 (polar pos3 (dtr 90) d2))
 (setq pos5 (polar pos2 (dtr 90) d1))
 (setq pos6 (polar pos5 (dtr 180) h))
 (setq pos7 (polar pos3 (dtr 0) (- len h)))
 (setq pos8 (polar basepo (dtr 0) len))
 (setq pos9 (polar pos4 (dtr 0) (- len h)))

 ;; Drawing Counterbore
 (command "line" pos1 pos2 pos5 pos6 "")
 (command "line" pos4 pos9 "")
 (command "line" pos3 pos7 "")
 (command "line" basepo pos8 "")
)
```

▷ 변수obj 가 “F”와 일치할 경우 사용자 함수“draw_Front_view”를 실행한다.

▷ 변수 pos1부터 pos9 는 “polar” 함수를 사용하여 드로윙 좌표점으로 정의했다.

▷ “polar”함수를 이용하여 정의한 좌표점을 기준으로 “command”함수를 사용하여 AutoCAD의 Line 명령을 실행하여 카운터보어 형상의 정면도를 드로윙한다.

```
 ;; 우측면도 사용자 함수
(defun draw_Right_view ()
 (prompt "₩n우측면도를 그리는 함수 입니다.")
 (setq basepo (getpoint "₩n M8 카운터보어 시작 위치를 지정하세요.. : "))
 (setq pos1 (polar basepo (dtr 180) (/ d1 2)))
 (setq pos2 (polar basepo (dtr 0) (/ d1 2)))
 (setq pos3 (polar basepo (dtr 90) (/ d1 2)))
 (setq pos4 (polar basepo (dtr -90) (/ d1 2)))

 ;; Drawing Counterbore
 (command "circle" basepo pos2)
 (command "circle" basepo (/ d2 2))

 (command "line" pos1 pos2 "")
 (command "line" pos3 pos4 "")
)
```

▷ 변수obj 가 “R”과 일치할 경우 사용자 함수“draw_Right_view”를 실행한다.

▷ 변수 pos1부터 pos4 는 “polar” 함수를 사용하여 드로윙 좌표점으로 정의했다.

▷ “polar”함수를 이용하여 정의한 좌표점을 기준으로 “command”함수를 사용하여 AutoCAD의 Circle, Line 명령을 실행하여 카운터보어 형상의 우측면도를 드로윙한다.

```
(getvar "osmode" 7)
```

▷ 프로그램 종료 전에 setvqr 함수를 이용하여 “osmode” 설정을 다시 한다.
osmode 7 = 끝점 1 + 중간점 2 + 중심점 4 설정 값이다.

```
(prompt "₩n Sucess!")
(prompt "₩n -- ")
```

▷ "prompt"함수를 이용하여 프로그램이 안전하게 종료되었음을 확인한다.

▷ "\n"은 출력 시 줄바꿈 시 사용한다.

2.8 입출력 함수 및 파일 관리 함수

이번에 학습할 내용은 문자열 또는 변수에 지정된 값을 화면에 출력하는 입출력 함수와 파일을 OPEN하여 읽기, 쓰기할 수 있는 파일 관리 함수이다.

출력 함수에는 prin1, princ, print, prompt 종류가 있으며, 지정된 데이터를 화면에 출력하지만 처리하는 방식은 아래 제어 문자에 따라 출력을 다르게 할 수 있다.

제어 문자	내 용
₩₩	₩
₩"	""
₩e	Escape
₩n	줄 바꿈
₩r	Return key로 동작
₩t	Tab, 정해진 간격만큼 오른쪽으로 이동

2.8.1 PRIN1

주어진 〈식〉의 결과를 화면에 출력한다. 〈파일-기술어〉가 주어지면 〈식〉의 결과를 파일로 출력한다. (줄 바꿈 문자는 무시함)

```
프로그램 형식)
(prin1 <식> <파일-기술어>)
```

Visual LISP 콘솔창(Console window)
_$ (setq a "VisualLisp" b 5) ↵ 5 _$ (prin1 a) ↵ "VisualLisp""VisualLisp" _$ (prin1 (* 3 b)) ↵ 1515

2.8.2 PRINC

주어진 〈식〉을 화면에 나타내고 그 값을 출력한다. (줄 바꿈 문자 가능)

프로그램 형식)
(princ <식> <파일-기술어>)

Visual LISP 콘솔창(Console window)
_$ (setq a "VisualLisp" b 5) ↵ 5 _$ (princ a) ↵ "VisualLisp""VisualLisp" _$ (princ "Visual LISP ₩nGood") ↵ Visual LISP Good"Visual LISP ₩nGood" ☞ ₩n 줄 바꿈하여 출력하고, 원래 값을 한번 더 출력함

2.8.3 PRINT

주어진 〈식〉의 결과를 화면에 출력한다. 함수 prin1과 동일하며 〈식〉 앞에는 새로운 라인을 생성하고 〈식〉 뒤에는 공백이 생성된다.

프로그램 형식)
(print <식> <파일-기술어>)

Visual LISP 콘솔창(Console window)

```
_$ (setq a "VisualLisp" b 5) ⏎
5
_$ (print a) ⏎

"VisualLisp" "VisualLisp"
_$ (print b) ⏎

5 5
```

2.8.4 FILE OPEN

파일을 읽거나 쓰기위해 지정된 파일을 open한다.

프로그램 형식)
(open <파일명> <모드>)

"OPEN" 함수는 항상 "setq" 함수와 함께 사용되며, 〈파일명〉은 파일이름과 확장자로 구성된 문자열이다.

모드	내 용
"r"	파일을 읽기 모드로 오픈, 파일이 없으면 nil 반환
"w"	파일에 내용을 쓰기위해 오픈, 기존 파일이 존재하면 덮어쓰기(overwrite)하고, 파일이 없으면 새 파일 생성
"a"	기존 파일에 내용을 추가하기 위해 오픈, 기존 파일이 존재하면 파일의 마지막에 추가, 파일이 없으면 "w"와 같이 새파일 생성

2.8.5 FILE CLOSE

"OPEN" 함수에 의해 개방된 파일은 반드시 "CLOSE" 함수로 닫아(close)주어야 한다. 이때 〈파일명〉은 "(setq 파일-기술어 〈open문〉)"에서 생성된 변수명을 사용한다.

프로그램 형식)
(close <파일-기술어>)

Visual LISP 콘솔창(Console window)

```
_$ (setq fname (open "c:/GSINTER/App/sample file.txt" "w")) ↵
#<file "c:/GSINTER/App/sample file.txt">
_$ (write-line "This is write test" fname) ↵
"This is write test"
_$ (write-line "hello visual LISP" fname) ↵
"hello visual LISP"
_$ (close fname) ↵
```

위 프로그램의 실행 결과는 아래 그림과 같다.

▷ 이번에는 "c:/GSINTER/App/sample file.txt"파일에 새로운 내용을 추가해 보자.

Visual LISP 콘솔창(Console window)

```
_$ (setq fname (open "c:/GSINTER/App/sample file.txt" "a")) ↵
#<file "c:/GSINTER/App/sample file.txt">
_$ (write-line "Please write additional." fname) ↵
"Please write additional."
_$ (close fname) ↵
```

▷ 위의 실행 결과를 확인해 보면 "sample file.txt" 파일에 위의 내용이 추가(Append)된 것을 확인 할 수 있다.

▷ 만약에 이때 아래와 같이 모드를 "W"(write)를 사용하면 위의 작성된 내용들은 모두 삭제되고 새로 입력한 내용이 입력된다.

Visual LISP 콘솔창(Console window)

```
_$ (setq fname (open "c:/GSINTER/App/sample file.txt" "w")) ↵
#<file "c:/GSINTER/App/sample file.txt">
_$ (write-line "Please write a new one" fname) ↵
"Please write a new one"
_$ (close fname) ↵
```

▷ 위의 실행 결과를 확인해 보면 "sample file.txt" 파일에 위의 내용으로 새로 작성된 것을 확인할 수 있다.

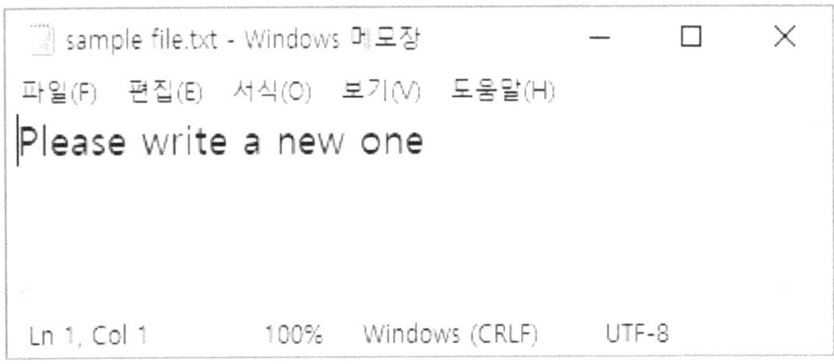

2.8.6 READ-LINE

"OPEN" 함수에 의해 오픈된 파일로부터 한 줄(Line) 전체를 읽는다.

프로그램 형식)
(read-line <파일-기술어>)

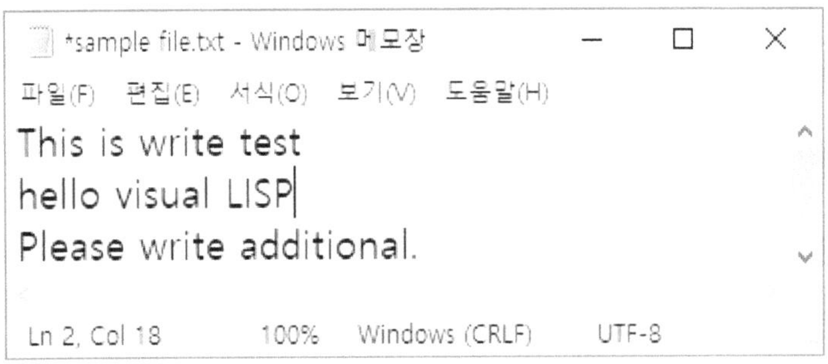

위와 같이 "sample file.txt"파일에 작성된 상태라고 가정하에 아래와 같이 작성하여 실행해 보자.

Visual LISP 콘솔창(Console window)

```
_$ (setq fname (open "c:/GSINTER/App/sample file.txt" "r")) ↵
#<file "c:/GSINTER/App/sample file.txt">
_$ (setq line1 (read-line fname)) ↵
"This is write test"
_$ (setq line2 (read-line fname)) ↵
"hello visual LISP"
_$ (setq line3 (read-line fname)) ↵
"Please write a new one"
_$ (close fname) ↵
```

2.8.7 READ-CHAR

"OPEN" 함수에 의해 오픈된 파일로부터 한 문자(character)를 읽어 ASCII 코드로 출력한다. 〈파일-기술어〉가 생략되면 사용자에게 문자 입력을 요구한다.

프로그램 형식)
(read-char [<파일-기술어>])

Visual LISP 콘솔창(Console window)

```
_$ (read-char) ↵
B ↵
66
_$ (read-char) ↵
Q ↵
81
```

2.8.8 WRITE-LINE

"OPEN" 함수에 의해 "write" 또는 "append"〈모드〉로 오픈된 파일에 〈문자열〉을 입력한다.

프로그램 형식)
```
(write-line [<파일-기술어>])
```

Visual LISP 콘솔창(Console window)
```
_$ (setq fname (open "c:/GSINTER/App/sample file2.txt" "w")) ↵
#<file "c:/GSINTER/App/sample file2.txt">
_$ (write-line "sample write Line......" fname) ↵
"sample write Line......"
_$ (write-line "date-2024-03-01" fname) ↵
"date-2024-03-01"
_$ (write-line "Name : 아이언맨" fname) ↵
"Name : 아이언맨"
_$ (close fname) ↵
```

▷ 실행 결과

2.8.9 WRITE-CHAR

〈ASCII코드〉에 해당하는 문자를 “OPEN” 함수에 의해 오픈된 파일에 입력한다.

프로그램 형식)
```
(write-char <ASCII코드> [<파일-기술어>])
```

Visual LISP 콘솔창(Console window)

```
_$ (setq fname (open "c:/GSINTER/App/sample file3.txt" "w")) ↵
#<file "c:/GSINTER/App/sample file3.txt">
_$ (write-char 65 fname) ↵
65
_$ (write-char 66 fname) ↵
66
_$ (write-char 67 fname) ↵
67
_$ (close fname) ↵
```

▷ 실행 결과

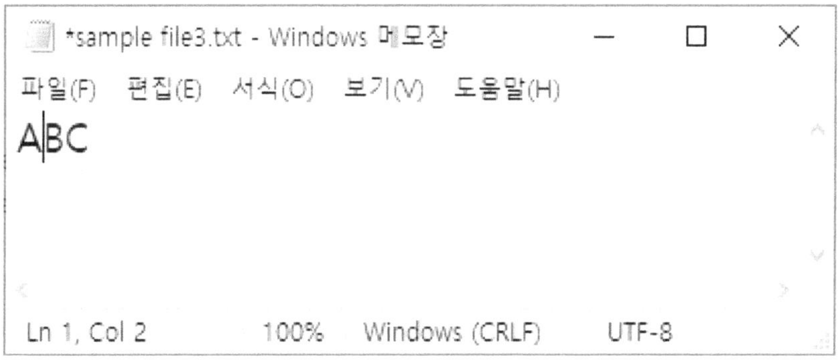

2.8.10 FINDFILE

지정된 파일을 현재의 도면을 포함하고 있는 폴더와 AutoCAD 시스템 환경 변수에 의해 설정된 폴더에서 찾아서 파일 경로와 파일명을 출력한다.

프로그램 형식)
(findfile <파일명>)

경로(폴더)의 구분은 "\\" 또는 "/"로 한다.

Visual LISP 콘솔창(Console window)

```
_$ (setq fname (findfile (strcat "c:/GSINTER/App/" "sample file.txt"))) ↵
"C:\\GSINTER\\App\\sample file.txt"
_$ (setq currpath (findfile "acad2018.lsp")) ↵
"C:\\program files\\autodesk\\autocad 2018\\support\\acad2018.lsp"
```

2.8.11 VL-DIRECTORY-FILES

지정된 〈폴더〉에서 〈파일형식〉에 해당되는 파일명을 LIST로 출력한다. 〈폴더〉가 “nil”이거나 생략되면 현재 폴더에서 파일명을 찾는다.

프로그램 형식)
(vl-directory-files <파일형식> [<출력내용>])

〈파일형식〉은 와일드카드(*)의 사용을 허용한다.(*.exe 또는 *.*)

〈출력내용〉은 폴더명의 출력 여부를 결정하는 정수로서 아래와 같다.

구분	내 용
-1	지정된 〈폴더〉의 SUB폴더명을 LIST로 출력
0	지정된 〈폴더〉에 존재하는 SUB 폴더명과 파일명을 LIST로 출력
1	지정된 〈폴더〉에 존재하는 파일명을 LIST로 출력

▷ "C:\\program files\\autodesk\\autocad 2018\\support\\" 폴더에 acad2018.lsp 파일이 있는지 검색하여 파일이 있으면 파일명을 list로 출력한다.

Visual LISP 콘솔창(Console window)

```
_$ (vl-directory-files "C:\\program files\\autodesk\\autocad 2018\\support\\"
"acad2018.lsp" 1) ↵
("acad2018.lsp")
```

▷ "C:\\program files\\autodesk\\autocad 2018\\support\\" 폴더에 acad2018.lsp 파일이 있는지 검색하여 파일이 있으면 파일명을 list로 출력한다.

Visual LISP 콘솔창(Console window)

```
_$ (vl-directory-files "C:\\program files\\autodesk\\autocad 2018\\support\\"
nil -1) ↵
("." ".." "Color" "ko-kr" "NewTabPage" "Videos" "Workflow")
```

2.8.12 VL-FILE-COPY

지정된 〈원본파일〉에서 〈대상파일〉이름으로 복사한다. 〈대상파일〉의 폴더가 지정되지 않으면 기본적으로 AutoCAD의 시작폴더에 복사된다.

프로그램 형식)
```
(vl-file-copy <원본파일> <대상파일> <추가여부>)
```

〈추가여부〉가 nil이 아니고 〈대상파일〉이 이미 존재한다면 〈원본파일〉의 내용을 〈대상파일〉의 끝부분에 추가(Append)한다.

▷ "C:\\program files\\autodesk\\autocad 2018\\support\\acad2018.lsp" 파일을 "C:\\GSINTER\\App\\acad2018.tmp" 파일로 복사한다.

Visual LISP 콘솔창(Console window)
```
_$ (vl-file-copy "C:₩₩program files₩₩autodesk₩₩autocad 2018₩₩support₩₩acad2018.lsp"
"C:\\GSINTER\\App\\acad2018.tmp") ↵
```

▷ 실행 결과

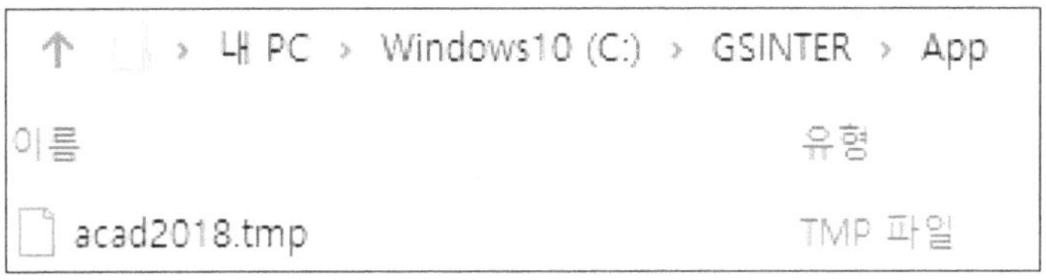

2.8.13 VL-FILE-RENAME

주어진 〈이전파일명〉을 〈신규파일명〉으로 Rename시킨다. 이때 〈파일명〉지정 시 폴더가 생략되면 AutoCAD의 시작폴더에서 파일을 검색하며, 파일명이 존재하지 않으면 nil을 출력한다.

프로그램 형식)
```
(vl-file-rename <이전파일명> <신규파일>)
```

"C:\\GSINTER\\App\\acad2018.tmp" 파일명을 "C:\\GSINTER\\App\\acad2018.bak"파일명으로 변경한다.

Visual LISP 콘솔창(Console window)
_$ (vl-file-rename "C:\\GSINTER\\App\\acad2018.tmp" "C:\\GSINTER\\App\\acad2018.bak") ↵ T

▷ 실행 결과

2.8.14 VL-FILE-DELETE

주어진 〈파일명〉을 삭제한다.

프로그램 형식)
(vl-file-delete <파일명>)

파일명 "C:\\GSINTER\\App\\acad2018.bak"을 삭제한다.

Visual LISP 콘솔창(Console window)
_$ (vl-file-delete "C:\\GSINTER\\App\\acad2018.bak") ↵ T

2.8.15 VL-FILE-SYSTIME

주어진 〈파일명〉의 최종 변경 "(날짜, 월, 요일, 일, 시간, 분, 초)"를 리스트로 출력한다. 이때 "요일"의 표시는 정수로 나타내며 "0"은 일요일, "1"은 월요일, "2"는 화요일...로 표시된다.

프로그램 형식)
(vl-file-systime <파일명>)

Visual LISP 콘솔창(Console window)

```
_$ (setq a (vl-file-systime "C:\\GSINTER\\App\\dim.lsp")) ↵
(2024 1 2 23 13 7 39 120)
```

2.8.16 응용 예제 실습

(1) 응용 예제 실습

이번 응용 예제 실습 내용은 볼트의 호칭 지름 별 카운터보어의 KS 규격 치수들을 외부 데이터로 정의한 뒤 사용자가 입력한 볼트의 호칭에 해당하는 데이터를 읽어서 카운터보어를 그리는 예제이다. 앞 전에 6. 데이터 변환 함수 편에서 확장한 응용 예제이다.

▷ 카운터보어의 치수들을 KS 규격을 기준으로 데이터를 작성한다.

▷ 메모장에 작성하여 "C:\GSINTER\App"경로에 "counterbore_db.dat"파일명으로 저장한다. 이 때 확장자는 .dat로 변경해 주길 바란다.

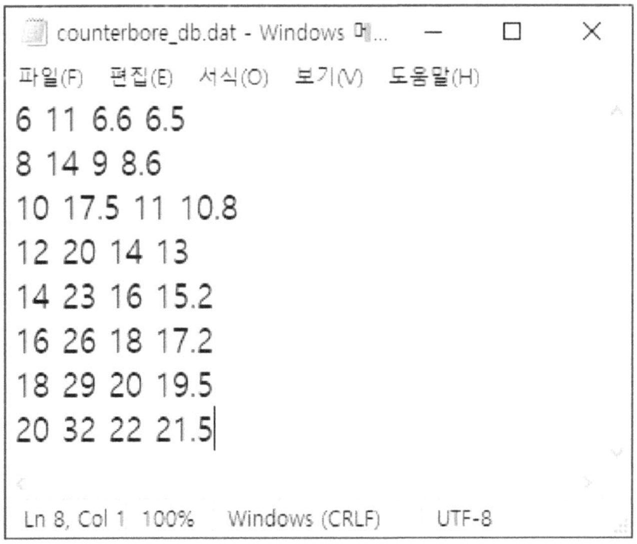
counterbore_db.dat - Windows 메...
파일(F) 편집(E) 서식(O) 보기(V) 도움말(H)

```
6 11 6.6 6.5
8 14 9 8.6
10 17.5 11 10.8
12 20 14 13
14 23 16 15.2
16 26 18 17.2
18 29 20 19.5
20 32 22 21.5
```

Ln 8, Col 1 100% Windows (CRLF) UTF-8

▷ 아래 그림은 KS 규격 치수에 대해서 변수 테이블 작업과 좌표점 변수를 정의한 내용이다.

▷ 길이 값(L)은 임의의 값 100mm 로 정의했다.

Counterbore 규격 테이블

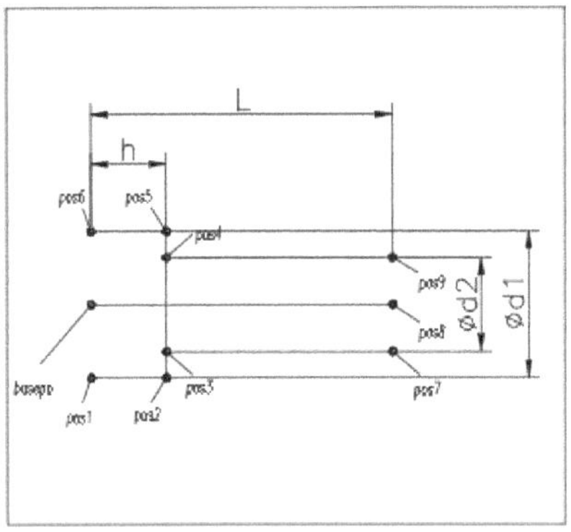

호칭(m)	Ød1	Ød2	h	L
6	11	6.6	6.5	100
8	14	9	8.6	
10	17.5	11	10.8	
12	20	14	13	
14	23	16	15.2	
16	26	18	17.2	
18	29	20	19.5	
20	32	22	21.5	

▷ 아래 내용은 프로그램에서 사용한 변수 및 관련 함수 목록이다.

예제 파일명	sample_counterbore3.lsp	
명령어	exe17	
변수 정의	Bolt 호칭 치수	spec
	시작점(기준점)	basepo
	카운터보어 직경(볼트머리)	d1
	볼트 홀 직경	d2
	카운터보어 깊이	h
	전체 길이	len
	카운터보어 좌표점	pos1 ~ pos9
관련 함수	getstring	사용자 입력 함수(Bolt 호칭)
	dbfile_read	파일 오픈 및 정보 출력 (사용자 함수)
	open	파일 오픈 및 읽기 쓰기 함수
	read-line	파일의 한 줄 정보 가져오기
	vl-string-trim	문자열 자르기 함수(구분자)
	substr	문자열 분리 함수(시작, 끝 지정)
	counterbore_draw	counterbore 그리기 (사용자 함수)

	getpoint	시작점 입력 함수
	split-string	파일의 치수 데이터 문자열 리스트 작성 (사용자 함수)
	vl-string-search	문자열 검색 함수
	polar	좌표점 정의 함수(점-각-거리)
	dtr	Degree To Radian 변환 (사용자 함수)
	command	AutoCAD 명령 함수
	setvar	시스템 변수 설정 함수
시스템 변수	"orthomode"	0=직교모드off, 1=직교모드 on
	"osmode"	osmap mode 설정

(2) 프로그램 작성

아래 내용을 Visual LISP 편집창에서 새파일을 만들어 직접 작성한다.

Visual LISP 프로그램 편집창(Editor)

```
(defun c:exe17 ()

  ;; counterbore(호칭 사용자 선택) 샘플 예제
  ;; sample_counterbore3.lsp

  (setvar "orthomode" 0)
  (setvar "osmode" 0)

  (setq spec (getstring "\n Enter the bolt specifications [M] :"))
  (dbfile_read)
  (counterbore_draw)

  (setvar "osmode" 7)
  (prompt "\n Sucess!")
  (prompt "\n -- ")
)


;; Counterbore data file open
(defun dbfile_read ()
  (setq fname (open "C:/GSINTER/App/counterbore_db.dat" "r"))
  (setq line1 (read-line fname))
  (setq n 0)
  (while line1
```

```
    (setq txt (vl-string-trim " " (substr line1 1 2)))
    (if (= txt spec)
      (progn
          (setq n (+ n 1))
          (setq line2 (split-string line1 " ")) ;; 함수 호출
          (setq d1 (atof (nth 1 line2)))
          (setq d2 (atof (nth 2 line2)))
          (setq h (atof (nth 3 line2)))
       ) ;progn
    ) ;if
    (setq line1 (read-line fname))
  )
  (close fname)
)



;; Counterbore drwing 사용자 함수
(defun counterbore_draw ()

  (setq basepo (getpoint "\n Enter the starting point : "))
  (setq len 100)

  ;; 좌표 정의
  (setq pos1 (polar basepo (dtr -90) (/ d1 2)))
  (setq pos2 (polar pos1 (dtr 0) h))
  (setq pos3 (polar pos2 (dtr 90) (/ (- d1 d2) 2.0)))
  (setq pos4 (polar pos3 (dtr 90) d2))
  (setq pos5 (polar pos2 (dtr 90) d1))
  (setq pos6 (polar pos5 (dtr 180) h))
  (setq pos7 (polar pos3 (dtr 0) (- len h)))
  (setq pos8 (polar basepo (dtr 0) len))
  (setq pos9 (polar pos4 (dtr 0) (- len h)))

  ;; Drawing Counterbore
  (command "line" pos1 pos2 pos5 pos6 "")
  (command "line" pos4 pos9 "")
  (command "line" pos3 pos7 "")
  (command "line" basepo pos8 "")
)



;; 문자열에서 " " 구분하여 하나씩 문자열 리스트 만들기 사용자 함수
(defun split-string (str sep / pos result)
  (while (setq pos (vl-string-search sep str))
```

```
    (setq result (cons (substr str 1 pos) result))
    (setq str (substr str (+ pos 2)))
  )
  (setq result (cons str result))
  (reverse result)
)


;; Degree to Radian 사용자 함수
(defun dtr (a)
  (* a (/ pi 180.0))
)
```

(3) 프로그램 실행

▷ 프로그램 저장 :"C:\GSINTER\App"폴더에 파일명 "sample_counterbore3.lsp"로 저장한다.

▷ 프로그램 로드 : 단축키 "Ctrl + Alt + E" 또는 "도구" Tool bar의 첫 번째 아이콘 ( )을 선택하여 로드 한다.

▷ 프로그램 실행 : 아래와 같이 콘솔창에서 실행 또는 AutoCAD에서 명령어 "exe17"를 실행한다.

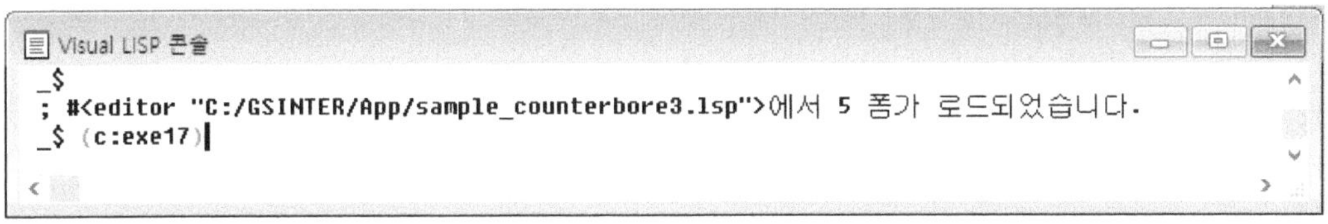

▷ 프로그램을 실행한다.

(4) 프로그램 분석

```
(defun c:exe17 ()
      ........
)
```

▷ defun은 프로그램의 시작과 정의를 알리는 함수이며, "exe17"은 AutoCAD에서 명령어로 사용된다.

```
;; counterbore(호칭 사용자 선택) 샘플 예제
;; sample_counterbore3.lsp
```

▷ “;” 세미콜론은 주석문 표현 시 사용하며, 프로그램 동작에는 무관하다. 해당 프로그램의 기능과 lsp 파일명을 설명하였다.

```
(setvar "orthomode" 0)
(setvar "osmode" 0)
```

▷ setvqr 함수를 이용하여 “orthomode” 직교 모드를 0으로 설정하여 기능을 OFF 한다.

▷ setvqr 함수를 이용하여 “osmode” osnap 설정을 해제한다.

▷ 위 두 가지 설정은 자동으로 객체를 생성할 때에는 해제 상태가 되어야 올바른 도면이 그려진다.

```
(setq spec (getstring "₩n Enter the bolt specifications [M] :"))
```

▷ 변수 spec에 Bolt 호칭 지름을 사용자로부터 입력받아 저장한다.

```
(dbfile_read)
```

▷ counterbore의 치수 규격이 저장되어 있는 파일을 오픈하여 변수 spec과 동일한 줄의 치수 정보들을 변수에 저장한다. 사용자함수 “dbfile_read”는 아래 내용을 참고 바란다.

```
 ;; Counterbore data file open
(defun dbfile_read ()
 (setq fname (open "C:/GSINTER/App/counterbore_db.dat" "r"))
  ☞ counterbore 정보 파일을 읽기 모드(r)로 오픈
 (setq line1 (read-line fname))   ☞ 오픈된 파일의 LINE 단위 내용 저장
 (while line1
   (setq txt (vl-string-trim " " (substr line1 1 2)))   ☞ Bolt의 호칭을 출력
   (if (= txt spec)
```

☞ 출력한 Bolt 호칭과 사용자가 입력한 값이 같으면 progn문을 실행하여 각 치수를 읽어서 각 변수에 저장

```
      (progn
        (setq line2 (split-string line1 " ")) ;; 함수 호출
```

☞ split-string 사용자 함수을 통해 LINE 단위의 내용을 “” 로 구분하여 개별 문자열 리스트로 변환 ("6 11 6.6 6.5" → ("6" "11" "6.6" "6.5"))

```
        (setq d1 (atof (nth 1 line2)))
        (setq d2 (atof (nth 2 line2)))
        (setq h (atof (nth 3 line2)))
      ) ;progn
    ) ;if
    (setq line1 (read-line fname))
  )
  (close fname)     ☞ 오픈된 파일 Close
)
```

▷ 변수 d1은 볼트 머리가 물히는 부분의 직경, d2는 볼트 도피 홀, h는 카운터보어 깊이 값 변수이다.

```
(counterbore_draw)
```

▷ counterbore_db.dat 파일의 치수 정보를 이용하여 counterbore의 좌표점을 변수 pos1 ~ pos9로 정의하여 command 함수로 line을 그린다.

```
  ;; Counterbore drwing 사용자 함수
 (defun counterbore_draw ()

  (setq basepo (getpoint "₩n Enter the starting point : "))  ☞ 시작점 입력
  (setq len 100)  ☞ 길이 값 100으로 고정

  ;; 좌표 정의
  (setq pos1 (polar basepo (dtr -90) (/ d1 2)))
  (setq pos2 (polar pos1 (dtr 0) h))
  (setq pos3 (polar pos2 (dtr 90) (/ (- d1 d2) 2.0)))
```

```
  (setq pos4 (polar pos3 (dtr 90) d2))
  (setq pos5 (polar pos2 (dtr 90) d1))
  (setq pos6 (polar pos5 (dtr 180) h))
  (setq pos7 (polar pos3 (dtr 0) (- len h)))
  (setq pos8 (polar basepo (dtr 0) len))
  (setq pos9 (polar pos4 (dtr 0) (- len h)))

  ;; Drawing Counterbore
  (command "line" pos1 pos2 pos5 pos6 "")
  (command "line" pos4 pos9 "")
  (command "line" pos3 pos7 "")
  (command "line" basepo pos8 "")
)
```

```
(getvar "osmode" 7)
```

▷ 프로그램 종료 전에 setvqr 함수를 이용하여 “osmode” 설정을 다시 한다.
osmode 7 = 끝점 1 + 중간점 2 + 중심점 4 설정 값이다.

```
(prompt "₩n Sucess!")
(prompt "₩n -- ")
```

▷ “prompt”함수를 이용하여 프로그램이 안전하게 종료되었음을 확인한다.

▷ “\n”은 출력 시 줄바꿈 시 사용한다.

Chapter 3

ENTITY 함수 (객체 속성 컨트롤)

현재까지 자동화 프로그램 작성 시 반드시 알아야 하는 Visual LISP의 기본 함수에 대해 학습하였다. 이를 활용하여 AutoCAD 내에서 Line, Circle 등의 객체를 자동으로 그리는 방법을 익혔다.

3강에서는 도면 내에 있는 객체들을 검색하거나 생성하여 그 객체의 속성, 즉 엔티티를 편집하거나 수정하는 방법에 대해 학습해 보자.

3.1 Entity(엔티티) 정의 및 DB 구조

Entity란 Line, Circle 등은 도면의 최소 단위 즉, 도면 요소들을 의미한다. 도면은 여러 가지의 Entity의 집합이라고 할 수 있으며 여러 개의 Entity가 조합되어 하나의 도면을 구성한다. 즉, AutoCAD 상의 도면 요소들은 단순 형상을 표현하는 것이 아니라 그 도면 요소의 속성 값(XY,Z 좌표점, 레이어, 색상, 길이 등)들을 DB형태로 저장되어 있다.

화면에 다음과 같이 원을 그린 후에 엔티티 함수를 이용하여 원(circle)에 대한 DB구조를 확인해보자. 그리고 지금까지는 기본 예제 실습을 VLISP 화면의 Console창에서 하였으나 지금부터는 AutoCAD의 명령 영역에서 하도록 하겠다.

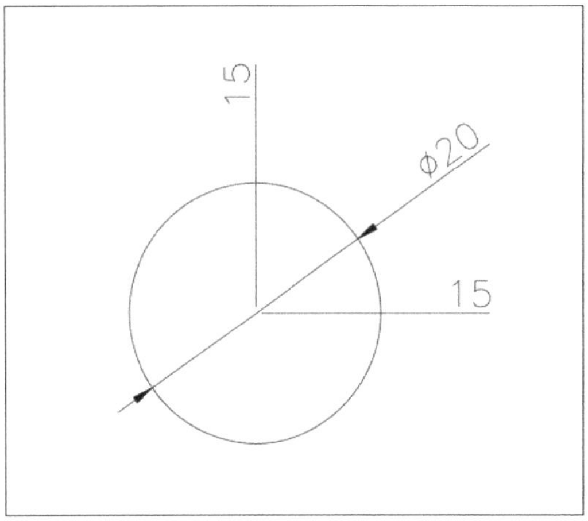

AutoCAD Command : CIRCLE 그리기

```
Command : CIRCLE ↵
CIRCLE 원에 대한 중심점 지정... : 15,15 ↵
CIRCLE 원의 반지름 지정 또는 [지름D]... : 10 ↵
```

AutoCAD Command : CIRCLE 엔티티 DB 확인하기

```
Command : (setq ent (entlast)) ↵
<도면요소 이름: 24a807b09b0>
Command : (setq entdb (entget ent)) ↵
```

```
((-1 . <도면요소 이름: 24a807b09b0>) (0 . "CIRCLE")
                                      엔티티종류
(330 . <도면요소 이름: 24a80d341f0>) (5 . "6A13") (100 . "AcDbEntity") (67 . 0)

(410 . "Model") (8 . "0") (100 . "AcDbCircle") (10 15.0 15.0 0.0) (40 . 10.0)
                    도면층이름                        좌표                 반지름
(210 0.0 0.0 1.0))                              DXF 코드
```

▷ 도면 요소(circle)의 속성 값은 위와 같이 LIST의 형태로 출력되며 " (DXF 코드 . 속성 값) "의 형태로 구성되어 있다. 여기에서 DXF 코드는 주어진 "속성 값"이 어떤 내용의 속성 값인지를 결정한다.

▷ 즉 리스트 형태의 (0 . "CIRCLE") 에서 우리는 그려진 도면 요소가 원(CIRCLE)임을 알 수 있다.

▷ 리스트 형태의 (8 . "0") 에서 DXF코드 "8"은 뒤에 주어진 "0"이 선의 도면층이라는 것을 의미한다.

▷ 리스트 형태의 (10 15.0 15.0 0.0) 에서 DXF 코드 "10"은 뒤에 주어진 "15.0 15.0 0.0"이 원의 중심 좌표라는 것을 의미한다.

▷ 리스트 형태의 (40 10.0)에서 DXF 코드 "40"은 뒤에 주어진 "10.0"이 원의 반지름 값이라는 것을 의미한다.

따라서 우리는 엔티티의 속성 값을 컨트롤하려면 DXF 코드에 대해서 충분한 이해가 필요하다. 아래 내용을 참고하길 바란다.

DXF 코드	내 용	참 고
0	Object Type	(0 . "LINE")
8	Layer Name	(8. "0")
60	Object Visibility	0 = Visible, 1= Invisible
62	Color Number	0 = BYBLOCK, 256 = BYLAYER
67	Model/Paper Space	0 = 모델공간, 1 = 종이공간

〈도면요소 : LINE〉

DXF 코드	내 용
-1	Entity Name
0	Entity Type
5	Handle
6	LineType
8	LAYER
10	선의 시작점
11	선의 끝점
38	Elevation
39	Thickness
62	색상
210	Extrusion

〈도면요소 : CIRCLE〉

DXF 코드	내 용
-1	Entity Name
0	Entity Type
5	Handle
6	LineType
8	LAYER
10	원의 중심점
38	Elevation
39	Thickness
40	원의 반지름
62	색상
210	Extrusion

〈도면요소 : ARC〉

DXF 코드	내 용
-1	Entity Name
0	Entity Type
5	Handle
6	LineType
8	LAYER
10	중심점
38	Elevation
39	Thickness
40	반지름
50	호의 시작 각도
51	호의 끝 각도
62	색상
210	Extrusion

〈도면요소 : PLINE〉

DXF 코드	내 용
-1	Entity Name
0	Entity Type
5	Handle
6	LineType
8	LAYER
10	정점(Vertex)
38	Elevation
39	Thickness
40	시작점의 폭
41	끝점의 폭
42	Bulge
62	색상
210	Extrusion

〈도면요소 : TEXT〉

DXF 코드	내 용
-1	Entity Name
0	Entity Type
1	문자열
5	Handle
6	LineType
7	Style 이름
8	LAYER
10	시작점
38	Elevation
39	Thickness
40	문자 높이
62	색상
210	Extrusion

〈도면요소 : BLOCK〉

DXF 코드	내 용
-1	Entity Name
0	Entity Type
2	Block Name
5	Handle
6	LineType
8	LAYER
10	삽입점
38	Elevation
41	X Scale factor
42	Y Scale factor
50	회전 각도
62	색상
210	Extrusion

3.2 Entity(엔티티) 함수

이제 엔티티 조작 함수를 이용하여 도면 요소의 속성(색상, 도면층, 선유형)과 형태(시작점, 끝점, 반지름, 길이)를 변경해보자.

3.2.1 기본 예제 실습

(1) 기본 예제 실습

우리는 앞에서 사용자로부터 2점을 입력받아 사각형을 그리는 기본 예제 실습(2Pos_rec.lsp)을 하였다. 이 예제를 응용하여 사각형에 Fillet을 주는 기본 예제를 작성해 본다.

2Pos_rec.lsp (이전)	2Pos_rec_fillet.lsp (응용)

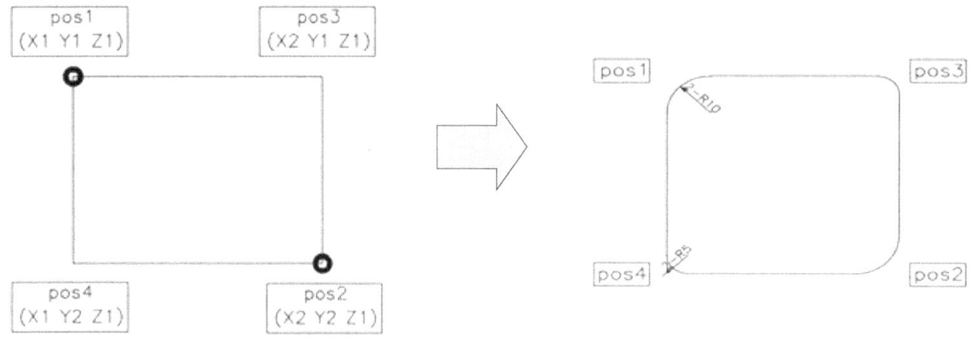

예제 파일명	2Pos_rec_fillet.lsp	
명령어	exe18	
변수 정의	pos1과 pos3 사이 Line	ent1
	pos3과 pos2 사이 Line	ent2
	pos2과 pos4 사이 Line	ent3
	pos4과 pos1 사이 Line	ent4
관련 함수	entlast	최근에 그린 도면요소 이름 선택

(2) 프로그램 작성

아래 내용을 Visual LISP 편집창에서 새파일을 만들어 직접 작성한다.

Visual LISP 프로그램 편집창(Editor)

```
(defun c:exe18 ()

  ;; 사용자로부터 대각선 2점을 입력받아 사각형을 그린 후
  ;; Fillet 주는 예제
  ;; 2Pos_rec_filelt.lsp

  (setq pos1 (getpoint "₩n 사각형의 시작점을 클릭하세요. : "))
  (setq pos2 (getpoint "₩n 사각형의 대각선 점을 클릭하세요. : "))
  (setq pos3 (list (car pos2) (nth 1 pos1) (caddr pos1)))
  (setq pos4 (list (car pos1) (nth 1 pos2) (caddr pos1)))

  ;; (command "line" pos1 pos3 pos2 pos4 pos1 "") 이전 예제
```

```
  ;; 라인 생성
  (command "line" pos1 pos3 "") (setq ent1 (entlast))
  (command "line" pos3 pos2 "") (setq ent2 (entlast))
  (command "line" pos2 pos4 "") (setq ent3 (entlast))
  (command "line" pos4 pos1 "") (setq ent4 (entlast))

  ;; Fillet 적용
  (command "fillet" "r" 10.0)
  (command "fillet" ent1 ent4)
  (command "fillet" ent2 ent3)
  (command "fillet" "r" 5.0)
  (command "fillet" ent4 ent3)
  (command "fillet" ent1 ent2)

  (prompt "₩n Sucess!")
  (prompt "₩n -- ")
  (princ)
)
```

(3) 프로그램 실행

▷ 프로그램 저장 :"C:\GSINTER\App"폴더에 파일명 "2Pos_rec_fillet.lsp"로 저장한다.

▷ 프로그램 로드 : 단축키 "Ctrl + Alt + E" 또는 "도구" Tool bar의 첫 번째 아이콘 ( )을 선택하여 로드 한다.

▷ 프로그램 실행 : AutoCAD 명령창에서 아래와 같이 명령어를 실행한다.

AutoCAD Command
Command : exe18 ↵

(4) 프로그램 분석

```
(defun c:exe18 ()
      ........
)
```

▷ defun은 프로그램의 시작과 정의를 알리는 함수이며, "exe18"은 AutoCAD에서 명령어로 사용된다.

```
;; 사용자로부터 대각선 2점을 입력받아 사각형을 그린 후
;; Fillet 주는 예제
;; 2Pos_rec_filelt.lsp
```

▷ “;” 세미콜론은 주석문 표현 시 사용하며, 프로그램 동작에는 무관하다. 해당 프로그램의 기능과 lsp 파일명을 설명하였다.

```
(setq pos1 (getpoint "₩n 사각형의 시작점을 클릭하세요. : "))
(setq pos2 (getpoint "₩n 사각형의 대각선 점을 클릭하세요. : "))
```

▷ “getpoint” 함수를 사용하여 첫 번째 위치와 두 번째 위치를 사용자로부터 마우스로 입력받아 변수 pos1, pos2 에 list 형태로 값을 저장한다.

```
(setq pos3 (list (car pos2) (nth 1 pos1) (caddr pos1)))
(setq pos4 (list (car pos1) (nth 1 pos2) (caddr pos1)))
```

▷ 변수 pos1, pos2 리스트 (좌표) 요소를 추출하여 변수 pos3와 pos4 리스트를 작성하였다.

▷ pos3의 X 좌표 = pos2 리스트의 첫 번째 요소(X 좌표)

▷ pos3의 Y 좌표 = pos1 리스트의 두 번째 요소(Y 좌표)

▷ pos4의 X 좌표 = pos1 리스트의 첫 번째 요소(X 좌표)

▷ pos4의 Y 좌표 = pos2 리스트의 두 번째 요소(Y 좌표)

▷ pos3, pos4의 Z 좌표 = pos1 리스트의 세 번째 요소(Z 좌표)
☞ 2D 상이므로 Z좌표는 0.0으로 출력된다.

```
;; 라인 생성
(command "line" pos1 pos3 "") (setq ent1 (entlast))
(command "line" pos3 pos2 "") (setq ent2 (entlast))
(command "line" pos2 pos4 "") (setq ent3 (entlast))
(command "line" pos4 pos1 "") (setq ent4 (entlast))
```

▷ pos1과 pos3을 연결하는 선을 그린 후 도면요소 이름을 “ent1”로 정의한다.

▷ pos3과 pos2를 연결하는 선을 그린 후 도면요소 이름을 “ent2”로 정의한다.

▷ pos2과 pos4를 연결하는 선을 그린 후 도면요소 이름을 "ent3"로 정의한다.

▷ pos4과 pos1을 연결하는 선을 그린 후 도면요소 이름을 "ent4"로 정의한다.

```
;; Fillet 적용
(command "fillet" "r" 10.0)
(command "fillet" ent1 ent4)
(command "fillet" ent2 ent3)
```

▷ fillet round 반지름 R10을 입력한 후에 pos1, pos3과 pos4, pos1에 교차되는 점에 fillet을 적용한다.

▷ 마찬가지로 pos3, pos2과 pos2, pos4에 교차하는 점에 fillet을 적용한다.

```
(command "fillet" "r" 5.0)
(command "fillet" ent4 ent3)
(command "fillet" ent1 ent2)
```

▷ fillet round 반지름 R5를 입력한 후에 pos4, pos1과 pos2, pos4에 교차되는 점에 fillet을 적용한다.

▷ 마찬가지로 pos1, pos3과 pos3, pos2에 교차하는 점에 fillet을 적용한다.

위와 같은 내용으로 이번에는 fillet이 아닌 chamfer를 주는 프로그램도 아래 프로그램 내용을 참고하여 각자 작성해 보길 바란다.

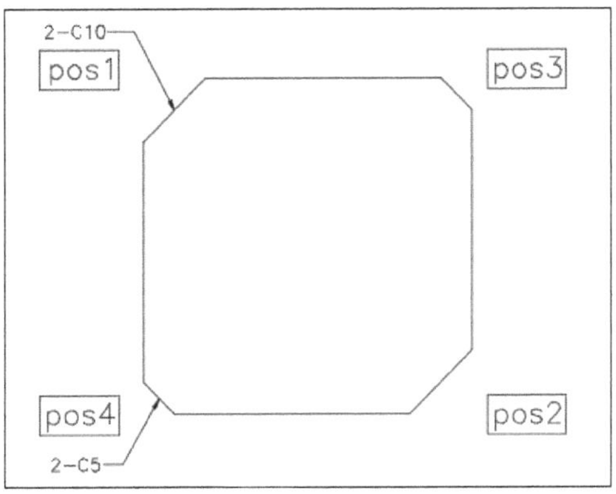

Visual LISP 프로그램 편집창(Editor)

```
(defun c:exe19 ()

  ;; 사용자로부터 대각선 2점을 입력받아 사각형을 그린 후
  ;; Chamfer 주는 예제
  ;; 2Pos_rec_chamfer.lsp

  (setq pos1 (getpoint "₩n 사각형의 시작점을 클릭하세요. : "))
  (setq pos2 (getpoint "₩n 사각형의 대각선 점을 클릭하세요. : "))
  (setq pos3 (list (car pos2) (nth 1 pos1) (caddr pos1)))
  (setq pos4 (list (car pos1) (nth 1 pos2) (caddr pos1)))

  ;; (command "line" pos1 pos3 pos2 pos4 pos1 "") 이전 예제

  ;; 라인 생성
  (command "line" pos1 pos3 "") (setq ent1 (entlast))
  (command "line" pos3 pos2 "") (setq ent2 (entlast))
  (command "line" pos2 pos4 "") (setq ent3 (entlast))
  (command "line" pos4 pos1 "") (setq ent4 (entlast))

  ;; Fillet 적용
  (command "chamfer" "d" 10.0 10.0 "")
  (command "chamfer" ent1 ent4)
  (command "chamfer" ent2 ent3)
  (command "chamfer" "d" 5.0 5.0 "")
  (command "chamfer" ent4 ent3)
  (command "chamfer" ent1 ent2)

  (prompt "₩n Sucess!")
  (prompt "₩n -- ")
  (princ)
)
```

3.2.2 ENTSEL

도면 요소를 선택하여 엔티티 이름과 선택한 점의 좌표를 반환한다.

프로그램 형식)

(entsel “메시지”)

▷ 도면 요소를 선택하면 (Entity 이름 . 선택점 좌표)의 형태로 결과를 출력한다.

▷ "메시지"을 생략하면 기본적으로 "Select Object:" 라는 메시지가 출력된다.

▷ AutoCAD 화면에 원을 그린 후에 "ENTSEL" 함수로 도면 요소를 선택한다.

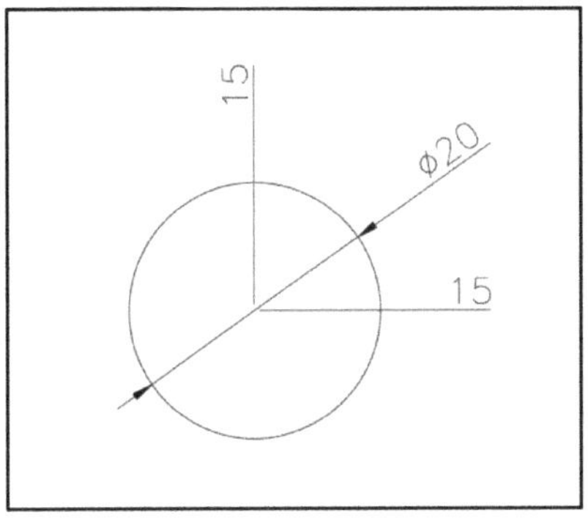

AutoCAD Command

```
Command : (entsel "객체를 선택하세요 :")
객체를 선택하세요 : (AutoCAD의 원을 선택)
(<도면요소 이름: 24a807b09b0> (18.9345 5.3308 0.0))
```

▷ 〈도면요소 이름: 24a807b09b0〉 : 엔티티 이름

▷ (18.9345 5.3308 0.0) : 원을 선택한 좌표점

3.2.3 ENTGET

주로 함수 ENTSEL과 함께 사용되며 주어진 "엔티티 이름"에 대한 속성을 리스트로 출력한다.

프로그램 형식)
(entget <엔티티 이름>)

▷ AutoCAD 화면에 원과 선을 그린 후 각 도면 요소의 속성을 확인해본다.

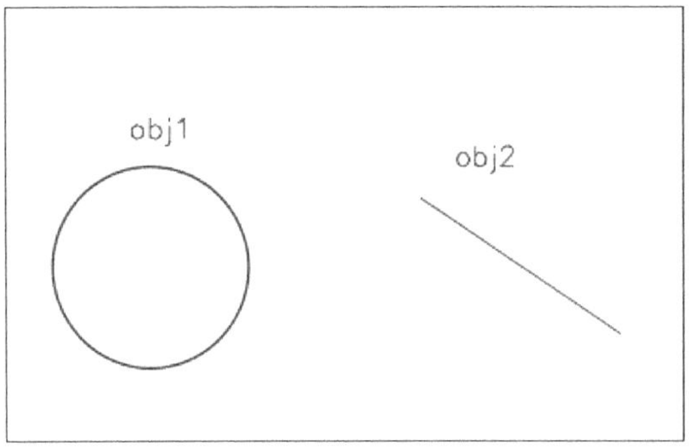

AutoCAD Command

```
Command : (setq obj1 (entsel "원을 선택하세요 :")) ↵
원을 선택하세요 : (AutoCAD의 원을 선택)
(<도면요소 이름: 24a807b09b0> (25.0163 15.5755 0.0))  ☞ 원에 대한 엔티티 이름과 선택점

Command : (setq obj2 (entsel "선을 선택하세요 :")) ↵
선을 선택하세요 : (AutoCAD의 선을 선택)
(<도면요소 이름: 24a807a8b60> (56.4178 12.1598 0.0))  ☞ 선에 대한 엔티티 이름과 선택점

Command : (setq obj1_ent (entget (car obj1))) ↵
((-1 . <도면요소 이름: 24a807b09b0>) (0 . "CIRCLE") (330 . <도면요소 이름:
24a80d341f0>) (5 . "6A13") (100 . "AcDbEntity") (67 . 0) (410 . "Model") (8 .
"0") (100 . "AcDbCircle") (10 15.0 15.0 0.0) (40 . 10.0) (210 0.0 0.0 1.0))

Command : (setq obj2_ent (entget (car obj2))) ↵
((-1 . <도면요소 이름: 24a807a8b60>) (0 . "LINE") (330 . <도면요소 이름:
24a80d341f0>) (5 . "6CFE") (100 . "AcDbEntity") (67 . 0) (410 . "Model") (8 .
"0") (100 . "AcDbLine") (10 42.8659 21.7681 0.0) (11 63.3777 8.367 0.0) (210 0.0
0.0 1.0))
```

```
(setq obj1_ent (entget (car obj1)))
```

▷ “obj1” 원에 대한 엔티티 이름을 선택하여 속성 리스트를 변수 “obj1_ent”저장한다.

```
((-1 . <도면요소 이름: 24a807b09b0>) (0 . "CIRCLE") (330 . <도면요소 이름:
24a80d341f0>) (5 . "6A13") (100 . "AcDbEntity") (67 . 0) (410 . "Model") (8 . "0")
(100 . "AcDbCircle") (10 15.0 15.0 0.0) (40 . 10.0) (210 0.0 0.0 1.0))
```

▷ “obj1” 원에 대한 속성 리스트이다.

```
(setq obj2_ent (entget (car obj2)))
```

▷ "obj2" 선에 대한 엔티티 이름을 선택하여 속성 리스트를 변수 "obj2_ent"저장한다.

```
((-1 . <도면요소 이름: 24a807a8b60>) (0 . "LINE") (330 . <도면요소 이름: 24a80d341f0>) (5 . "6CFE") (100 . "AcDbEntity") (67 . 0) (410 . "Model") (8 . "0") (100 . "AcDbLine") (10 42.8659 21.7681 0.0) (11 63.3777 8.367 0.0) (210 0.0 0.0 1.0))
```

▷ "obj2" 선에 대한 속성 리스트이다.

3.2.4 ENTLAST

AutoCAD 화면에서 가장 최근에 그려진 도면 요소를 선택한다.

프로그램 형식)
(entlast)

▷ AutoCAD 화면에 선 -> 원 -> 호를 순서대로 그린 후에 함수 (ENTLAST)를 이용하여 도면요소를 선택하면 가장 마지막에 그린 호(Arc)가 선택된다.

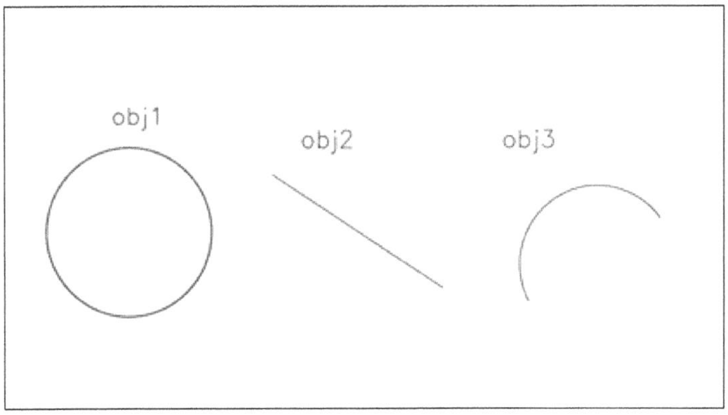

AutoCAD Command
Command : ERASE ↵ 객체 선택 : (entlast) ↵ <도면요소 이름: 24afe5a6ae0> ☞ 가장 마지막에 그린 호 선택 1개를 찾음 객체 선택 : ↵

3.2.5 ENTNEXT

도면에서 가장 마지막에 그린 도면 요소 "entlast"로 선택하고 "entnext"는 주어진 "엔티티 이름" 바로 전에 그려진 도면 요소를 선택한다.

프로그램 형식)
(entnext <엔티티 이름>)

▷ AutoCAD 화면에서 사각형을 그린 뒤 레이어의 색상을 변경한다.

사각형

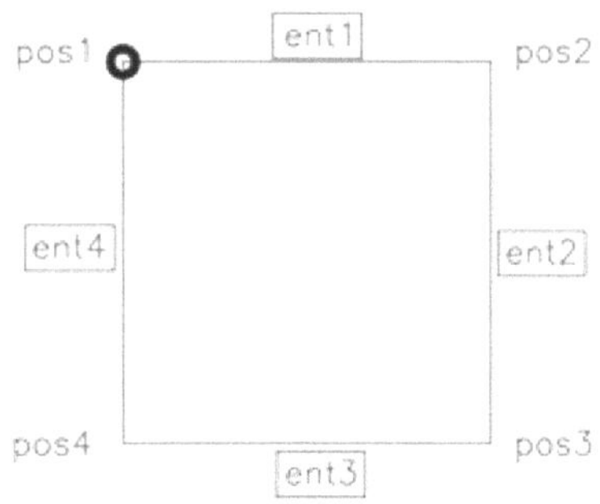

ent2, ent3 색상 변경

Get1Pos_rec_entnext.lsp

```
(defun c:exe20 ()

  ;; 사용자로부터 1점을 입력받아 사각형을 그리고
  ;; 레이어 색상 변경
  ;; Get1Pos_rec_entnext.lsp

  (setq pos1 (getpoint "₩n 사각형의 시작점을 클릭하세요. : "))
  (setq dist 50.0)

  (setq pos2 (polar pos1 0 dist))
  (setq pos3 (polar pos2 (* pi -0.5) dist))
  (setq pos4 (polar pos3 pi  dist))

  (command "line" pos1 pos2 "") (setq ent1 (entlast))
  (command "line" pos2 pos3 pos4 pos1 "")
  (setq ent2 (entnext ent1))
  (setq ent3 (entnext ent2))
  (setq ent4 (entnext ent3))

  (command "change" ent2 ent3 "" "p" "c" "blue" "")
  (princ)
)
```

▷ 프로그램 로드 : 단축키 "Ctrl + Alt + E" 또는 "도구" Tool bar의 첫 번째 아이콘 (↓)을 선택하여 로드 한다.

▷ 프로그램 실행 : 아래와 같이 AutoCAD에서 명령어 "exe20"를 실행한다.

AutoCAD Command
Command : exe20 ↵

3.2.6 ENTDEL

선택된 "엔티티 이름"의 도면 요소를 삭제한다.

프로그램 형식)
(entdel <엔티티 이름>)

▷ 만약 선택된 "엔티티 이름"이 이전에 지워진 엔티티인 경우에는 반대로 다시 복구한다.

```
sample_entdel.lsp
(defun c:exe21 ()

  ;; entdel 함수 예제
  ;; sample_entdel.lsp

  (command "circle" '(50 50) 10.0)
  (setq ent1 (entlast))
  (entdel ent1)
)
```

▷ 프로그램 로드 : 단축키 "Ctrl + Alt + E" 또는 "도구" Tool bar의 첫 번째 아이콘 (↓)을 선택하여 로드 한다.

▷ 프로그램 실행 : 아래와 같이 AutoCAD에서 명령어 "exe21"를 실행한다.

AutoCAD Command
Command : exe21 ↵

▷ 실행 결과를 확인해 보면 원(Circle)이 그려졌다가 지워지는 것을 확인할 수 있다. 이때 다시 한 번 "entdel" 함수를 이용하면 지웠던 원(Circle)을 복구할 수 있다.

AutoCAD Command
Command : (entdel ent1) ↵ <도면요소 이름: 24a807a7bb0>

3.2.7 ENTMOD

선택된 엔티티 리스트의 변경된 내용을 갱신한다.

프로그램 형식)
(entmod <엔티티 리스트>)

▷ "entmod"함수는 entget, assoc, cons, subst 함수와 함께 사용되어 도면 엔티티의 속성을 변경하고자 할 때 사용한다.

▷ AutoCAD 화면에 반지름 10mm 원을 그린 후에 반지름을 20mm로 변경한다.

반지름 10mm 원	반지름 20mm 원으로 속성 변경

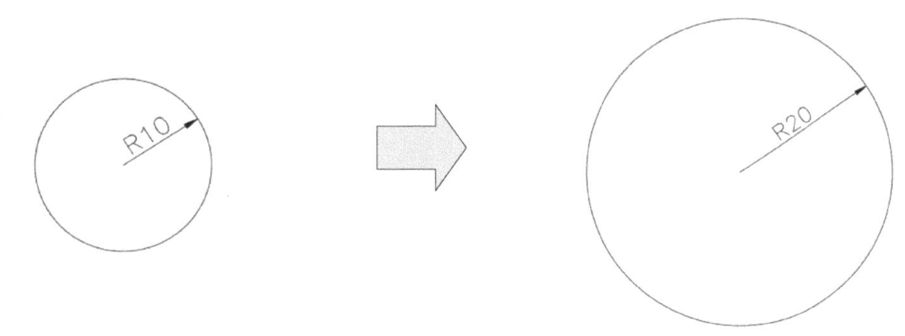


```
sample_entmod.lsp
(defun c:exe22 ()

  ;; entmod 함수 예제
  ;; sample_entmod.lsp

  (command "circle" '(50 50) 10.0)
  (setq bef_ent1 (entlast))
  (setq ent (entget bef_ent1))
  (setq r1 (assoc 40 ent))
  (setq r2 (cons 40 20))
  (setq aft_ent1 (subst r2 r1 ent))
  (entmod aft_ent1)
)
```

▷ 프로그램 로드 : 단축키 "Ctrl + Alt + E" 또는 "도구" Tool bar의 첫 번째 아이콘 ( )을 선택하여 로드 한다.

▷ 프로그램 실행 : 아래와 같이 AutoCAD에서 명령어 "exe22"를 실행한다.

AutoCAD Command
Command : exe22 ↵

▷ 실행 결과를 확인해 보면 반지름 10mm인 원이 먼저 그려지고 다시 반지름 20mm로 변경 된다. 이 때 변수에 저장된 값을 확인해 보면 다음과 같다.

AutoCAD Command

```
Command : !bef_ent1 ↵
<도면요소 이름: 24afe5a8dd0>

Command : !ent ↵        ☞ 반지름 10mm인 원의 속성 리스트
((-1 . <도면요소 이름: 24afe5a8dd0>) (0 . "CIRCLE") (330 . <도면요소 이름:
24a80d341f0>) (5 . "706D") (100 . "AcDbEntity") (67 . 0) (410 . "Model") (8 .
"0") (100 . "AcDbCircle") (10 50.0 50.0 0.0) (40 . 10.0) (210 0.0 0.0 1.0))

Command : !r1 ↵
(40 . 10.0)      ☞ (assoc 40 ent)에 의해 DXF 코드가 40인 리스트를 출력

Command : !r2 ↵
(40 . 20)      ☞ (cons 40 20)에 의해 반지름 20mm 리스트 재구성

Command : !aft_ent1 ↵        ☞ entmod 함수에 의해서 반지름 20mm로 리스트 갱신(40 . 20)
((-1 . <도면요소 이름: 24afe5a8dd0>) (0 . "CIRCLE") (330 . <도면요소 이름:
24a80d341f0>) (5 . "706D") (100 . "AcDbEntity") (67 . 0) (410 . "Model") (8 .
"0") (100 . "AcDbCircle") (10 50.0 50.0 0.0) (40 . 20) (210 0.0 0.0 1.0))
```

3.2.8 응용 예제 실습

(1) 응용 예제 실습

이번 응용 예제 실습 내용은 AutoCAD 화면의 선택된 문자열을 “KOREA POLYTECHNICS”로 변경하는 실습을 해보자.

기존 문자열 TEXT		변경 문자열 TEXT
국민 누구나	⇨	KOREA POLYTECHNICS

▷ 아래 내용은 프로그램에서 사용한 변수 및 관련 함수 목록이다.

예제 파일명	sample_textExchange.lsp	
명령어	exe23	
변수 정의	선택된 문자열 속성 리스트	ent1
	선택된 이전 문자열(변경 전)	bef_str
	변경할 문자열(변경 후)	aft_str

(2) 프로그램 작성

아래 내용을 Visual LISP 편집창에서 새파일을 만들어 직접 작성한다.

```
sample_textExchange.lsp
(defun c:exe23 ()

  ;; 선택된 TEXT를 변경하는 예제
  ;; sample_textExchange.lsp

  (setq selent1 (entsel "\n변경할 TEXT를 선택하세요 :"))
  (setq selent2 (car selent1))
  (setq ent1 (entget selent2))
  (setq bef_str (assoc 1 ent1))
  (setq aft_str (cons 1 "KOREA POLYTECHNICS"))
  (setq ent1 (subst aft_str bef_str ent1))
  (entmod ent1)
)
```

(3) 프로그램 실행

▷ 프로그램 저장 :"C:\GSINTER\App"폴더에 파일명 "sample_textExchange.lsp"로 저장한다.

▷ 프로그램 로드 : 단축키 "Ctrl + Alt + E" 또는 "도구" Tool bar의 첫 번째 아이콘 ( )을 선택하여 로드 한다.

▷ 프로그램 실행 : 아래와 같이 콘솔창에서 실행 또는 AutoCAD에서 명령어 "exe23"를 실행한다.

AutoCAD Command
Command : exe23 ↵

▷ 프로그램을 실행한다.

(4) 프로그램 분석

```
(defun c:exe23 ()
      ........
)
```

▷ defun은 프로그램의 시작과 정의를 알리는 함수이며, "exe23"은 AutoCAD에서 명령어로 사용된다.

```
;; 선택된 TEXT를 변경하는 예제
;; sample_textExchange.lsp
```

▷ ▷ ";" 세미콜론은 주석문 표현 시 사용하며, 프로그램 동작에는 무관하다. 해당 프로그램의 기능과 lsp 파일명을 설명하였다.

```
(setq selent1 (entsel "₩n변경할 TEXT를 선택하세요 :"))
```

▷ AutoCAD 화면에서 변경할 TEXT를 선택한다.

▷ 변수 "selent1"의 값은 아래와 같이 엔티티 이름과 "선택점"으로 리스트로 구성되어 있다.

AutoCAD Command
Command : !selent1 ↵ (<도면요소 이름: 24afe5a8ef0> (28.0638 53.7435 0.0))

```
(setq selent2 (car selent1))
```

▷ 변수 "selent2"에 엔티티 이름만 추출하여 저장한다.

▷ 변수 "selent2" 값은 아래와 같다.

AutoCAD Command
Command : !selent2 ↵ <도면요소 이름: 24afe5a8ef0>

```
(setq ent1 (entget selent2))
```

▷ 변수 "ent1"에 "selent2"의 엔티티 속성 리스트를 출력하여 저장한다.

▷ 변수 "ent1" 값은 아래와 같다.

AutoCAD Command
Command : !ent1 ↵ ((-1 . <도면요소 이름: 24afe5a8ef0>) (0 . "MTEXT") (330 . <도면요소 이름: 24a80d341f0>) (5 . "707F") (100 . "AcDbEntity") (67 . 0) (410 . "Model") (8 . "0") (100 . "AcDbMText") (10 19.9922 55.2825 0.0) (40 . 2.0) (41 . 33.4562) (46 . 0.0) (71 . 1) (72 . 1) (1 . "국민 누구나") (7 . "Standard") (210 0.0 0.0 1.0) (11 1.0 0.0 0.0) (42 . 31.8631) (43 . 2.0) (50 . 0.0) (73 . 1) (44 . 1.0))

```
(setq bef_str (assoc 1 ent1))
```

▷ "ent1"에서 선택된 TEXT의 엔티티 속성 리스트에서 문자열에 해당하는(DXF 코드 1)문자열을 변수 "bef_str"에 저장한다.

▷ 변수 "bef_str" 값은 아래와 같다.

AutoCAD Command
Command : !bef_str ↵ (1 . "국민 누구나")

```
(setq aft_str (cons 1 "KOREA POLYTECHNICS"))
```

▷ cons 함수를 이용하여 변경할 문자열을 리스트로 재구성한다.

▷ 변수 "aft_str" 값은 아래와 같다.

AutoCAD Command
Command : !aft_str ↵ (1 . "KOREA POLYTECHNICS")

```
(setq ent1 (subst aft_str bef_str ent1))
```

▷ 선택한 문자열의 엔티티 속성 리스트에서 문자열 "국민 누구나"를 "KOREA POLYTECHNICS"로 변경한다.

▷ 변수 "ent1" 값은 아래와 같다.

AutoCAD Command

```
Command : !ent1 ↵
((-1 . <도면요소 이름: 24afe5a8ef0>) (0 . "MTEXT") (330 . <도면요소 이름:
24a80d341f0>) (5 . "707F") (100 . "AcDbEntity") (67 . 0) (410 . "Model") (8 .
"0") (100 . "AcDbMText") (10 19.9922 55.2825 0.0) (40 . 2.0) (41 . 33.4562)
(46 . 0.0) (71 . 1) (72 . 1) (1 . "KOREA POLYTECHNICS") (7 . "Standard") (210
0.0 0.0 1.0) (11 1.0 0.0 0.0) (42 . 31.8631) (43 . 2.0) (50 . 0.0) (73 . 1)
(44 . 1.0))
```

```
(entmod ent1)
```

▷ 변경된 문자열을 갱신하여 AutoCAD 화면에 갱신하여 출력한다.

3.3 Entity(엔티티) 선택 함수

이번에는 AutoCAD 화면에서 도면 요소들의 색상, 형태, 도면층의 다양한 속성들을 선택하여 선택집합(Selection - Set)을 구성하고 이를 컨트롤하는 방법에 대해서 학습한다. 여기서 선택집합(Selection - Set)이란 여러개의 도면 요소들을 묶어서 하나의 그룹(Group)으로 관리하는 엔티티의 집합체이다.

3.3.1 기본 예제 실습

(1) 기본 예제 실습

AutoCAD 화면 전체에서 엔티티의 타입이 "Circle" 인 요소(0 . "CIRCLE")만 삭제하는 예제를 작성한다.

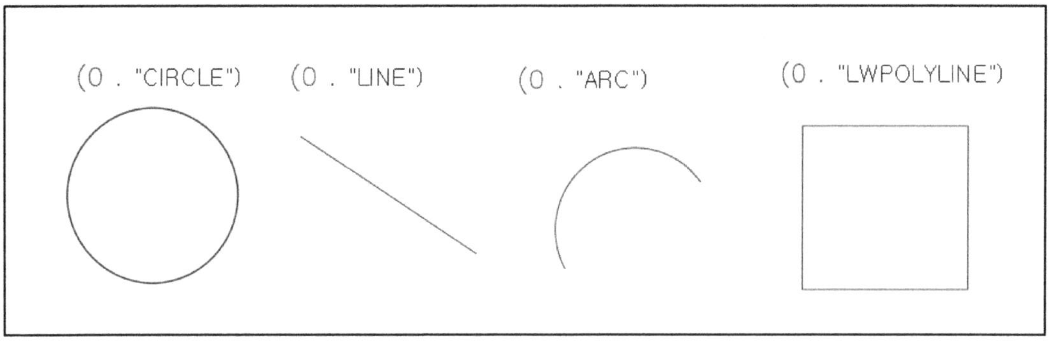

예제 파일명	Circle_Del.lsp	
명령어	exe24	
변수 정의	선택된 도면 요소	ent1
	선택된 도면 요소의 엔티티 타입	cir

(2) 프로그램 작성

아래 내용을 Visual LISP 편집창에서 새파일을 만들어 직접 작성한다.

```
Circle_Del.lsp
(defun c:exe24 ()

  ;; AutoCAD 화면 전체에서 원만 선택하여 삭제하는 예제
  ;; Circle_Del.lsp

  (setq ent1 (entnext))
  (while ent1
    (setq cir (cdr (assoc 0 (entget ent1))))
    (if (= cir "CIRCLE")
      (entdel ent1)
      (setq ent1 (entnext ent1))
    )
  )
)
```

(3) 프로그램 실행

▷ 프로그램 저장 :"C:\GSINTER\App"폴더에 파일명 "Circle_Del.lsp"로 저장한다.

▷ 프로그램 로드 : 단축키 "Ctrl + Alt + E" 또는 "도구" Tool bar의 첫 번째 아이콘 (↓)을 선택하여 로드 한다.

▷ 프로그램 실행 : 아래와 같이 콘솔창에서 실행 또는 AutoCAD에서 명령어 "exe24"를 실행한다.

AutoCAD Command
Command : exe24 ↵

(4) 프로그램 분석

```
(defun c:exe24 ()
      ........
)
```

▷ defun은 프로그램의 시작과 정의를 알리는 함수이며, "exe24"은 AutoCAD에서 명령어로 사용된다.

```
;; AutoCAD 화면 전체에서 원만 선택하여 삭제하는 예제
;; Circle_Del.lsp
```

▷ ";" 세미콜론은 주석문 표현 시 사용하며, 프로그램 동작에는 무관하다. 해당 프로그램의 기능과 lsp 파일명을 설명하였다.

```
(setq ent1 (entnext))
```

▷ 도면에서 가장 처음 그려진 도면 요소를 저장한다.

```
(while ent1
 ...
)
```

▷ AutoCAD 화면 전체에서 모든 요소의 엔티티 타입을 검색하기 위해 WHILE 문으로 작성하였다.

▷ AutoCAD 화면 전체에서 모든 요소에 대해 엔티티 타입에 대한 "CIRCLE"비교 검색이 끝나면 ent1 변수에 nil이 저장되므로 WHILE 문을 빠져나온다.

```
(setq cir (cdr (assoc 0 (entget ent1))))
(if (= cir "CIRCLE")
  (entdel ent1)
  (setq ent1 (entnext ent1))
)
```

▷ 검색된 도면 요소의 엔티티 타입을 비교해서 “CIRCLE”이면 ENTDEL 함수에 의해 삭제된다.

3.3.2 SSGET

도면 요소를 선택 시 “선택모드”에 의한 방법으로 선택하여 선택집합을 생성한다.

프로그램 형식)
(ssget <선택모드> <점1> <점2>)

▷ 자주 사용하는 도면 요소 선택모드는 아래와 같다.

선택 모드	작성 예시	내 용
C	(ssget "C" '(0 0) '(100 100))	Crossing 으로 엔티티 선택
CP	(ssget "CP" 〈DXF 코드 리스트〉)	CPolygon 으로 엔티티 선택
F	(ssget "F" '(0 0) '(100 100))	Fence 로 엔티티 선택
W	(ssget "W" '(0 0) '(100 100))	Window 로 엔티티 선택
WP	(ssget "_WP" 〈DXF 코드 리스트〉 '((0 . "LINE") (62 . 5)))	WPolygon 으로 엔티티 선택
L	(ssget "L")	가장 최근의 도면엔티티 선택
P	(ssget "P")	최종 선택집합 선택
X	(ssget "X")	도면상의 모든 도면요소 선택

3.3.3 SSGET FILTERS “X”

AutoCAD 화면 전체를 검색해서 주어진 “DXF 코드 리스트”의 조건을 만족하는 도면 엔티티만을 선택한다.

프로그램 형식)
(ssget “X” <DXF 코드리스트>)

▷ AutoCAD 화면에서 글자만 (“MTEXT”)만 선택하여 move 명령으로 이동한다.

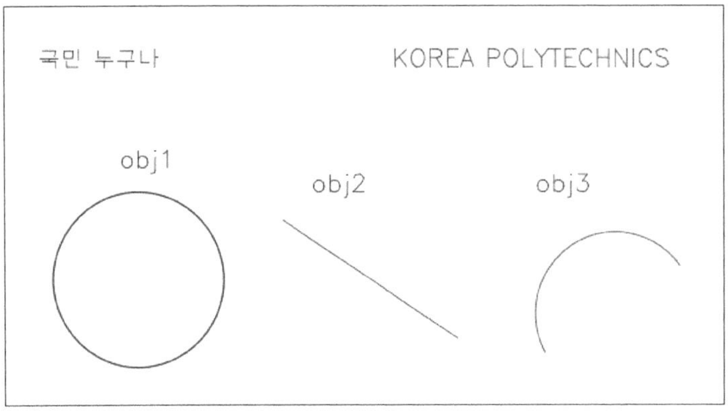

AutoCAD Command

```
Command : (setq obj (ssget "X" '((0 . "MTEXT"))))
<Selection set: 47>
Command : (command "move" obj "" '(0 0) (polar '(0 0) 0 100.0))
```

▷ 실행 결과

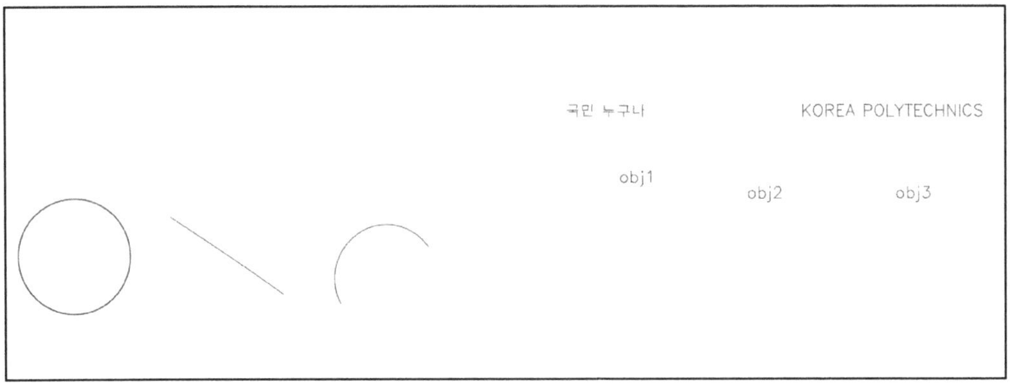

3.3.4 SSLENGTH

SSGET 함수에 의해 설정된 “선택집합” 내에 포함된 엔티티의 개수를 정수로 출력한다.

프로그램 형식)

(sslength <선택집합>)

▷ AutoCAD 화면에서 ssget 함수로 도면 요소의 개수를 정수로 출력한다.

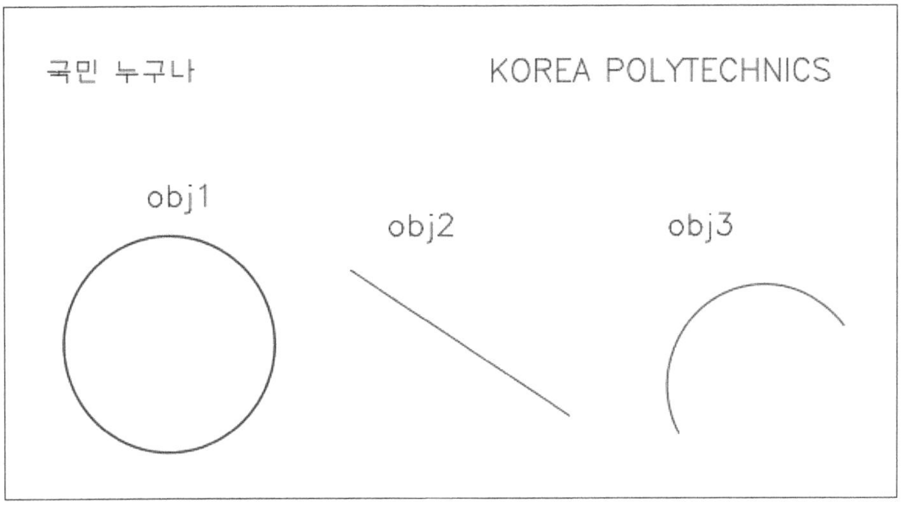

AutoCAD Command

```
Command : (setq Gent (ssget "x")) ↵
<Selection set: 71>
Command : (setq entlen (sslength Gent))
8     ☞ 도면 요소 8개 선택
```

3.3.5 SSNAME

SSGET 함수에 의해 생성된 선택집합에서 "Index"번째 요소의 이름을 출력한다. Index는 〈0〉에서부터 시작하므로 선택집합의 첫 번째 요소는 Index = 0, 두 번째 요소는 Index = 1이 된다.

프로그램 형식)

```
(ssname <선택집합> <Index> )
```

▷ AutoCAD 화면에서 선, 원, 호를 그리고 SSGET 함수로 선택한 후에 각 도면 요소의 속성 리스트를 확인한다.

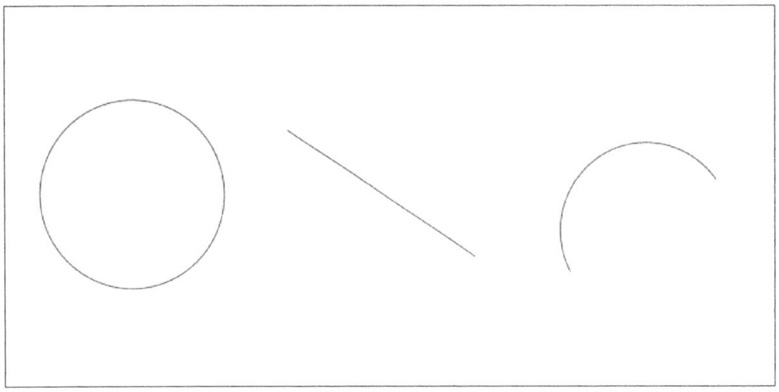

sample_ssname.lsp

```
(defun c:exe25 ()

  ;; ssname 함수를 이용한 도면 요소 리스트 확인 예제
  ;; sample_ssname.lsp

  (setq entlist (ssget "x"))
  (setq entlen (sslength entlist))

  (setq entLi1 (ssname entlist 0))
  (setq entLi2 (ssname entlist 1))
  (setq entLi3 (ssname entlist 2))

  (setq entres1 (entget entLi1))
  (setq entres2 (entget entLi2))
  (setq entres3 (entget entLi3))

)
```

▷ 프로그램 실행 : 아래와 같이 콘솔창에서 실행 또는 AutoCAD에서 명령어 "exe25"를 실행한다.

AutoCAD Command
Command : exe25 ↵

▷ 프로그램 실행 후 각 변수의 저장된 값을 확인해 보면 다음과 같다.

AutoCAD Command

```
Command : !entLi1 ↵
<도면요소 이름: 27194240a90>  ☞ 선택집합의 첫 번째 엔티티

Command : !entLi2 ↵
<도면요소 이름: 27194240a60>  ☞ 선택집합의 두 번째 엔티티

Command : !entLi3 ↵
<도면요소 이름: 27194240a40>  ☞ 선택집합의 세 번째 엔티티

Command : !entres1 ↵    ☞ 선택집합의 첫 번째 엔티티의 속성 리스트(ARC)
((-1 . <도면요소 이름: 27194240a90>) (0 . "ARC") (330 . <도면요소 이름: 271937739f0>)
(5 . "4C49") (100 . "AcDbEntity") (67 . 0) (410 . "Model") (8 . "0") (100 .
"AcDbCircle") (10 207.095 131.81 0.0) (40 . 9.34794) (210 0.0 0.0 1.0) (100 .
"AcDbArc") (50 . 0.626457) (51 . 3.63011))

Command : !entres2 ↵    ☞ 선택집합의 두 번째 엔티티의 속성 리스트(LINE)
((-1 . <도면요소 이름: 27194240a60>) (0 . "LINE") (330 . <도면요소 이름:
271937739f0>) (5 . "4C46") (100 . "AcDbEntity") (67 . 0) (410 . "Model") (8 .
"0") (100 . "AcDbLine") (10 168.068 142.471 0.0) (11 188.58 129.07 0.0) (210 0.0
0.0 1.0))

Command : !entres3 ↵    ☞ 선택집합의 세 번째 엔티티의 속성 리스트(CIRCLE)
((-1 . <도면요소 이름: 27194240a40>) (0 . "CIRCLE") (330 . <도면요소 이름:
271937739f0>) (5 . "4C44") (100 . "AcDbEntity") (67 . 0) (410 . "Model") (8 .
"0") (100 . "AcDbCircle") (10 150.838 135.703 0.0) (40 . 10.0) (210 0.0 0.0 1.0))
```

3.3.6 SSADD

선택집합에 엔티티를 추가한다.

프로그램 형식)

(ssadd <엔티티 이름> <선택집합>)

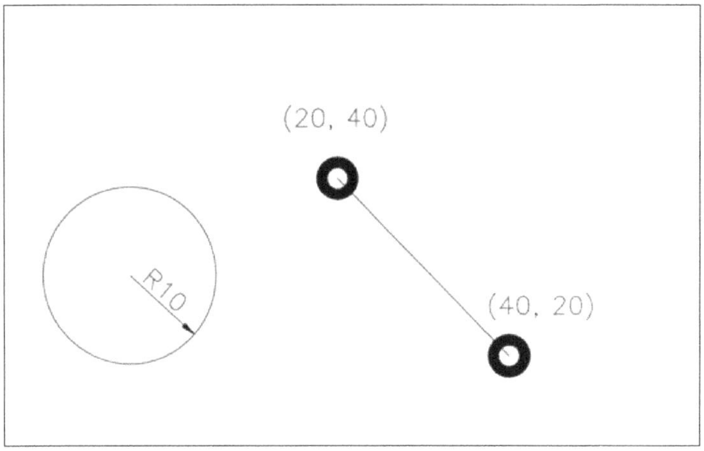

sample_ssadd.lsp

```
(defun c:exe26 ()

  ;; ssadd 함수를 이용한 엔티티 추가 예제
  ;; sample_ssadd.lsp

  (command "line" '(20 40) '(40 20) "")
  (setq ent1 (entlast))

  (command "circle" '(5 30) 10)
  (setq ent2 (entnext ent1))

  (setq sadd (ssadd))
  (ssadd ent1 sadd)
  (setq cent1 (sslength sadd))
  (ssadd ent2 sadd)
  (setq cent2 (sslength sadd))

)
```

▷ 프로그램 실행 : 아래와 같이 콘솔창에서 실행 또는 AutoCAD에서 명령어 "exe26"를 실행한다.

AutoCAD Command
Command : exe26 ↵

▷ 프로그램 실행 후 각 변수의 저장된 값을 확인해 보면 아래와 같다.

AutoCAD Command
Command : !cent1 ↵ 1 Command : !cent2 ↵ 2

3.3.7 SSDEL

선택집합에서 "엔티티 이름"의 도면 요소를 삭제한다.

프로그램 형식)
(ssdel <엔티티 이름> <선택집합>)

▷ 앞의 예제에서 생성된 선택집합 "sadd"에서 Line(ent1)을 삭제하고, 선택집합 "sadd"의 구성 엔티티의 개수를 출력한다.

AutoCAD Command
Command : (ssdel ent1 sadd) ↵ ☞ **선택집합에서 Line(ent1) 삭제** <Selection set: 1a6> Command : (sslength sadd) ↵ ☞ **선택집합에서 "sadd"의 구성 엔티티 개수 1개 출력**1

3.3.8 SSMEMB

엔티티 이름의 도면 요소가 "선택집합" 내에 포함되어 있는 엔티티 여부를 출력한다.

프로그램 형식)
(ssmemb <엔티티 이름> <선택집합>)

▷ 앞의 예제를 살펴보면 SSADD 함수에 의해서 선택집합 "sadd"에 Line(ent1)과 Circle(ent2)을 추가시키고, SSDEL 함수에 의해서 선택집합 "sadd"에서 Line(ent1)을 삭제하였으므로 현재 선택집합 "sadd"에는 Circle(ent2)만이 포함되어 있는 상태이다.

AutoCAD Command

```
Command : (ssmemb ent1 sadd) ↵      ☞ Line(ent1) 삭제되어 nil 출력함
nil
Command : (ssmemb ent2 sadd) ↵     ☞ Circle(ent2)에 대한 엔티티 이름 출력함
<도면요소 이름: 271f6a65700>
```

3.3.9 응용 예제 실습

(1) 응용 예제 실습

이번 응용 예제 실습 내용은 AutoCAD 화면상의 원을 다중으로 선택하고, 선택된 원들의 중심점 좌표와 반지름을 테이블로 작성하는 예제다.

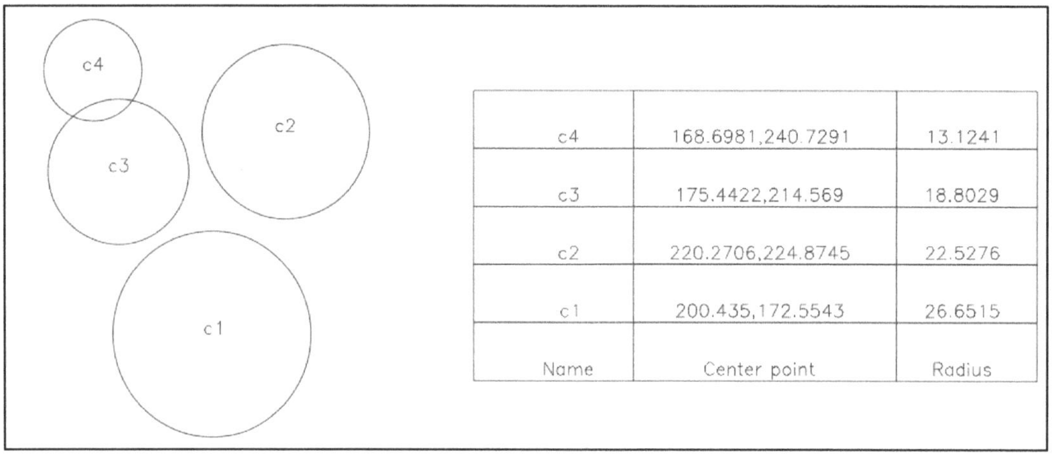

(2) 프로그램 작성

아래 내용을 Visual LISP 편집창에서 새파일을 만들어 직접 작성한다.

Visual LISP 프로그램 편집창(Editor)

```
(defun c:exe27 ()

  ;; AutoCAD 화면 상의 원에 대한
  ;; 중심점 좌표 및 반지름 테이블 작성 예제
  ;; sample_CircleTable.lsp
```

```
(setvar "orthomode" 0)
(setvar "osmode" 0)

(setq entx (ssget "x"))         ☞  AutoCAD 화면 전체에 있는 도면 요소를 선택
(setq entlen (sslength entx))  ☞  entx에 저장된 도면 요소 개수 산출
(setq n 0)
(setq num 0)
(setq circleNm '())
(setq CenterLi '())
(setq RadLi '())

;; ^^^^^^^^^^^^^^^^^^^^^^^^^^^^^^^^^^^^^^^^^^^^^^^^^^^^^^^^^^^^^^^^^^^^^^^^^
;; 선택집합에서 도면요소를 하나씩 비교하여 이름을 부여 후 원의 중심에
;; TEXT를 작성한다.
(repeat entlen
  (setq cir (entget (ssname entx n)))
  (setq n (1+ n))
  (setq cir1 (assoc 0 cir))
  (if (= "CIRCLE" (cdr cir1))
    (progn
        (setq num (+ num 1))
        (setq ntxt (strcat "c" (itoa num)))
        (setq cen (cdr (assoc 10 cir)))
        (setq rad (cdr (assoc 40 cir)))
        (setq circleNm (cons ntxt circleNm))
        (setq CenterLi (cons cen CenterLi))
        (setq RadLi (cons rad Radli))
        (command "text" "j" "c" cen "0" ntxt)
    );pron
  );if
) ;rep

;; ^^^^^^^^^^^^^^^^^^^^^^^^^^^^^^^^^^^^^^^^^^^^^^^^^^^^^^^^^^^^^^^^^^^^^^^^
;; 원의 이름과 중심점, 반지름의 값을 각각 리스트로 출력한다.
(setq CircleNm (reverse CircleNm))   ;; 원의 이름 리스트
(setq CirCnt (length CircleNm))
(setq CenterLi (reverse CenterLi))   ;; 중심점 리스트
(setq RadLi (reverse RadLi))   ;; 반지름 리스트

;; 원의 정보 테이블을 작성한다.
(setq p0 (getpoint "₩n테이블의 삽입 위치를 선택하세요. :"))
(setq p1 (polar p0 0 50))
(setq p2 (polar p1 0 200))
(setq p3 (polar p2 0 100))
```

```
(setq p4 (polar p3 (/ pi 2.0) 15))
(setq p5 (polar p2 (/ pi 2.0) 15))
(setq p6 (polar p1 (/ pi 2.0) 15))
(setq p7 (polar p0 (/ pi 2.0) 15))
(setq p8 (polar (polar p0 0 (/ 50 2.0)) (/ pi 2.0) 1.5))
(setq p9 (polar (polar p1 0 (/ 200 2.0)) (/ pi 2.0) 1.5))
(setq p10 (polar (polar p2 0 (/ 100 2.0)) (/ pi 2.0) 1.5))
(command "line" p0 p3 p4 p7 p0 "")
(command "line" p1 p6 "")
(command "line" p2 p5 "")
(command "text" "j" "c" p8 "0" "Name")
(command "text" "j" "c" p9 "0" "Center point")
(command "text" "j" "c" p10 "0" "Radius")
;; ^^^^^^^^^^^^^^^^^^^^^^^^^^^^^^^^^^^^^^^^^^^^^^^^^^^^^^^^^^^^^^^^^^^^^^^^^^^

(setq no 0)
(repeat CirCnt
  (setq base (polar p0 (/ pi 2.0) 15))
  (setq p1 (polar base 0 50))
  (setq p2 (polar p1 0 200))
  (setq p3 (polar p2 0 100))
  (setq p4 (polar p3 (/ pi 2.0) 15))
  (setq p5 (polar p2 (/ pi 2.0) 15))
  (setq p6 (polar p1 (/ pi 2.0) 15))
  (setq p7 (polar base (/ pi 2.0) 15))
  (setq p8 (polar (polar base 0 (/ 50 2.0)) (/ pi 2.0) 1.5))
  (setq p9 (polar (polar p1 0 (/ 200 2.0)) (/ pi 2.0) 1.5))
  (setq p10 (polar (polar p2 0 (/ 100 2.0)) (/ pi 2.0) 1.5))
  (command "line" base p3 p4 p7 base "")
  (command "line" p1 p6 "")
  (command "line" p2 p5 "")
  (setq cname (nth no CircleNm))
  (setq Cenpoint (nth no CenterLi))
  (setq CenpointX (nth 0 Cenpoint))
  (setq CenpointY (nth 1 Cenpoint))

  (setq Cenpoint (strcat (rtos CenpointX) "," (rtos CenpointY)))
  (setq Radius (rtos (nth no RadLi)))
  (command "text" "j" "c" p8 "0" cname)
  (command "text" "j" "c" p9 "0" Cenpoint)
  (command "text" "j" "c" p10 "0" Radius)
  (setq p0 base)
  (setq no (+ no 1))
```

```
  );rep
  ;; ^^^^^^^^^^^^^^^^^^^^^^^^^^^^^^^^^^^^^^^^^^^^^^^^^^^^^^^^^^^^^^^^^^^^^^^^^^^^^

  (setvar "osmode" 7)

)
```

(3) 프로그램 실행

▷ 프로그램 저장 :"C:\GSINTER\App"폴더에 파일명 "sample_CircleTable.lsp"로 저장한다.

▷ 프로그램 로드 : 단축키 "Ctrl + Alt + E" 또는 "도구" Tool bar의 첫 번째 아이콘 ( )을 선택하여 로드 한다.

▷ 프로그램 실행 : 아래와 같이 콘솔창에서 실행 또는 AutoCAD에서 명령어 "exe27"를 실행한다.

AutoCAD Command
Command : exe27 ↵

▷ 프로그램을 실행한다.

▷ 화면에 원의 이름과 테이블이 작성된다.

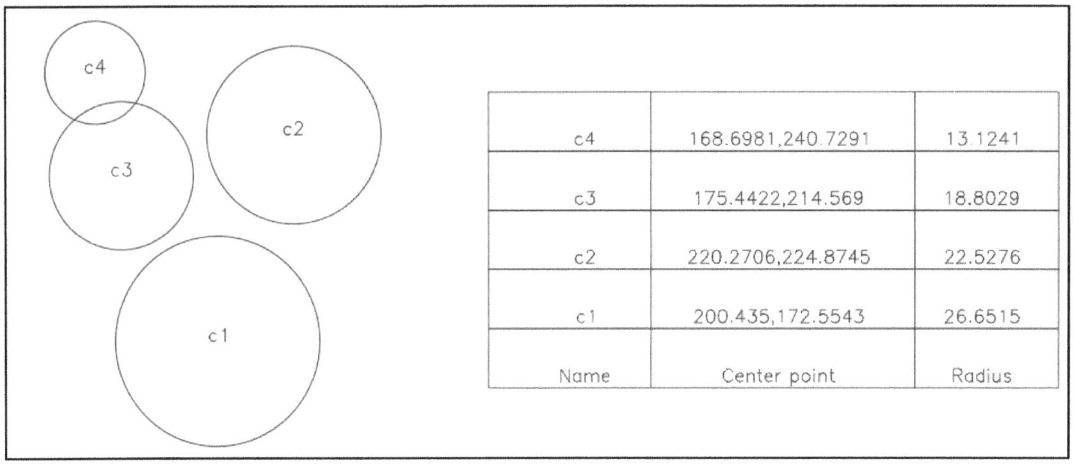

3.4 확장 데이터(Extended Data)

지금까지 ENTGET 함수를 비롯한 엔티티 조작 함수를 이용하여 다양한 속성 리스트 확인하고 이를 도면 요소들의 색상, 형태, 도면층 등 컨트롤을 해보았다. 이 때 속성 리스트를 자세히 살펴보면 항상 첫 번째 도면 요소 이름에는 코드"-1"로 되어 있다.

```
((-1 . <도면요소 이름: 273e43e0a40>) (0 . "CIRCLE") (330 . <도면요소 이름: 26bd48f99f0>)
(5 . "4D34") (100 . "AcDbEntity") (67 . 0) (410 . "Model") (8 . "0") (100 . "AcDbCircle")
(10 200.435 172.554 0.0) (40 . 26.6515) (210 0.0 0.0 1.0))
```

지금부터는 회사의 표준품 또는 규격 부품에 대해 작성된 도면 또는 블록에 품목코드, 규격, 재질 등의 정보를 속성 리스트에 추가하는 방법에 대해 학습해본다.

방법은 코드 "-3"과 함께 추가적인 속성 리스트를 만들어야 한다. 앞에서 연습한 Counterbore 규격 프로그램을 수정하여 도면을 작성한 뒤 속성 리스트를 만들고 Counterbore의 규격을 "4-3. 부품 규격 확인하기"을 통해서 알아보자.

3.4.1 Application Name 등록하기

확장 데이터를 사용하기에 앞서 AutoCAD 도면에 어플리케이션 이름을 등록한다.

프로그램 형식)
(regapp <Application Name>)

Visual LISP 콘솔창(Console window)
_$ (regapp "GSINTERVISION") ⏎ "GSINTERVISION"

▷ 현재 도면에서 어플리케이션 이름이 정상적으로 등록되었는지 확인하기 위해 "TBLSEARCH" 함수를 사용한다.

Visual LISP 콘솔창(Console window)
_$ (tblsearch "appid" "GSINTERVISION") ⏎ ((0 . "APPID") (2 . "GSINTERVISION") (70 . 0))

3.4.2 확장 데이터 추가하기

확장 데이터는 항상 코드 "-3"으로 결합된다.

프로그램 형식)
(list -3 (list <Application Name> <확장 데이터 CODE 리스트>)

▷ 어플리케이션 이름은 regapp에서 정의한다.

▷ 확장 데이터 코드는 아래와 같다.

확장 데이터 코드	내 용
1000	문자열(최대 255 Byte)
1001	Application Name(최대 31 Byte)
1003	Layer 이름
1005	Handle 이름
1010	3D 좌표점
1040	실수
1070	정수 (32bit)

▷ 아래 프로그램을 통해 도면에 원을 그린 후에 확장 데이터를 추가한다.

```
sample_Extended.lsp
(defun c:exe28 ()

  ;; 확정 데이터 추가하기 예제
  ;; sample_Extended.lsp

  (command "circle" '(100 100) 10)
  (setq entt1 (entlast))
  (setq entt2 (entget entt1))
  (setq productName "Locater ring")
  (setq productCode "AType")
  (setq productSize 20.0)

  (regapp "GSINTERVISION")
  (setq Exdata1 (list -3 (list "GSINTERVISION" (cons 1000  productName) (cons 1000  productCode) (cons 1040  productSize))))
  (setq Exdata2 (append entt2 (list Exdata1)))
  (entmod Exdata2)

)
```

▷ 프로그램 로드 : 단축키 "Ctrl + Alt + E" 또는 "도구" Tool bar의 첫 번째 아이콘 (↓)을 선택하여 로드 한다.

▷ 프로그램 실행 : 아래와 같이 콘솔창에서 실행 또는 AutoCAD에서 명령어 "exe28"을 실행한다.

AutoCAD Command

```
Command : exe28 ↵
Command : 원에 대한 중심점 지정 또는 [3점(3P)/2점(2P)/Ttr - 접선 접선 반지름(T)]:
Command : 원의 반지름 지정 또는 [지름(D)]: 10
Command : ((-1 . <도면요소 이름: 23bd6695930>) (0 . "CIRCLE") (330 . <도면요소 이름:
23bd66669f0>) (5 . "4C33") (100 . "AcDbEntity") (67 . 0) (410 . "Model") (8 .
"0") (100 . "AcDbCircle") (10 100.0 100.0 0.0) (40 . 10.0) (210 0.0 0.0 1.0)
(-3 ("GSINTERVISION" (1000 . "Locater ring") (1000 . "AType") (1040 . 20.0))))
```

(-3 ("GSINTERVISION" (1000 . "Locater ring") (1000 . "AType") (1040 . 20.0))))

▷ 위와 같이 코드 "-3"과 품목명, 품목코드, 사이즈 정보의 확장 데이터가 추가되었다.

3.4.3 부품 규격 확인하기

(1) 응용 예제 실습

Counterbore를 자동으로 그린 뒤 point를 생성하여 point에 속성 리스트를 만들고 Counterbore의 규격을 확인해 본다.

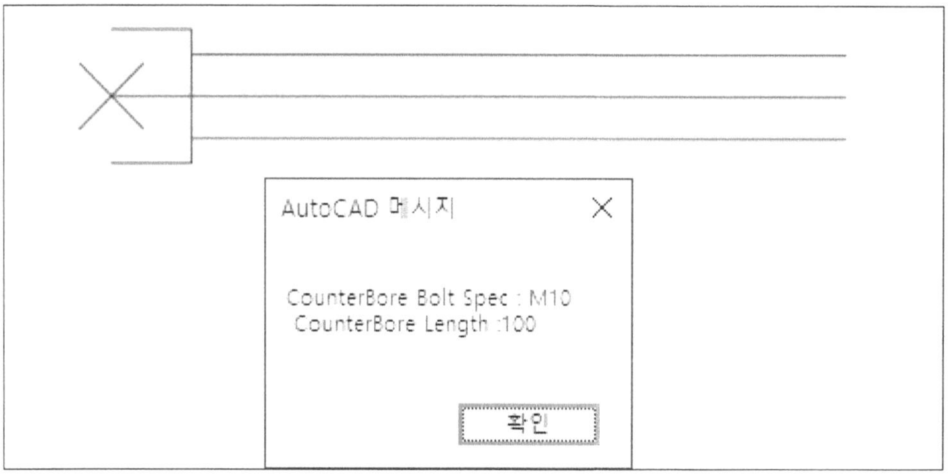

(2) 프로그램 작성

아래 내용을 Visual LISP 편집창에서 새파일을 만들어 직접 작성한다.

Visual LISP 프로그램 편집창(Editor)

```
(defun c:exe29 ()

  ;; counterbore(호칭 사용자 선택) 샘플 예제에서
  ;; 부품 규격 및 길이 정보 확장 데이터 추가
  ;; sample_counterbore4.lsp

  (setvar "orthomode" 0)
  (setvar "osmode" 0)

  (setq spec (getstring "₩n Enter the bolt specifications [M] :"))
  (dbfile_read)
  (counterbore_draw)

  ;; point에 counterbore 규격 삽입

  (setq entt2 (entget entt1))
  (setq ctb_spec spec)
  (setq ctb_Len len)

  (regapp "COUNTERBORESPEC")
  (setq Exdata1 (list -3 (list "COUNTERBORESPEC" (cons 1000  ctb_spec) (cons 1040  ctb_Len))))
  (setq Exdata2 (append entt2 (list Exdata1)))
  (entmod Exdata2)

  (alert (strcat "CounterBore Bolt Spec : M" ctb_spec "₩n CounterBore Length : " (itoa ctb_Len)))

  (setvar "osmode" 7)
  (prompt "₩n Sucess!")
  (prompt "₩n -- ")
)

;; Counterbore data file open
(defun dbfile_read ()
  (setq fname (open "C:/GSINTER/App/counterbore_db.dat" "r"))
  (setq line1 (read-line fname))
  (while line1
    (setq txt (vl-string-trim " " (substr line1 1 2)))
    (if (= txt spec)
      (progn
```

```
          (setq line2 (split-string line1 " ")) ;; 함수 호출
          (setq d1 (atof (nth 1 line2)))
          (setq d2 (atof (nth 2 line2)))
          (setq h (atof (nth 3 line2)))
        ) ;progn
    ) ;if
    (setq line1 (read-line fname))
  )
  (close fname)
)
;; Counterbore drwing 사용자 함수
(defun counterbore_draw ()

  (setq basepo (getpoint "₩n Enter the starting point : "))
  (setq len 100)

  ;; 좌표 정의
  (setq pos1 (polar basepo (dtr -90) (/ d1 2)))
  (setq pos2 (polar pos1 (dtr 0) h))
  (setq pos3 (polar pos2 (dtr 90) (/ (- d1 d2) 2.0)))
  (setq pos4 (polar pos3 (dtr 90) d2))
  (setq pos5 (polar pos2 (dtr 90) d1))
  (setq pos6 (polar pos5 (dtr 180) h))
  (setq pos7 (polar pos3 (dtr 0) (- len h)))
  (setq pos8 (polar basepo (dtr 0) len))
  (setq pos9 (polar pos4 (dtr 0) (- len h)))

  ;; Drawing Counterbore
  (command "line" pos1 pos2 pos5 pos6 "")
  (command "line" pos4 pos9 "")
  (command "line" pos3 pos7 "")
  (command "line" basepo pos8 "")

  ;; Counterbore 규격 정보 삽입을 위한 point 생성
  (setvar "pdmode" 3)
  (command "point" basepo) (setq entt1 (entlast))
)

;; 문자열에서 " " 구분하여 하나씩 문자열 리스트 만들기 사용자 함수
(defun split-string (str sep / pos result)
  (while (setq pos (vl-string-search sep str))
    (setq result (cons (substr str 1 pos) result))
    (setq str (substr str (+ pos 2)))
  )
```

```
  (setq result (cons str result))
  (reverse result)
)

;; Degree to Radian 사용자 함수
(defun dtr (a)
  (* a (/ pi 180.0))
)
```

(3) 프로그램 실행

▷ 프로그램 저장 :"C:\GSINTER\App"폴더에 파일명 "sample_counterbore4.lsp"로 저장한다.

▷ 프로그램 로드 : 단축키 "Ctrl + Alt + E" 또는 "도구" Tool bar의 첫 번째 아이콘 ( )을 선택하여 로드 한다.

▷ 프로그램 실행 : 아래와 같이 콘솔창에서 실행 또는 AutoCAD에서 명령어 "exe29"를 실행한다.

AutoCAD Command
Command : exe29 ↵

▷ 프로그램을 실행한다.

▷ 화면에 원의 이름과 테이블이 작성된다.

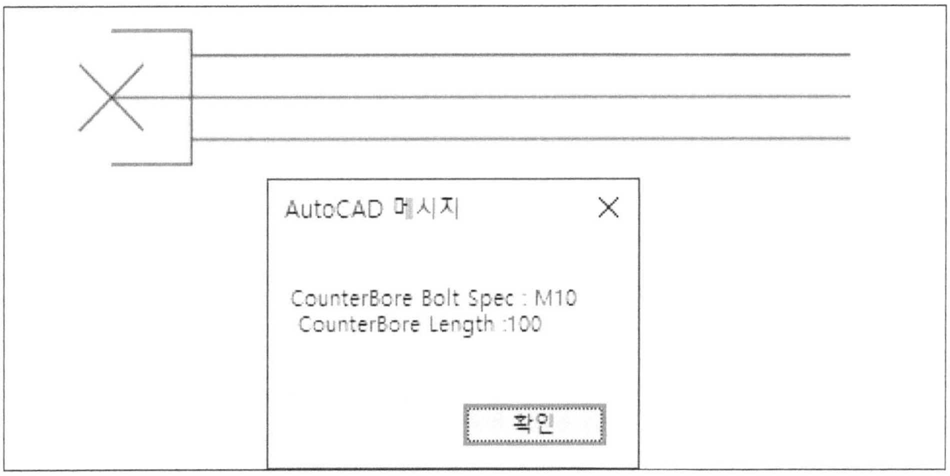

Chapter 4

사용자 인터페이스 (DCL:Dialog Control Language)

현재까지 학습했던 내용에서 Bolt Counter bore를 그릴 때 AutoCAD Command를 이용하여 "규격 입력" -> "기준점 입력" 순서로 작업을 실행하였다. 하지만 사용자가 Bolt Counter bore의 규격을 숙지하지 않은 상태라면 코드 입력 시 혼동될 수 있다. 그러나 만약 Bolt Counter bore를 대화상자를 이용하여 그린다면, 사용자가 입력할 값을 오류 없이 편하게 입력할 수 있으며, 입력된 데이터를 기준으로 프로그램 처리에 있어서도 효과를 볼 수 있다.

4.1 DCL(Dialog Control Language)

4.1.1 DCL 개념

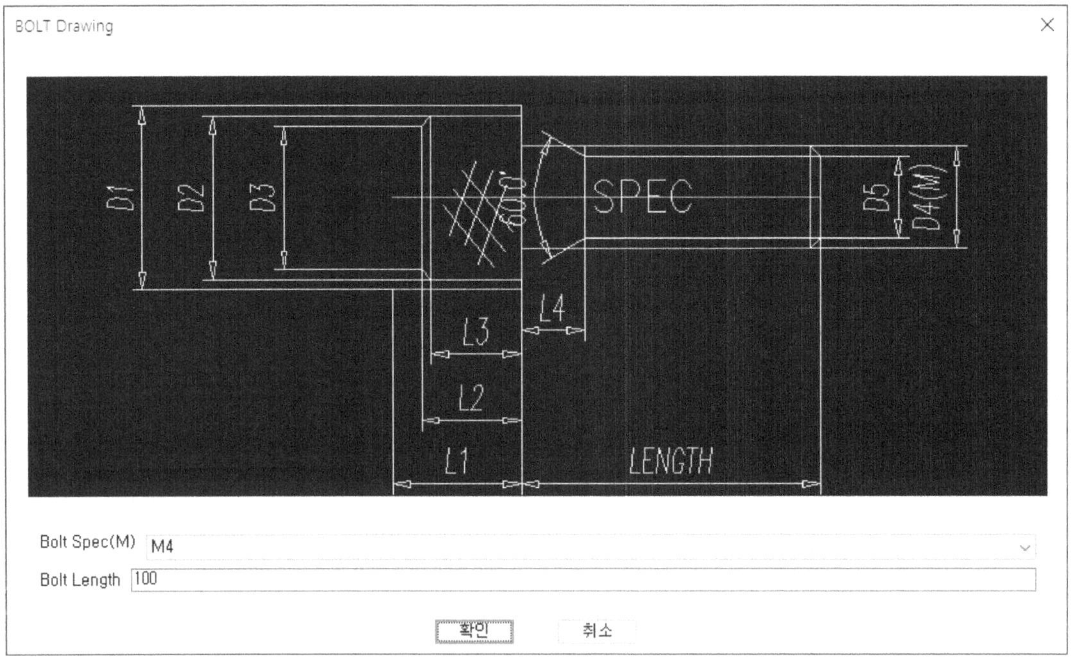

위 이미지와 같이 대화상자에서 Bolt의 그림과 규격 번호, 그리고 선택 규격에 따른 치수 변화를 한눈에 볼 수 있다. 이를 통해 설계 시 시간 절약과 효율 증가의 효과를 얻을 수 있다.

즉, DCL이란 Dialog Control Language의 약어로서 대화상자를 사용자가 직접 작성하고 활용할 수 있도록 해주는 "대화상자 조정 언어"라고 할 수 있다.

대화상자를 정의하기 위해서는 .LSP 파일과 .DCL 파일이 필요하다. 일반적으로 두 파일은 같은 이름으로 작성하며, ".DCL" 파일은 대화상자의 모양을 결정하는 ASCII 형태의 텍스트 파일이고, ".LSP" 파일은 VLISP 파일로서 대화상자의 기능을 제어한다.

대화상자를 사용하면 복잡한 명령어 입력 과정을 간소화하고, 사용자가 직관적으로 작업을 수행할 수 있게 되어 작업 효율성을 높일 수 있다. 다음 섹션에서는 DCL을 이용하여 대화상자를 정의하고 활용하는 방법을 예제를 통해 자세히 설명하겠다.

다음 그림은 AutoCAD에서 사용되는 대화상자로서 대화상자를 구성하는 모든 요소(Edit Box, command Button, Radio Button 등)를 타일(Tile)이라 한다.

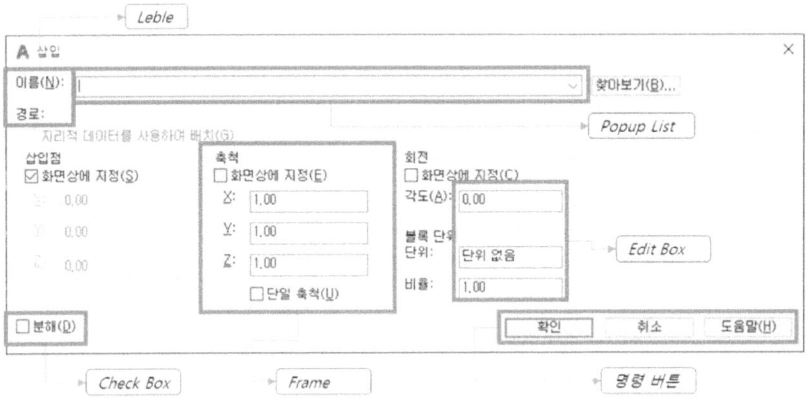

4.1.2 DCL 작성 규칙

① 대화상자의 시작과 끝은 아래 형식에 맞춰야 한다.

Visual LISP 프로그램 편집창(Editor)

```
dialog_name : dialog
{
 label = "TEXT Dialog Box";    ☞ 대화상자의 제목 입력

 // 대화상자 디자인

 ok_cancel;                    ☞ 대화상자의 OK 및 CANCEL 버튼
}
```

② 타일(Tile)의 형식을 결정할 때에는 반드시 ":"으로 시작한다.

Visual LISP 프로그램 편집창(Editor)

```
 :edit_box
{
 // 타일의 속성 입력
}
 :button
{
 // 타일의 속성 입력
}
```

③ 타일(Tile)의 속성을 입력할 때에는 ";"으로 종료한다.
그리고 대문자와 소문자를 구분하며 타일과 속성은 반드시 소문자로 입력한다.

Visual LISP 프로그램 편집창(Editor)

```
:edit_box
{
// 타일의 속성 입력
label = "sample text" ;
key = "text" ;
value = "SAMPLE" ;
}
```

4.1.3 TILE 종류

앞으로 학습할 DCL 대화상자 타일(Tile)의 종류는 아래와 같이 EDIT_BOX, BUTTON, IMAGE, IMAGE_BUTTON, POPUP_LIST, LIST_BOX, RADIO_BUTTON, SLIDER, TOGGLE, TEXT, SPACER 등이 있다.

DCL의 개념은 이론적인 설명보다는 타일의 종류와 형식을 예제를 통해서 살펴보자.

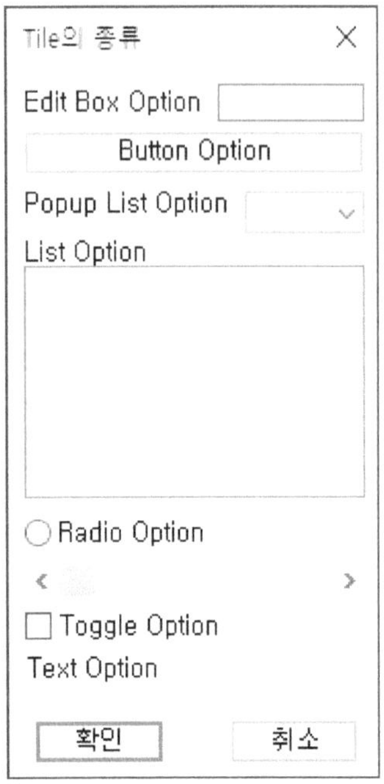

4.2 EDIT_BOX

4.2.1 기본 예제 실습

아래 그림과 같이 사용자로부터 문자열을 입력받아 AutoCAD화면에 지정된 위치에 기입한다.

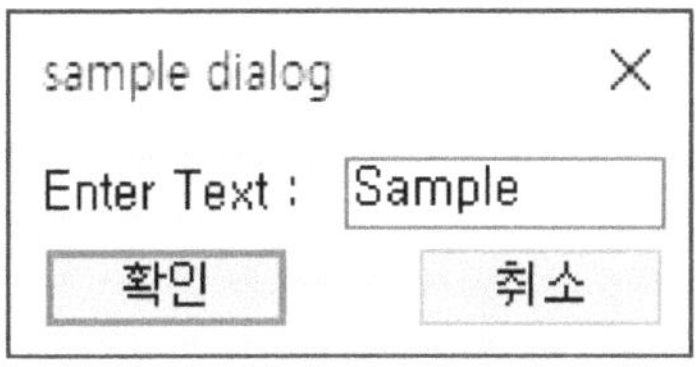

(1) 파일명

▷ LISP 파일 : sample_EditBox.LSP

▷ DCL 파일 : sample_EditBox.DCL

(2) DCL 파일 작성

sample_EditBox.DCL

```
txt_dcl : dialog
{
  label = "sample dialog";
  : edit_box
  {
  label  = "Enter Text : ";
  key = "txt";
  allow_accept = true;
  value = "Sample";
  }
  ok_cancel;
}
```

위와 같이 프로그램 작성 후“C:\GSINTER\App\sample_EditBox.DCL”의 이름으로 저장한다.

(3) 대화상자 미리보기

AutoCAD2018에서는 “편집기에서 DCL 미리보기(E)” 기능을 이용하면 작성된 대화상자의 형태를 미리 볼 수 있다. 이때 반드시 DCL 파일을 저장한 후에 “도구(T) → 인터페이스 도구(I) → 편집기에서 DCL 미리보기(E)“를 선택한다.

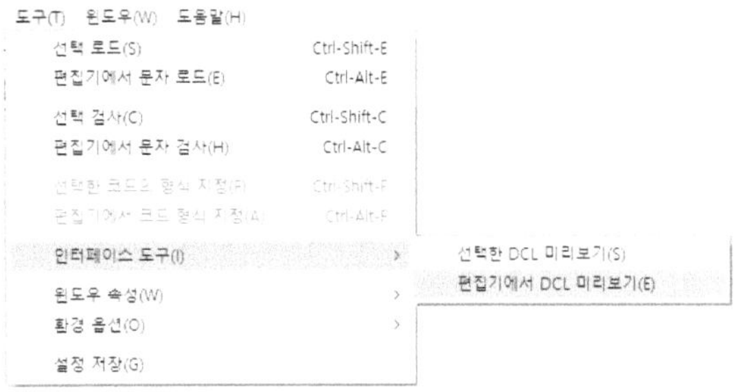

미리보기 하고자 하는 대화상자의 이름을 선택한다. 이때 활성화되어 있는 DCL 파일이 여러 개인 경우에는 콤보박스에서 미리보기 할 DCL 파일의 "대화상자 이름"을 선택한다.

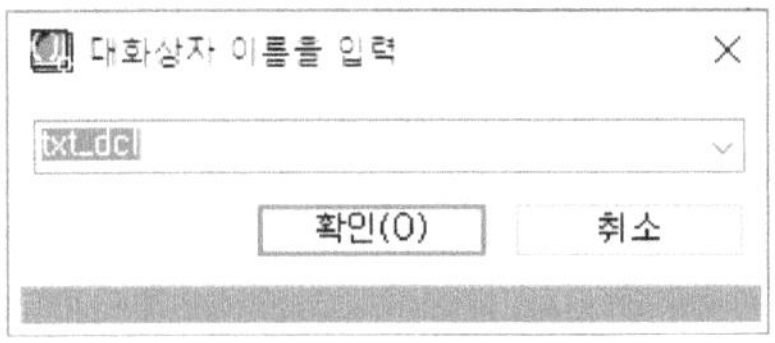

확인을 누르면 화면에 대화상자가 출력된다.

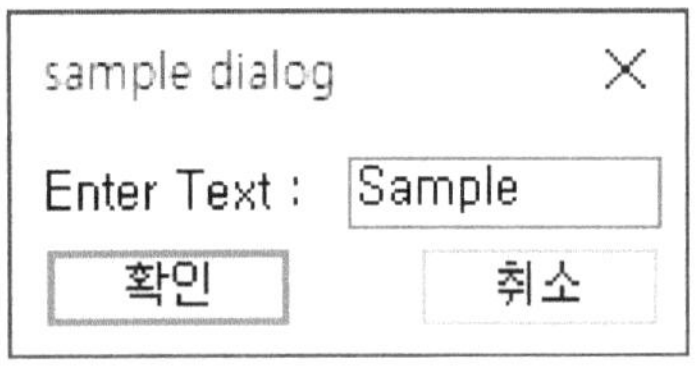

(4) LISP 파일 작성

```
sample_EditBox.lsp
(defun c:exe31 ()

  ;; Edit_Box DCL 예제
  ;; sample_EditBox.lsp

  (setq dcl_id (load_dialog "sample_EditBox.dcl"))
  (new_dialog "txt_dcl" dcl_id)
  (mode_tile "txt" 2)
  (action_tile "txt" "(setq txt1 $value)")
  (setq ok (start_dialog))
  (if (= ok 1)
    (progn
      (setq spos (getpoint "WnText positoin.. : "))
      (command "text" spos 1 0 txt1)
    )
  )
  (unload_dialog dcl_id)
  (princ)
)
```

위와 같이 프로그램 작성 후"C:\GSINTER\App\sample_EditBox.LSP"의 이름으로 저장한다.

(5) 프로그램 실행

▷ 프로그램 로드 : 단축키 "Ctrl + Alt + E" 또는 "도구" Tool bar의 첫 번째 아이콘 ( )을 선택하여 로드 한다.

▷ 프로그램 실행 : 아래와 같이 콘솔창에서 실행 또는 AutoCAD에서 명령어 "exe31"를 실행한다.

AutoCAD Command
Command : exe31 ↵

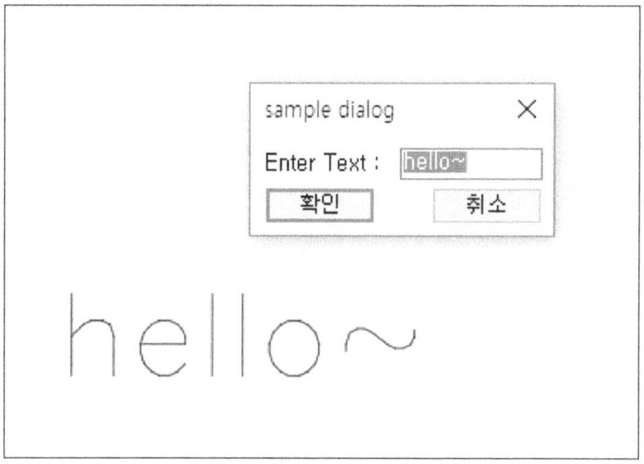

▷ "sample dialog"대화상자에서 문자열을 입력 후 "OK"버튼을 클릭한다.

▷ 문자열을 삽입할 위치를 마우스로 클릭한다.

(6) 프로그램 분석

1) sample_Editbox.DCL 파일 분석

```
txt_dcl : dialog
{
}
```

▷ 대화상자의 이름을 "txt_dcl"로 설정한다. 이때 "dialog"는 대화상자의 시작을 의미하며 반드시 괄호를 열고 닫아야 한다.

```
label = "sample dialog";
```

▷ 대화상자가 실행되었을 때 대화상자의 타이틀바에 디스플레이 될 문자열을 입력한다.

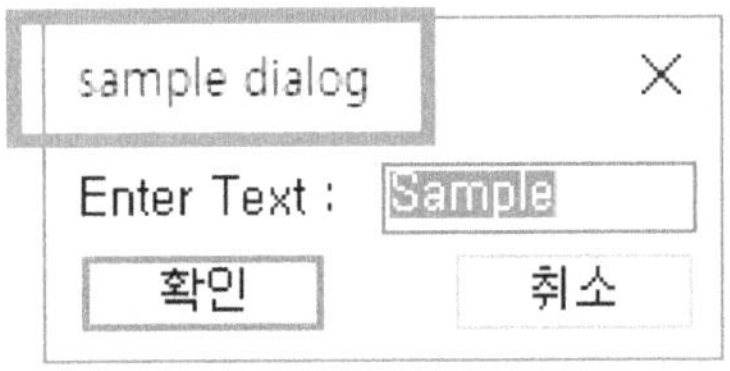


```
: edit_box
{
}
```

▷ Edit Box를 사용하기 위해 타일을 정의한다. 이 때 반드시 괄호를 열고 닫아야 한다.

▷ 타일을 정의할 때에는 ":"을 반드시 사용해야 한다.

```
label  = "Enter Text : ";
key = "txt";
allow_accept = true;
value = "Sample";
```

▷ 타일의 속성을 지정하는 부분으로 반드시 "타일 속성 = 속성 값;"의 형식을 사용한다.

▷ label 속성은 편집박스의 label 부분으로 Edit Box 앞에 디스플레이 된다.

▷ key 속성은 프로그램 실행시 Edit Box에 입력된 문자열의 내용을 저장하는 변수로서 Visual LISP 파일에 전달된다.

▷ value 속성은 Edit box에 사용될 초기 값(Default)을 입력한다.

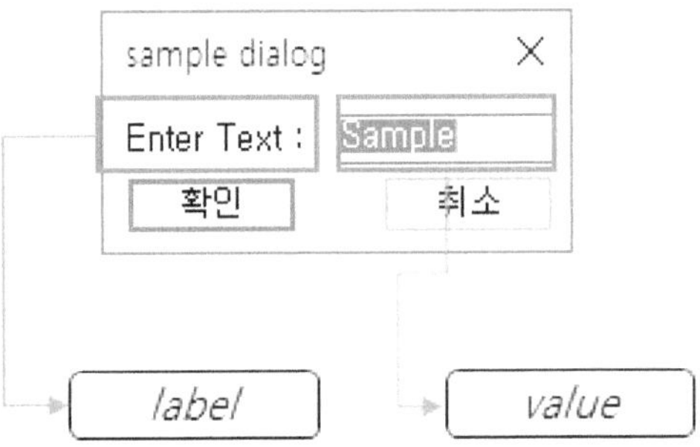

```
ok_cancel;
```

▷ 대화상자에 "OK"버튼과 "Cancel"버튼을 생성한다.

2) sample_Editbox.LSP 파일 분석

```
(defun c:exe31 ()

)
```

▷ AutoCAD 명령어 또는 함수명 "exe31" 로 정의하였다.

```
(setq dcl_id (load_dialog "sample_EditBox.dcl"))
```

▷ (load_dialog) 함수를 이용하여 "sample_EditBox.dcl" 파일을 로드한다. 이 때 DCL 파일의 로드 상태를 변수 "dcl_id"에 저장한다.

```
(new_dialog "txt_dcl" dcl_id)
```

▷ (new_dialog) 함수를 이용하여 DCL 대화상자를 초기화한다.

```
(mode_tile "txt" 2)
```

▷ 타일(txt)의 대기 상태를 지정하는 부분으로 대화상자가 디스플레이 되면 커서가 편집 박스에 입력 대기 상태로 된다.

```
(action_tile "txt" "(setq txt1 $value)")
```

▷ 사용자가 편집박스에 입력한 문자열을 변수 "txt1" 에 저장한다.

```
(setq ok (start_dialog))
(if (= ok 1)
  (progn
    (setq spos (getpoint "₩nText positoin.. : "))
    (command "text" spos 1 0 txt1)
  )
)
```

▷ 사용자가 편집박스에 문자열을 입력한 후에 "OK" 버튼을 선택하면 사용자가 지정한 삽입점에 문자열을 작성한다.

```
(unload_dialog dcl_id)
```

▷ 로드되었던 대화상자를 메모리에서 언로드한다.

4.2.2 EDIT_BOX의 타일 속성

(1) label

대화 상자의 제목이나 각각의 타일에 나타나는 문자를 지정하며 생략이 가능하다.

프로그램 형식)
label = "문자열" ;

▷ label에서 사용자가 단축키를 이용하여 타일로 직접 이동할 수 있는 기호문자(mnemonic)를 지정할 수 있으며 설정된 문자에는 밑줄이 나타난다.

```
:edit_box
{
  label = "Enter Text : " ;
}
```

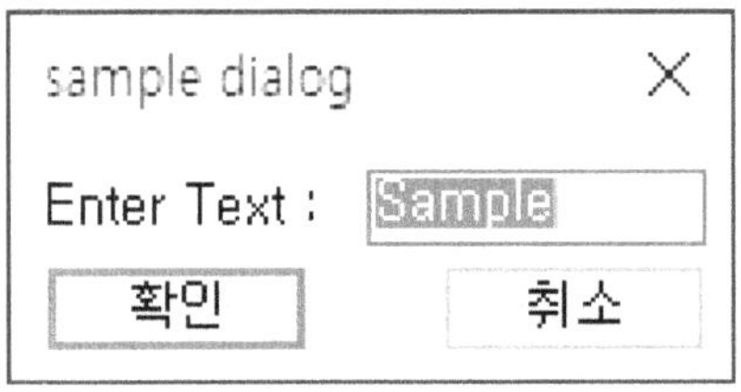

```
:edit_box
{
  label = "Enter Text : " ;
  mnemonic = "T" ;
}
```

(2) key

타일의 이름을 지정하는 것으로 대화상자에서 입력된 값을 Visual LISP 이나 ADS에 전달할 수 있는 유일한 매개체로 중요한 역할을 한다.

```
프로그램 형식)
key = "문자열" ;
```

▷ key 이름은 DCL 파일 내에서 같은 이름을 중복 사용할 수 없으며 대소문자를 반드시 구분한다.

```
:edit_box { key = "txt" ; }
:command_button { key = "pick" ; }
```

▷ 이때 key값은 Visual LISP 파일에서 대화상자를 제어하기 위해 사용되므로 Key 값을 결정할 때는 TILE(타일)의 내용과 연관 있는 단어로 결정하는 것이 가독성에 유리하다.

```
(set_tile "txt" "12345" )
또는
(action_tile "txt" "(setq txt1 $value)" )
또는
(mode_tile "pick" "2" )
```

(3) value

타일의 초기값을 설정한다.

```
프로그램 형식)
value = "문자열" ;
```

▷ 대화상자가 new_dialog에 의해 초기화될 때 value의 값이 대화상자에 디스플레이 된다. 뒤에서 공부할 set_tile을 이용하면 대화상자를 실행 중에도 이 값을 변경할 수 있다.

sample_EditBox.DCL

```
txt_dcl : dialog
{
  label = "sample dialog";
  : edit_box
  {
  label  = "Enter Text : ";
  key = "txt";
  allow_accept = true;
  value = "Sample";
  }
  ok_cancel;
}
```

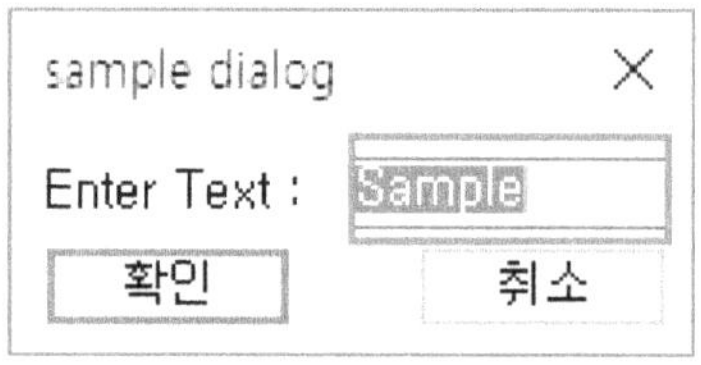

(4) edit_width

edit_box와 popup_list에서 사용되고 타일의 폭을 지정한다. 이때 입력된 정수의 값은 문자가 디스플레이 되는 숫자와 동일하다.

프로그램 형식)

edit_width = 정수 또는 실수 ;

▷ edit_width가 지정되지 않거나 0일 경우에는 타일의 폭은 대화상자의 크기에 따라 자동으로 설정되고 입력된 값은 타일의 오른쪽으로 연장된다.

sample_dcl.DCL

```
sample_dcl : dialog
{
  label = "sample dialog";

  : edit_box
  {
     label  = "Enter Text : ";
     key = "txt";
     value = "Sample";
     edit_width = 10;
  }
  ok_cancel;
}
```

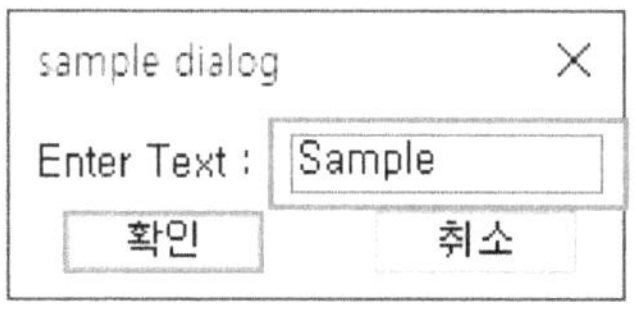

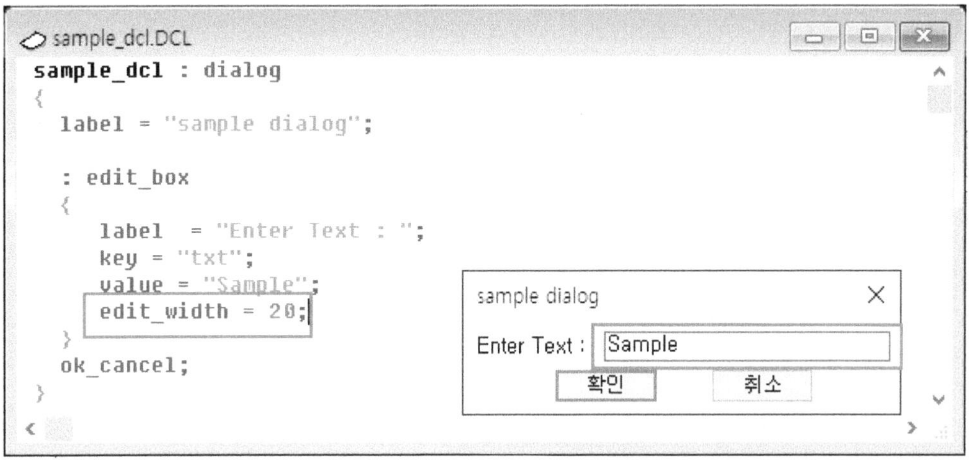

(5) allow_accept

사용자가 타일에 값을 입력하고 Enter 키를 눌렀을 때 타일의 활성화를 결정하는 것으로 true(참)이면 Enter 키를 적용한다. 초기값은 false(거짓)이다.

> 프로그램 형식)
> allow_accept = true 또는 false ;

▷ allow_accept는 edit_box, buttom, image_bottom 타일에 적용된다.

```
:button
{
  key = "btn";
  label  = "Button ";
  width = 10;
  allow_accept = true;
}
```

4.2.3 EDIT_BOX 제어

(1) load_dialog

지정한 DCL 파일을 로드하며 "ID번호"가 자동 입력된다.

프로그램 형식)
(load_dialog <DCL파일명>)

▷ 이때 "ID 번호"는 (new_dialog) 함수에서 사용되어 화면에 디스플레이 시킬 대화상자의 "ID번호"로 사용된다.

```
(load_dialog "C:/GSINTER/App/sample_dcl.DCL" )
```

▷ 또한 "ID 번호"는 (unload_dialog) 함수에서 사용되어 화면에 디스플레이 된 대화상자를 Unload 시킨다.

```
(unload_dialog dcl_id)
```

(2) new_dialog

지정한 대화상자를 초기화한다.

프로그램 형식)
(new_dialog <대화상자이름> <대화상자 id번호>)

```
(setq dcl_id (load_dialog "C:/GSINTER/App/sample_dcl.DCL" ))
(new_dialog "dialog name" dcl_id)
```

▷ 이때 초기화가 정상적으로 이루어지면 T가 출력되고, 문제가 발생 되어 정상적으로 초기화가 되지 않으면 nil이 출력되므로 이를 이용하여 정상적으로 초기화가 되지 않는 경우에는 IF문을 이용하여 프로그램을 빠져나가도록 작성한다.

```
(if (not (new_dialog "dialog name" dcl_id)) (exit))
```

(3) start_dialog

new_dialog에 의하여 초기화된 대화상자를 화면에 디스플레이 시킨다.

```
프로그램 형식)
(setq <변수> (start_dialog))
```

▷ 만약 이 함수를 호출하지 않을 경우 대화상자는 잠깐 화면에 나타났다가 다시 사라지게 된다. 이 함수는 사용자의 입력을 받기 위한 대기상태에서 사용자가 OK(확인) 또는 Cancel (취소) 버튼을 선택할 경우 대화상자를 닫고 입력된 값을 실행하게 된다.

사용자가 대화상자에서 "OK"(확인) 버튼을 선택하면 〈변수〉에 정수값〈1〉이 기억되고 "CANCEL"(취소) 버튼을 선택하면 정수값〈0〉이 기억되며 그 이외의 방법으로 대화상자를 빠져나오면 정수값〈2〉가 지정되므로 IF문을 사용하여 "OK" 버튼과 "CANCEL" 버튼을 선택했을 때의 실행을 다르게 제어 할 수 있다.

```
(setq dcl_id (load_dialog "C:/GSINTER/App/sample_dcl.DCL"))
(new_dialog "txtbox" dcl_id)
(setq ok (start_dialog))
(if (= ok 1)          ☞ 대화상자에서 "OK"(확인)버튼을 선택한 경우
   (progn
       (setq spos (getpoint "₩nText positoin.. : "))
       (command "text" spos 1 0 txt1)
   )
)
(if (= ok 0)         ☞ 대화상자에서 "CANCEL"(취소)버튼을 선택한 경우
   (princ ( "명령이 취소되었습니다 "))
)
```

(4) done_dialog

대화상자를 종료할 때 사용하는 함수이다.

```
프로그램 형식)
(done_dialog [status])
```

▷ 일반적으로 done_dialog 함수로 대화상자를 끝낼 경우 OK(확인) 버튼을 선택하면 종료와 함께 start_ dialog 함수에 의해 정수〈1〉을 출력하고, Cancel(취소) 버튼을 선택하면 정수 〈0〉을 출력한다.

```
(done_dialog)
(action_tile "ok" "(done_dialog 1)" )
(action_tile "cancel" "(done_dialog 0)" )
```

(5) unload_dialog

(load_dialog)에 의해 디스플레이된 대화상자를 Unload 한다.

프로그램 형식)
(unload_dialog <id번호>)

▷ 이때 (load_dialog) 함수에 의해 출력된 "ID 번호"를 반드시 지정한다.

```
(setq dcl_id (load_dialog "C:/GSINTER/App/sample_dcl.DCL"))
(new_dialog "txtbox" dcl_id)
(setq ok (start_dialog))
   (실행문)
(unload_dialog dcl_id)
```

(6) set_tile

주어진 key에 〈문자열〉을 지정하며 DCL 파일에서 "value" 속성과 동일한 기능을 수행한다.

프로그램 형식)
(set_tile key <문자열>)

▷ edit_box의 초기값을 입력하기 위해서는 DCL파일에서 value 속성을 이용하거나 Visual LISP 파일에서 set_tile을 이용한다.

▷ DCL 파일에서 value 속성을 이용할 때

sample_EditBox.DCL

```
txt_dcl : dialog
{
  label = "sample dialog";
  : edit_box
  {
  label  = "Enter Text : ";
  key = "txt";
  allow_accept = true;
  value = "짜장면";
  }
  ok_cancel;
}
```

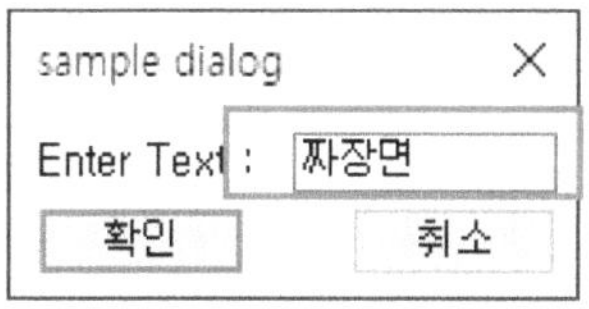

▷ Visual LISP 파일에서 set_tile을 이용할 때

sample_EditBox.lsp

```
(defun c:exe31 ()

  ;; Edit_Box DCL 예제
  ;; sample_EditBox.lsp

  (setq dcl_id (load_dialog "sample_EditBox.dcl"))
  (new_dialog "txt_dcl" dcl_id)
  (set_tile "txt" "짬뽕")
  (mode_tile "txt" 2)
  (action_tile "txt" "(setq txt1 $value)")
  (setq ok (start_dialog))
  (if (= ok 1)
    (progn
      (setq spos (getpoint "₩nText positoin.. : "))
      (command "text" spos 1 0 txt1)
    )
  )
  (unload_dialog dcl_id)
  (princ)
)
```

(7) mode_tile

지정된 key의 입력상태 모드를 설정한다.

프로그램 형식)
(mode_tile key <모드값>)

모 드	내 용	설 명
0	Enable tile	모든 타일의 초기값 입력 가능 상태
1	Disable tile	입력 불가능 상태, 흐리게 표시
2	Set focus to the tile	입력 준비 상태, 커서가 미리 준비
3	Select edit box tile	입력 가능 상태, 선택 시 커서가 준비

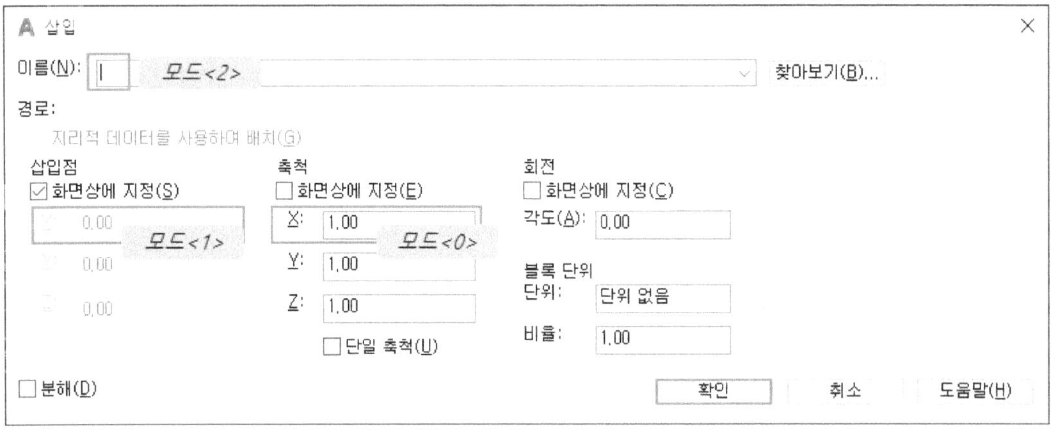

▷ 위의 대화상자를 살펴보면 모드가 〈2〉인 경우에는 edit_box가 활성화 된 상태에서 커서가 위치해 있는 입력 대기 상태이고, 모드가〈1〉인 경우에는 edit_box에 사용자가 값을 입력할 수 없는 입력 불가 상태이며, 모드가 〈0〉인 경우에는 edit_box에 사용자가 값을 입력할 수는 있으나 그러기 위해서는 마우스 커서를 edit_box로 이동시켜야 하는 입력 가능 상태임을 알 수 있다.

▷ 모드가 〈2〉일 경우

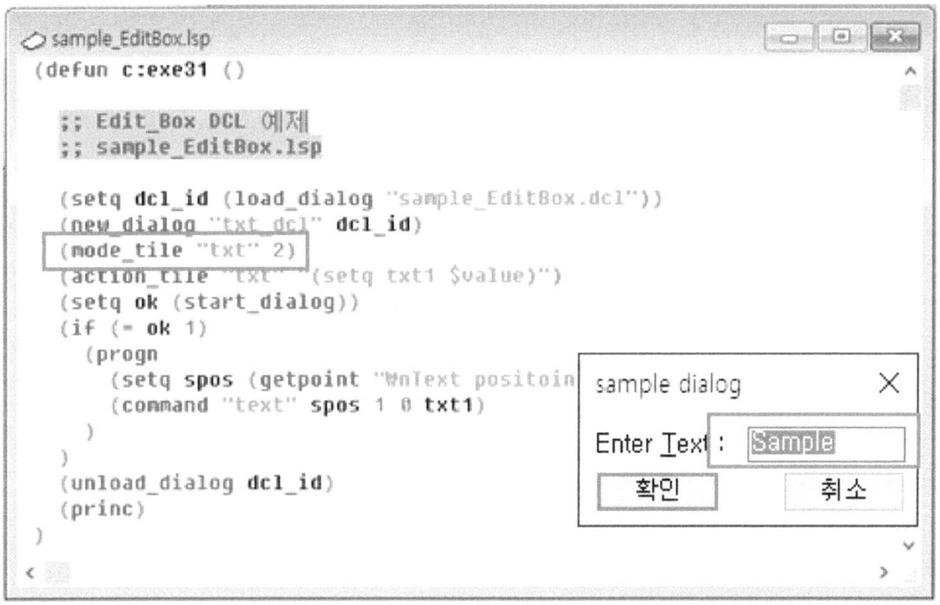

▷ 모드가 〈1〉일 경우

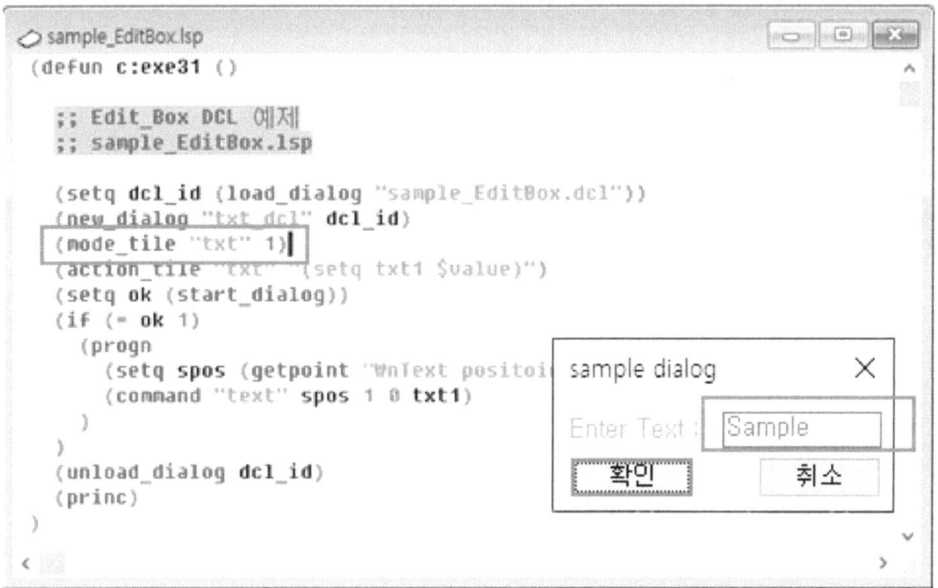

(8) action_tile

사용자가 선택할 타일(key)에 대하여 여러 가지의 실행을 설정할 수 있게 하는 함수이다.

프로그램 형식)
(action_tile "key" "(실행내용)")

▷ key는 DCL 파일에서 정의되어진 문자열을 입력한다. "(실행내용)"은 사용자로부터 이 key에 해당하는 타일을 선택하거나 타당한 값을 입력할 경우에 실행 가능한 동작을 설정한다.

변 수	내 용
$key	선택된 타일의 key속성 (문자열)
$value	edit_box에 입력된 문자열의 값 또는 popup_list, list_box, slider 등에서 출력된 숫자형 문자열의 값
$data	client_data_tile을 통하여 new_dialog시 바로 뒤에 설정된 응용 프로그램, 관리 데이터가 있는 경우
$reason	사용자의 동작이 어떤 반을을 일으켰는가를 나타내는 원인 코드로서 edit_box, list_box, image, slider와 같이 사용

```
(action_tile "edit" "(setq charvalue $value)" )
        ☞ 편집 상자 "edit" 타일에 입력된 문자열의 값을 charvalue 변수 기억

(action_tile "edit" "(setq keyname $key)" )
        ☞ keyname 변수에 선택한 tile의 key의 속성인 "edit" 의 값 기억

(action_tile "image" "(setq xval $x) (setq yval $y)" )
        ☞ image_button의 X Y의 좌표값 기억
```

4.2.4 응용 예제 실습

대화상자에서 원의 반지름 값을 입력받아 화면에 원을 그리는 응용 예제이다.

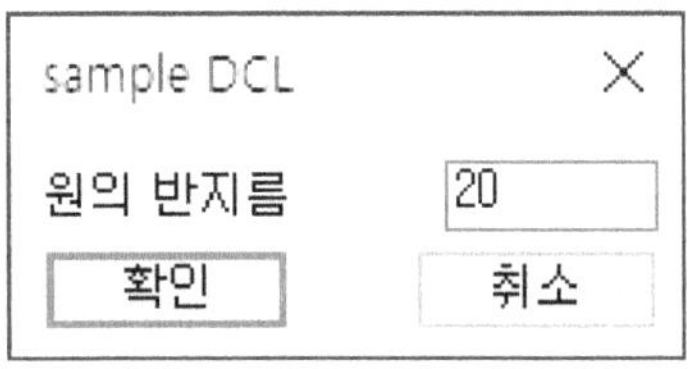

① sample_EditBox2.DCL 파일 작성하기 (경로 : C:\GSINTER\App\sample_EditBox2.DCL)

```
sample_editbox : dialog
{
  label = "sample DCL";
  : edit_box
  {
    label = "원의 반지름";
    key = "rad";
    value = "20";
    edit_width = 5;
  }
  ok_cancel;
}
```

② sample_EditBox2.LSP 파일 작성하기 (경로 : C:\GSINTER\App\sample_EditBox2.LSP)

```
(defun c:exe32 ()

  ;; Edit_Box DCL로 원을 그리는 예제
  ;; sample_EditBox2.lsp

  (setq dcl_id (load_dialog "sample_EditBox2.dcl"))
  (new_dialog "sample_editbox" dcl_id)
  (mode_tile "rad" 2)
  (action_tile "rad" "(setq rad1 $value)")
  (setq ok (start_dialog))
  (if (= ok 1)
      (progn
        (setq CenPos (getpoint "₩n Center Point of Circle : "))
        (command "circle" CenPos rad1)
      )
  )
  (unload_dialog dcl_id)
  (princ)
)
```

③ 실행 및 결과

▷ 프로그램 로드 : 단축키 "Ctrl + Alt + E" 또는 "도구" Tool bar의 첫 번째 아이콘 (↓)을 선택하여 로드 한다.

▷ 프로그램 실행 : AutoCAD 명령창에서 아래와 같이 명령어를 실행한다.

AutoCAD Command
Command : exe32 ↵

▷ 결과

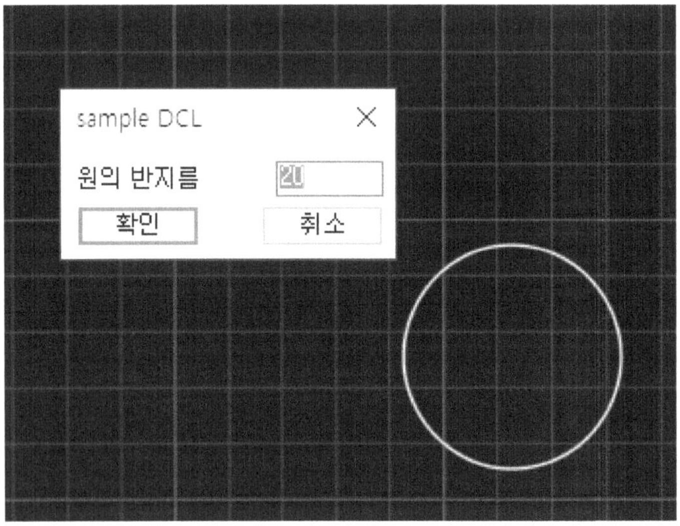

4.3	BUTTON

4.3.1 기본 예제 실습

대화 상자에서 "Line" 버튼과 "Circle" 버튼을 선택해서 AutoCAD 명령을 실행한다.

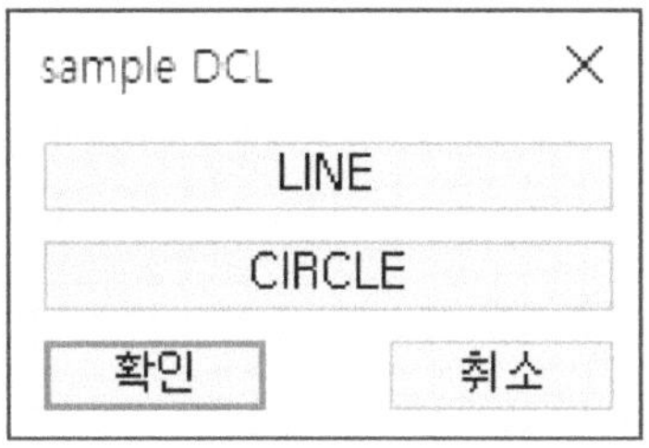

(1) 파일명

▷ LISP 파일 : sample_Button.LSP

▷ DCL 파일 : sample_Button.DCL

(2) DCL 파일 작성

```
sample_Button.DCL
sample_button : dialog
{
  label = "sample DCL";
  : button
  {
    label = "LINE";
    key = "line";
  }
    : button
  {
    label = "CIRCLE";
    key = "circle";
  }
  ok_cancel;
}
```

위와 같이 프로그램 작성 후"C:\GSINTER\App\sample_Button.DCL"의 이름으로 저장한다.

(3) LISP 파일 작성

```
sample_Button.lsp
(defun c:exe33 ()

  ;; Button DCL로 Line, Circle 명령어 실행 예제
  ;; sample_Button.lsp

  (setq dcl_id (load_dialog "sample_Button.dcl"))
  (new_dialog "sample_button" dcl_id)
  (action_tile "line" "(setq commd ₩"LINE₩") (done_dialog 1)")
  (action_tile "circle" "(setq commd ₩"CIRCLE₩") (done_dialog 1)")
  (setq ok (start_dialog))
  (unload_dialog dcl_id)
  (if (= ok 1)
    (command commd)
  )
  (princ)
)
```

위와 같이 프로그램 작성 후"C:\GSINTER\App\sample_Button.LSP"의 이름으로 저장한다.

(4) 프로그램 실행

▷ 프로그램 로드 : 단축키 "Ctrl + Alt + E" 또는 "도구" Tool bar의 첫 번째 아이콘 (↓)을 선택하여 로드 한다.

▷ 프로그램 실행 : 아래와 같이 콘솔창에서 실행 또는 AutoCAD에서 명령어 "exe33"를 실행한다.

AutoCAD Command
Command : exe33 ↵

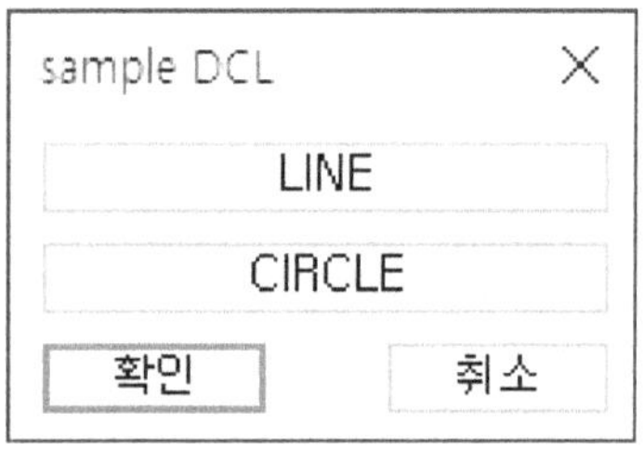

▷ "sample DCL"대화상자에서 실행하고자 하는 명령 버튼을 클릭한다.

(5) 프로그램 분석

1) sample_Button.DCL 파일 분석

```
sample_button : dialog
{
  label = "sample DCL";

  ok_cancel;
}
```

▷ 대화상자의 이름과 Label을 지정하고 OK 버튼과 Cancel 버튼을 설정한다.

```
 : button
 {
   label = "LINE";
   key = "line";
 }
```

▷ 명령어 "LINE" 버튼의 Label과 key를 설정한다.

```
 : button
 {
   label = "CIRCLE";
   key = "circle";
 }
```

▷ 명령어 "CIRCLE" 버튼의 Label과 key를 설정한다.

2) sample_Editbox.LSP 파일 분석

```
(defun c:exe33 ()

)
```

▷ AutoCAD 명령어 또는 함수명 "exe33" 로 정의하였다.

```
(setq dcl_id (load_dialog "sample_Button.dcl"))
```

▷ (load_dialog) 함수를 이용하여 "sample_Button.dcl" 파일을 로드한다. 이 때 DCL 파일의 로드 상태를 변수 "dcl_id"에 저장한다.

```
(new_dialog "sample_button" dcl_id)
```

▷ (new_dialog) 함수를 이용하여 DCL 대화상자를 초기화한다.

```
(action_tile "line" "(setq commd ₩"LINE₩") (done_dialog 1)")
```

▷ 사용자가 "LINE" 버튼을 클릭한 경우, 즉 key값이 "line"인 버튼을 클릭하면 변수 "commd"에 문자열 "LINE"을 저장한다.

▷ 이때 (done_dialog 1)는 사용자가 "LINE" 버튼을 클릭하였을 때 "OK" 버튼을 클릭한것과 동일한 기능을 실행하도록 한다. 즉, done_dialog 함수를 이용하여 start_dialog 함수에 〈1〉의 정수값을 넘겨준 다음 대화상자를 빠져 나오게 된다. 위의 내용을 보면 하나의 타일에서 두 가지 이상의 실행 값을 지정할 수 있다는 것을 알 수 있다.

```
(action_tile "circle" "(setq commd ₩"CIRCLE₩") (done_dialog 1)")
```

▷ 사용자가 "CIRCLE" 버튼을 클릭한 경우, 즉 key값이 "circle"인 버튼을 클릭하면 변수 "commd"에 문자열 "CIRCLE"을 저장한다.

```
(if (= ok 1)
  (command commd)
)
```

▷ 사용자가 선택한 명령을 실행한다.

4.3.2 BUTTON 배치하기

(1) row

명령 버튼을 가로로 배열한다.

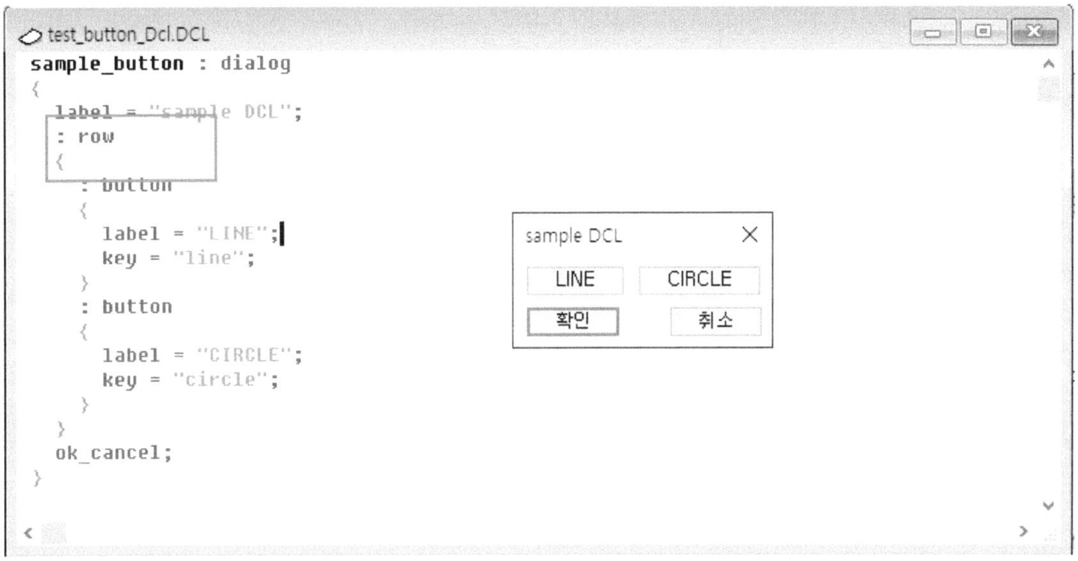

(2) boxed_row

명령 버튼을 박스 테두리 안에 가로로 배열한다.

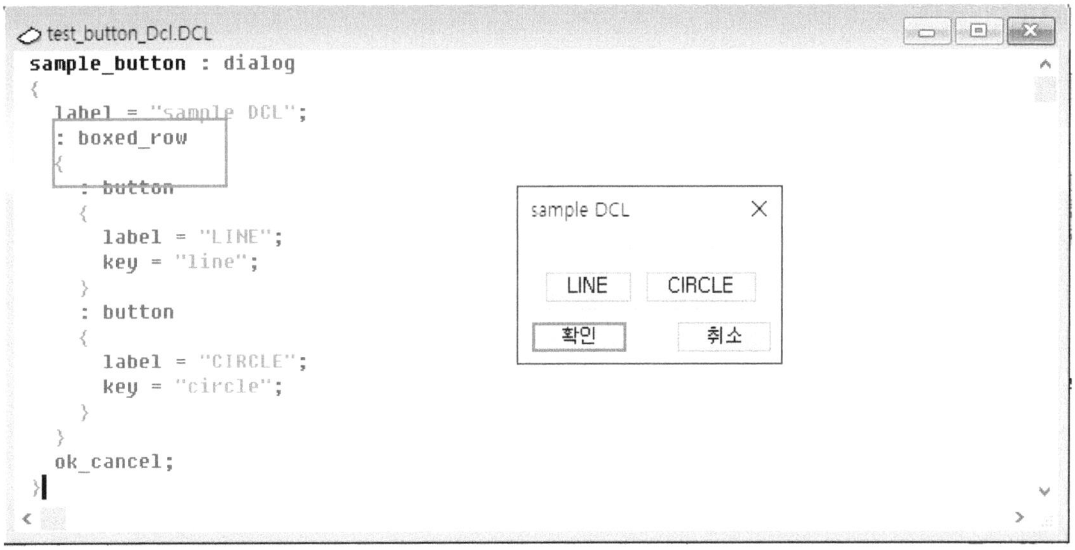

(3) column

명령 버튼을 세로로 배열한다.

test_button_Dcl.DCL

```
sample_button : dialog
{
  label = "sample DCL";
  : column
  {
    : button
    {
      label = "LINE";
      key = "line";
    }
    : button
    {
      label = "CIRCLE";
      key = "circle";
    }
  }
  ok_cancel;
```

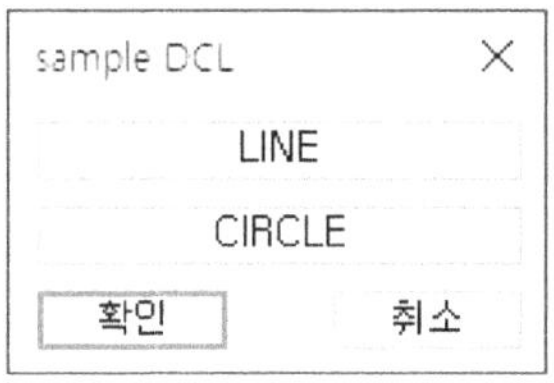

(4) boxed_column

명령 버튼을 박스 테두리 안에 세로로 배열한다.

test_button_Dcl.DCL

```
sample_button : dialog
{
  label = "sample DCL";
  : boxed_column
  {
    : button
    {
      label = "LINE";
      key = "line";
    }
    : button
    {
      label = "CIRCLE";
      key = "circle";
    }
  }
  ok_cancel;
}
```

4.3.3 정의된 DCL 파일 확인하기

앞서 우리는 명령 버튼의 사용 방법에 대해 공부하였다. 하지만 "OK"(확인) 과 "Cancel"(취소) 버튼에 대해서는 별다른 설정 없이 바로 사용하였습니다. 이렇게 "OK" "Cancel" "Help" "Info" 버튼과 같이 대화상자에서 항상 사용되는 버튼에 대해서는 AutoCAD의 "C:\Users\Administrator\AppData\Roaming\Autodesk\AutoCAD"의 base.dcl 이란 파일에 미리 정의되어 있으므로 우리는 별다른 작업을 하지 않고도 쉽게 "OK" "Cancel" "Help" "Info" 버튼 등을 호출하여 사용할 수 있다.

아래 내용은 base.dcl 파일에 정의되어 있는 버튼들의 설정 내용이다.

1) OK 버튼

```
ok_button : retirement_button {
        label           = "  확인  ";
        key             = "accept";
        is_default      = true;
}
```

2) Cancel 버튼

```
cancel_button : retirement_button {
        label           = "취소";
        key             = "cancel";
        is_cancel       = true;
}
```

3) Help 버튼

```
help_button : retirement_button {
        label           = "도움말(&H)";
        key             = "help";
        is_help         = true;
}
```

4) Info 버튼

```
info_button : retirement_button {
      label           = "정보(&I)...";
      key             = "info";
}
```

5) OK_Cancel 버튼

```
ok_cancel : column {
  : row {
      fixed_width = true;
      alignment = centered;
      ok_button;
      : spacer { width = 2; }
      cancel_button;
  }
}
```

6) OK_Cancel_Help 버튼

```
ok_cancel_help : column {
  : row {
      fixed_width = true;
      alignment = centered;
      ok_button;
      : spacer { width = 2; }
      cancel_button;
      : spacer { width = 2; }
      help_button;
  }
}
```

7) OK_Cancel_Help_Info 버튼

```
ok_cancel_help_info : column {
  : row {
      fixed_width = true;
      alignment = centered;
      ok_button;
      : spacer { width = 2; }
      cancel_button;
      : spacer { width = 2; }
      help_button;
      : spacer { width = 2; }
      info_button;
  }
}
```

▷ 아래 내용은 base.dcl 파일에 정의되어 있는 버튼들을 실제로 적용한 대화상자이다.

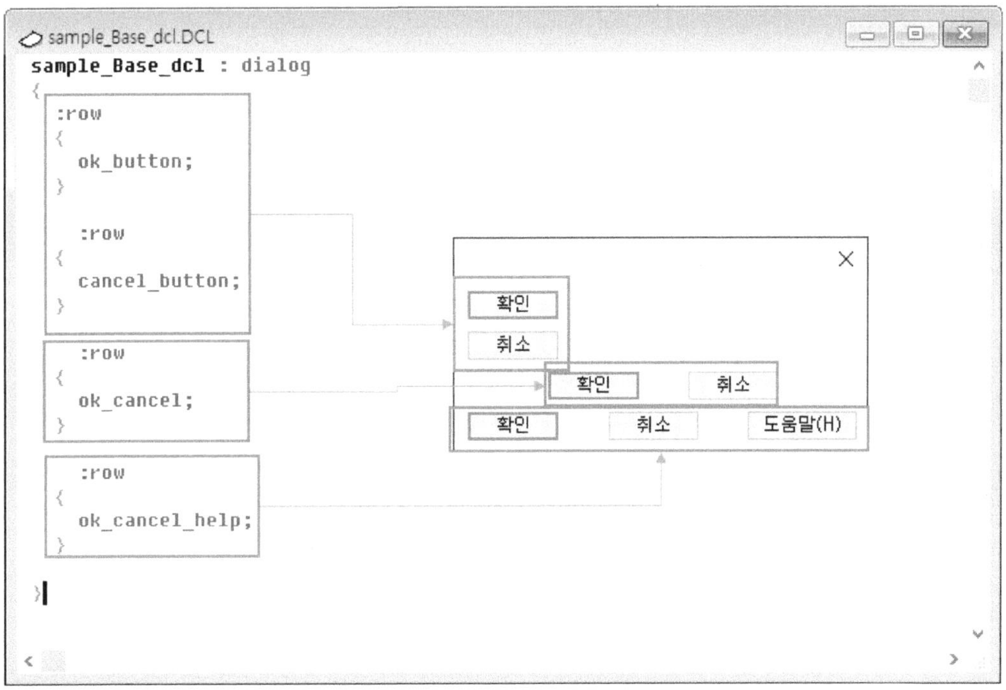

4.4 IMAGE 및 IMAGE_BUTTON

4.4.1 기본 예제 실습

대화상자에서 이미지를 이용한 버튼을 생성한다.

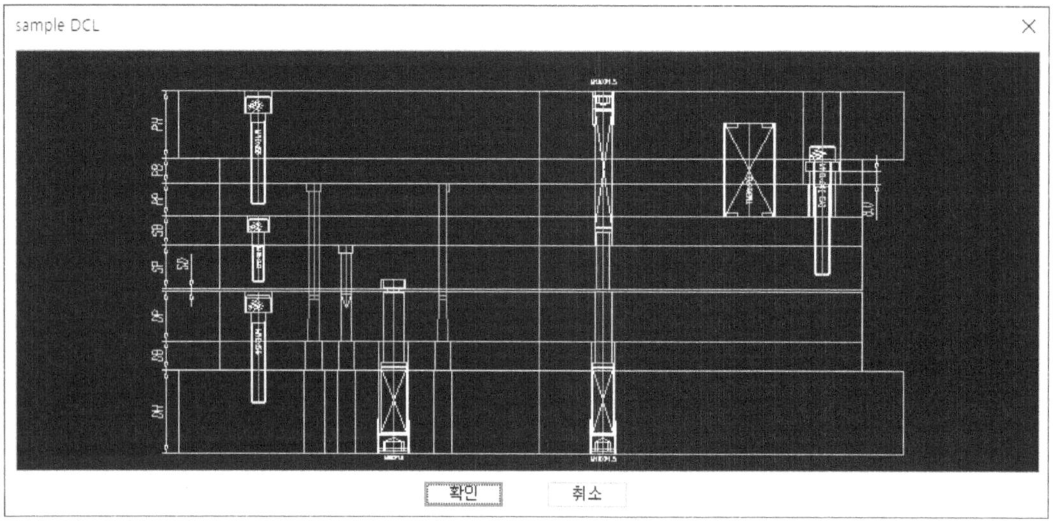

(1) 파일명

▷ LISP 파일 : sample_image_button.LSP

▷ DCL 파일 : sample_image_button.DCL

▷ SLIDE 파일 : mold.SLD

(2) SLIDE 파일 작성

"C:\GSINTER\App\mold.SLD"파일을 사용하면 된다. 만약 사용자가 새로운 그림의 SLIDE 파일을 만들고자 한다면 SLIDE 파일로 만들고자 하는 도면을 OPEN 하거나 새로 그려서 만들면 된다.

▷ AutoCAD 화면에서 만들고자 하는 도면을 오픈한다.

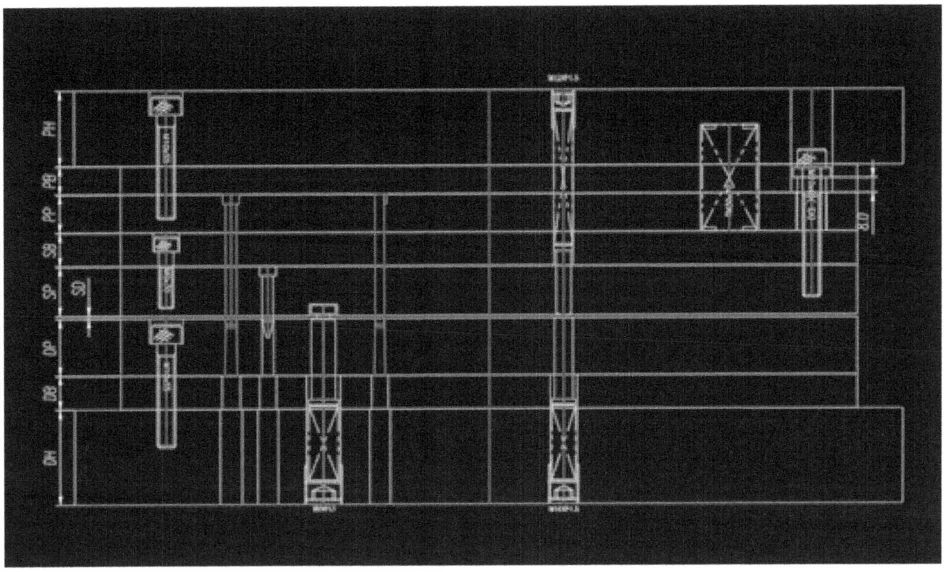

▷ 명령어 "MSLIDE"로 명령을 실행한 후 저장 경로 설정과 파일명을 입력한다.

AutoCAD Command
Command : MSLIDE ↵

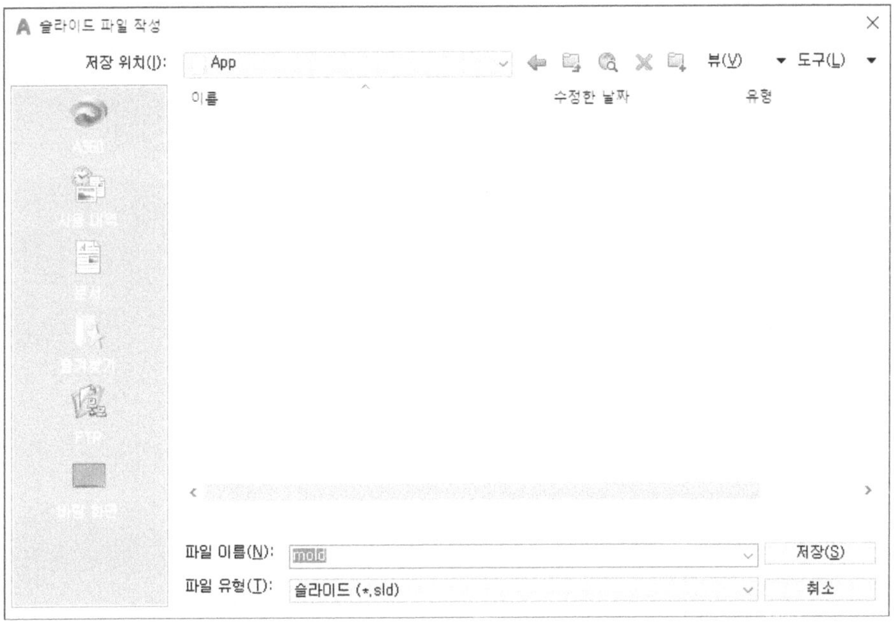

(3) DCL 파일 작성

sample_image_button.DCL
```
sample_image_button : dialog
{
  label = "sample DCL";
  : image_button
  {
    width = 100;
    aspect_ratio = 0.4;
    color = 0;
    key = "img";
  }
  ok_cancel;
}
```

위와 같이 프로그램 작성 후"C:\GSINTER\App\sample_image_button.DCL"의 이름으로 저장한다.

(4) LISP 파일 작성

sample_image_button.LSP
```
(defun c:exe34 ()

  ;; Image_Button 예제
  ;; sample_image_button.lsp

  (setq dcl_id (load_dialog "sample_image_Button.dcl"))
  (new_dialog "sample_image_button" dcl_id)
  (setq xwid (dimx_tile "img"))
  (setq ywid (dimy_tile "img"))
  (start_image "img")
  (slide_image 0 0 xwid ywid "mold")
  (end_image)

  (setq ok (start_dialog))
  (if (= ok 1)
    (command "vslide" "mold")
  )
  (unload_dialog dcl_id)
  (princ)
)
```

위와 같이 프로그램 작성 후"C:\GSINTER\App\sample_image_button.LSP"의 이름으로 저장한다.

(5) 프로그램 실행

▷ 프로그램 로드 : 단축키 "Ctrl + Alt + E" 또는 "도구" Tool bar의 첫 번째 아이콘 ( )을 선택하여 로드 한다.

▷ 프로그램 실행 : 아래와 같이 콘솔창에서 실행 또는 AutoCAD에서 명령어 "exe34"를 실행한다.

AutoCAD Command
Command : exe34 ↵

▷ "sample DCL"대화상자에서 이미지 부분을 클릭 후에 "OK"(확인)버튼을 클릭한다.

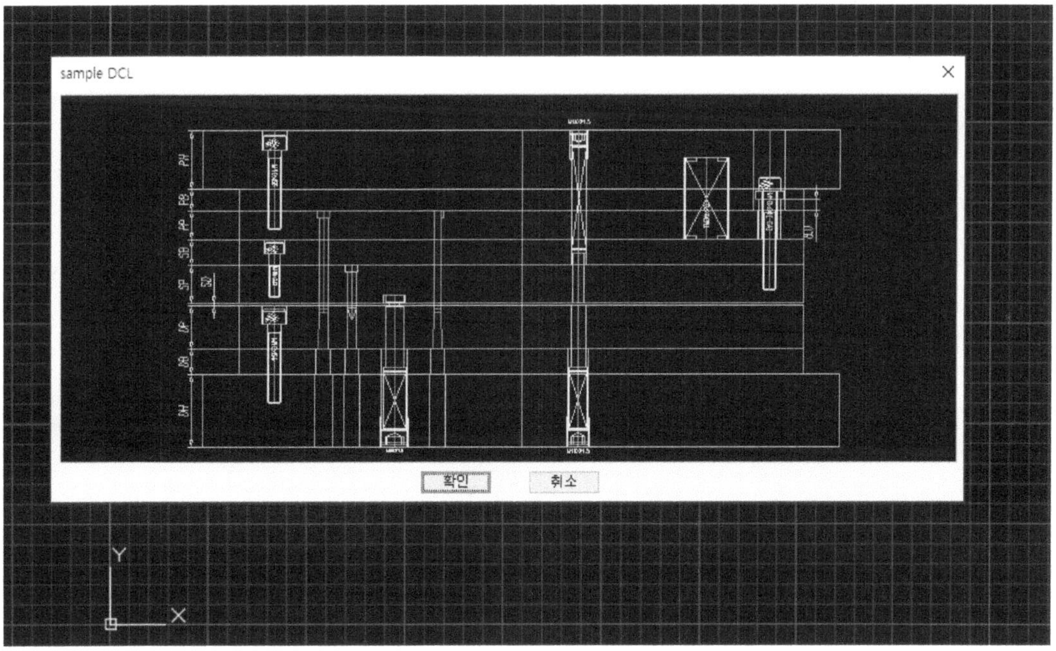

▷ 화면에 "mold.SLD" 파일이 디스플레이 된다.

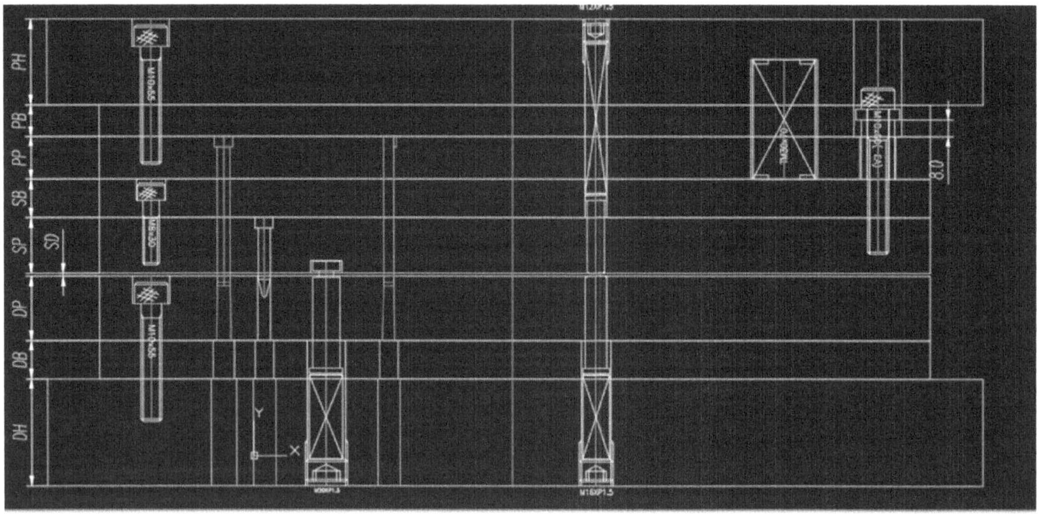

(6) 프로그램 분석

1) sample_image_button.DCL 파일 분석

```
sample_image_button : dialog
{
  label = "sample DCL";

  ok_cancel;
}
```

▷ 대화상자의 이름과 Label을 지정하고 OK 버튼과 Cancel 버튼을 설정한다.

```
 : image_button
 {

 }
```

▷ Image button을 설정한다.

```
width = 100;
aspect_ratio = 0.4;
```

▷ IMAGE button 폭의 길이와 높이(width x 0.4)를 설정한다.

```
color = 0;
key = “img” ;
```

▷ IMAGE button의 바탕색 (White)과 key 이름을 설정한다.

2) sample_image_button.LSP 파일 분석

```
(defun c:exe34 ()

;; Image_Button 예제
;; sample_image_button.lsp

(setq dcl_id (load_dialog "sample_image_Button.dcl"))
(new_dialog "sample_image_button" dcl_id)

(princ)
)
```

▷ sample_image_Button.DCL 파일을 로드한다.

```
(setq xwid (dimx_tile "img"))
```

▷ image_button 또는 image 타일의 폭 크기를 구한다. 이때 “img”는 key값이다.

```
(setq ywid (dimy_tile "img"))
```

▷ image_button 또는 image 타일의 높이를 구한다.

```
(start_image "img")
```

▷ key값이 "img"인 IMAGE 버튼을 생성한다.

```
(slide_image 0 0 xwid ywid "mold")
```

▷ key값이 "img"인 IMAGE 버튼에 "mold.SLD" 파일을 출력한다.

```
(action_tile "circle" "(setq commd ₩"CIRCLE₩") (done_dialog 1)")
```

▷ 사용자가 "CIRCLE" 버튼을 클릭한 경우, 즉 key값이 "circle"인 버튼을 클릭하면 변수 "commd"에 문자열 "CIRCLE"을 저장한다.

```
(end_image)
```

▷ 현재 사용중인 IMAGE의 생성을 종료한다.

```
(setq ok (start_dialog))
(if (= ok 1)
  (command "vslide" "mold")
)
```

▷ 사용자가 "OK"(확인) 버튼을 클릭하면 VSLIDE 명령을 이용하여 "mold.SLD" 파일을 화면에 출력한다.

4.4.2 IMAGE_BUTTON의 타일 속성

(1) width

타일의 폭을 설정한다. 이때 width 속성을 지정하지 않으면 대화상자의 레이아웃에 자동으로 설정된다. 단, image 또는 image_button 폭의 값은 반드시 설정해야 한다.

프로그램 형식)
width = 정수 또는 실수;

▷ width = 30 일 때,

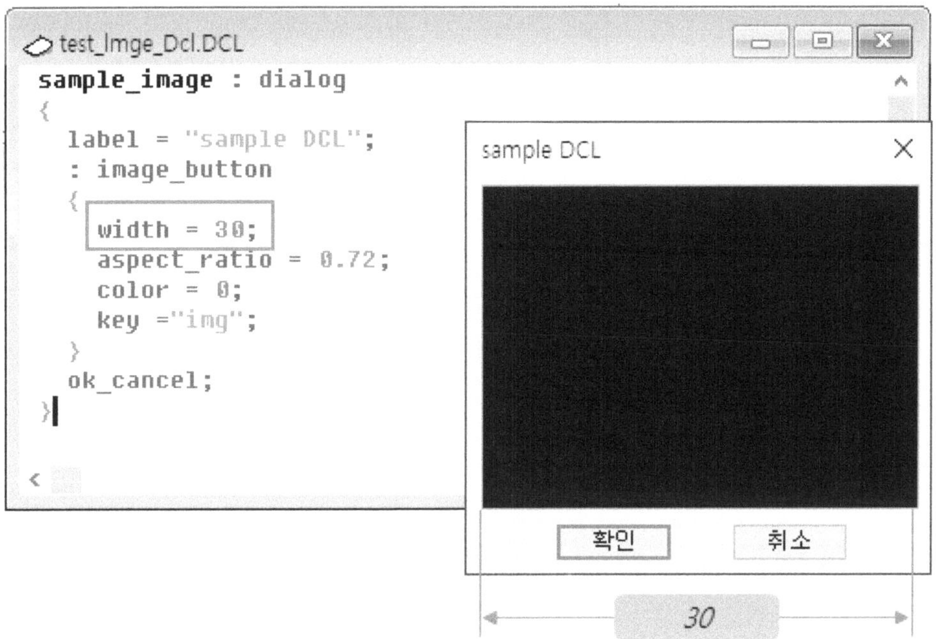

▷ width = 50 일 때,

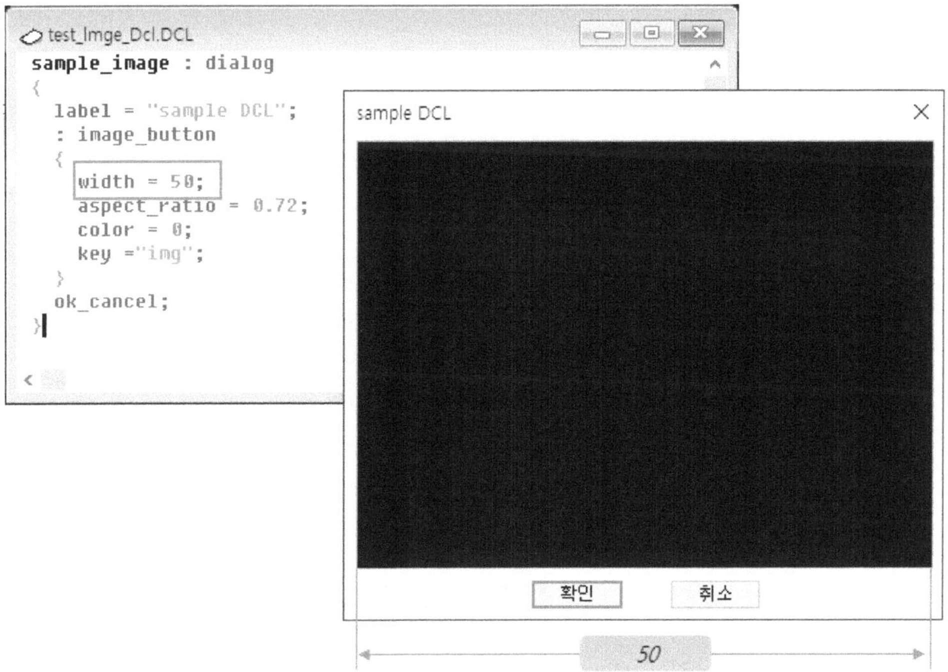

(2) height

타일의 높이를 결정한다. 이때 height 속성을 지정하지 않으면 대화상자의 레이아웃에 자동으로 설정된다. 단, image 또는 image_button의 높이 값은 반드시 설정해야 한다.

```
프로그램 형식)
height = 정수 또는 실수;
```

▷ height = 10 일 때,

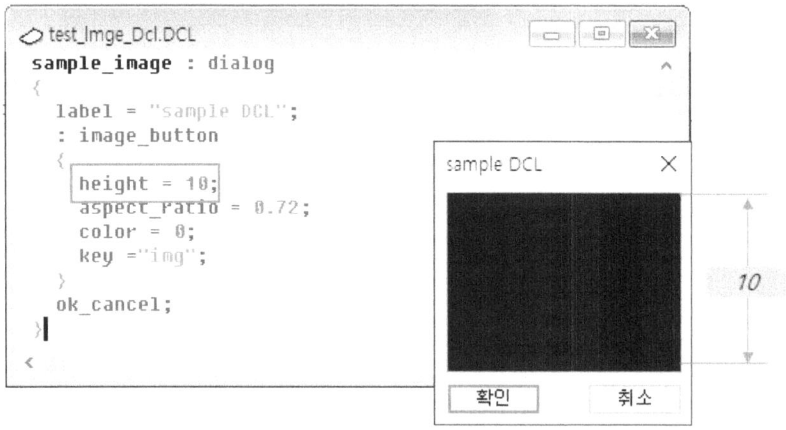

▷ height = 20 일 때,

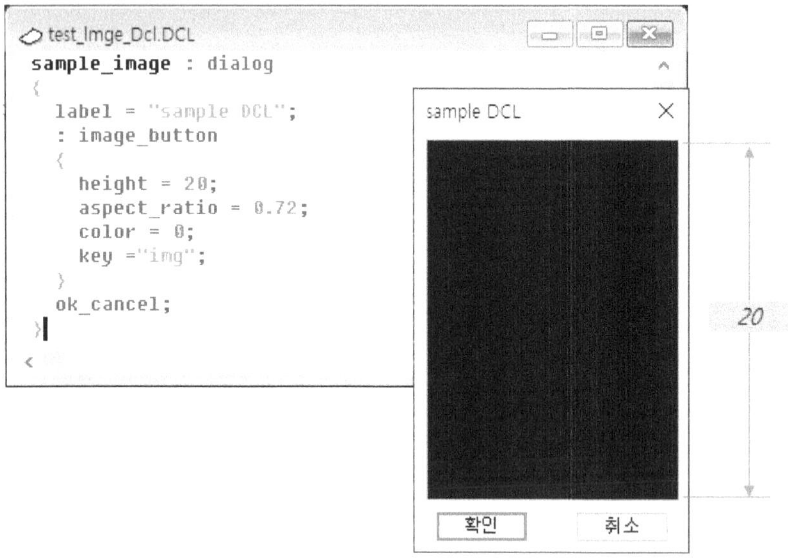

(3) aspect_ratio

이미지의 높이와 폭의 비율을 설정하는 것으로 실수의 값을 소숫점까지 입력한다.

```
프로그램 형식)
aspect_ratio = 실수 값;
```

▷ height = 10, aspect_ratio = 0.72 일 때,

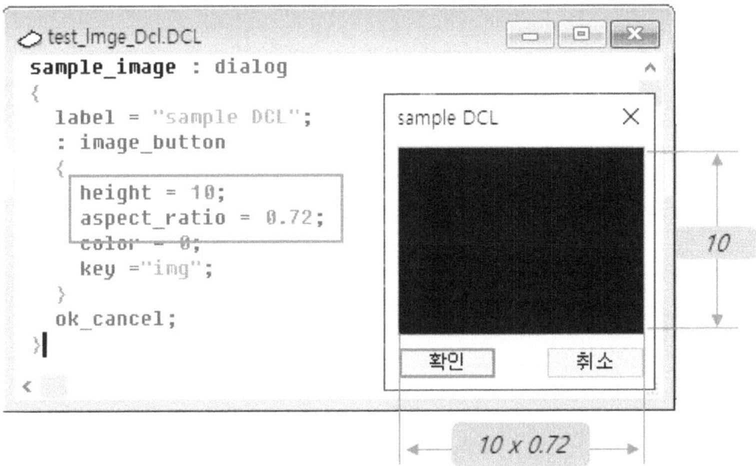

height = 15, aspect_ratio = 1.5 일 때,

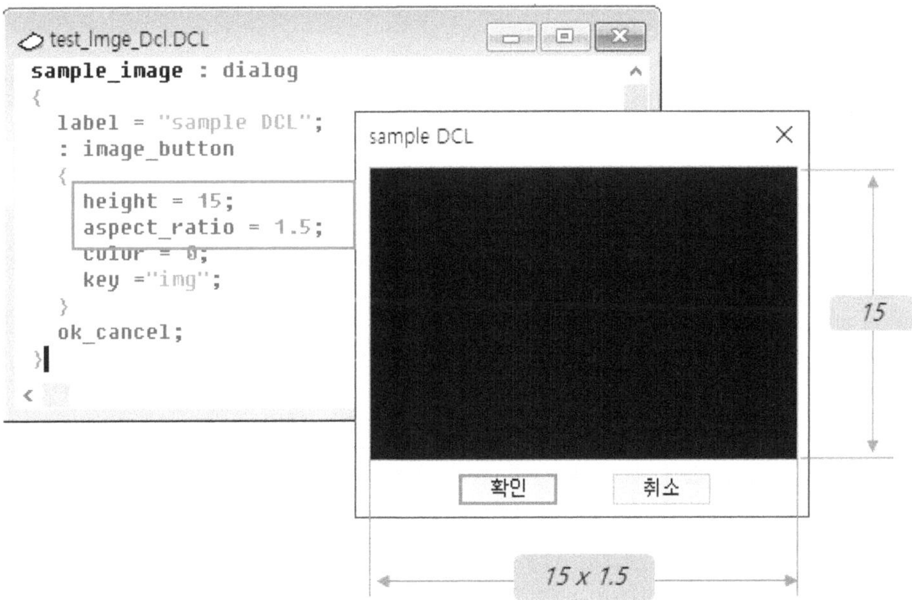

(4) color

image 또는 image_button의 배경 색상을 지정한다.

프로그램 형식)
```
color = 칼라 이름 또는 번호;
```

▷ 일반적으로 0번을 가장 많이 사용한다.

Symbolic 이름	내 용
dialog_line	현재 대화상자 선의 색상
dialog_foreground	현재 대화상자 문자의 색상
dialog_background	현재 대화상자 배경의 색상
graphics_background	현재 그래픽 스크린의 배경색상
black	0 (검정색), 배경이 검은 색상일 때 밝게 표현
red	1 (빨강색)
yellow	2 (노랑색)
green	3 (녹색)
cyan	4 (청록색)
blue	5 (파랑색)
magenta	6 (자주색)
white	7 (흰색). 배경이 밝은 색상일 때에는 black으로 표현

4.4.3 IMAGE_BUTTON 제어

(1) start_image

key에 의해 지정된 이미지 타일에 이미지를 적용한다.

프로그램 형식)
```
(start_image <key>)
```

▷ 이미지 타일은 (start_image)로 시작해서 (end_image)로 종료된다.

(2) dimx_tile과 dimy_tile

image_button 또는 image 타일의 크기를 구한다.

프로그램 형식)
(dimx_tile key)
(dimy_tile key)

▷ key는 DCL 파일에서 정의된 속성이다.

```
(보기)
(setq x (dimx_tile "img" ))
(setq y (dimy_tile "img" ))
```
☞ "img" 라는 key를 가진 image 타일의 절대좌표 X,Y의 값을 구합니다.

(3) slide_image

(start_image)에 의해 활성화된 이미지 타일에 지정된 SLIDE 파일을 디스플레이 한다.

프로그램 형식)
(slide_image <x1> <y1> <x2> <y2> <Slide명>)

▷ x1과 y1은 이미지의 좌측상단의 좌표점이며, x2와 y2는 우측 하단의 좌표점이며, 일반적으로 x2와 y2는 dimx_tile과 dimy_tile에 의해서 산출된다.

```
(보기)
(setq x (dimx_tile "img" ))
(setq y (dimy_tile "img" ))
(slide_image 0 0 x y "mold" )
```

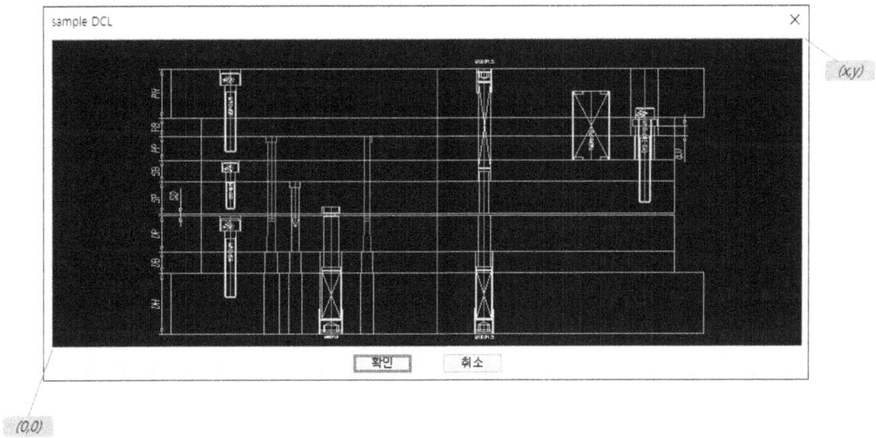

(4) end_image

이미지를 화면에 디스플레이를 시키며, 반드시 (start_image) 함수 호출 이후에 사용해야 한다.

프로그램 형식)
```
(end_image)
```

```
(start_image "img" )                ☞ image의 시작
(setq x (dimx_tile "img" ))         ☞ image 타일의 X좌표.
(setq y (dimy_tile "img" ))         ☞ image 타일의 Y좌표.
(slide_image 0 0 x y "슬라이드명" )☞ *.sld 파일을 image Tile에 출력
(end_image)                         ☞ image의 끝.
```

4.4.4 응용 예제 실습

다음 응용 예제는 IMAGE_BUTTON을 이용하여 기계설계산업기사 실기시험의 Layer 및 A2 도면 Limits을 설정하는 내용이다.

(1) 파일명

▷ LISP 파일 : sample_image_button2.LSP

▷ DCL 파일 : sample_image_button2.DCL

▷ SLIDE 파일 : 외형선.SLD, 중심선.SLD, 숨은선.SLD, 가는실선.SLD, a2limits.SLD

(2) SLIDE 파일 작성

"C:\GSINTER\App"경로의 외형선.SLD, 중심선.SLD, 숨은선.SLD, 가는실선.SLD, a2limits.SLD 파일을 사용하면 된다. 만약 사용자가 새로운 그림의 SLIDE 파일을 만들고자 한다면 SLIDE 파일로 만들고자 하는 도면을 OPEN 하거나 새로 그려서 만들면 된다.

▷ AutoCAD 화면에서 만들고자 하는 도면을 오픈한다.

▷ 명령어 "MSLIDE"로 명령을 실행한 후 저장 경로 설정과 파일명을 입력한다.

AutoCAD Command
Command : MSLIDE ↵

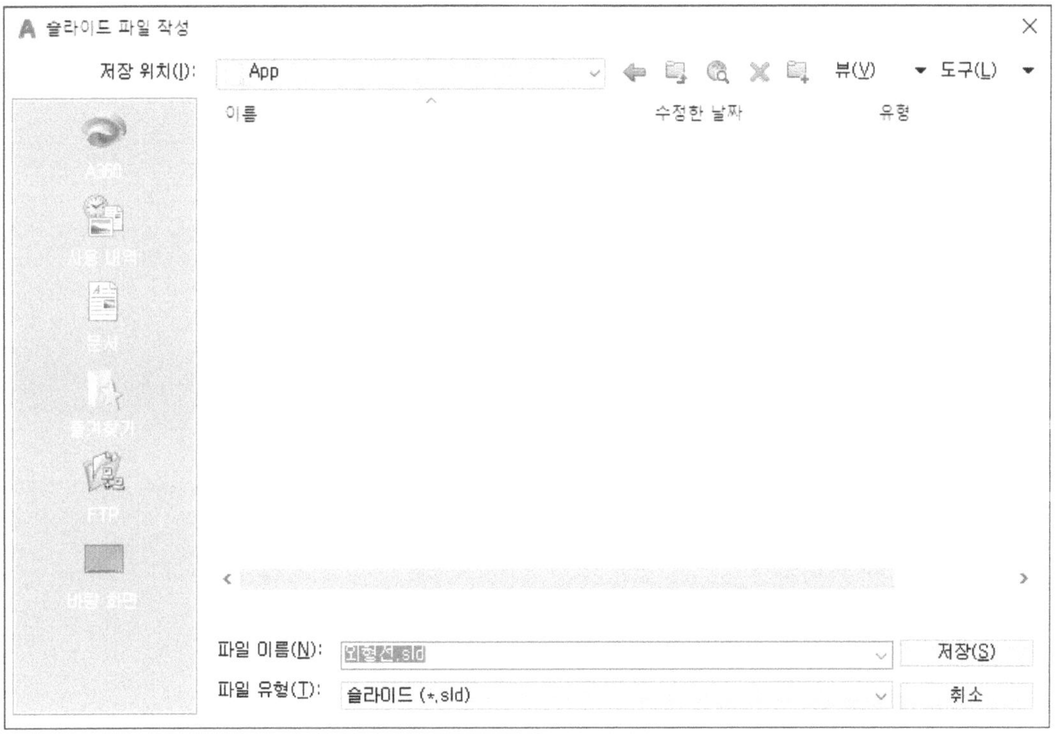

▷ 나머지 중심선.SLD, 숨은선.SLD, 가는실선.SLD, a2limits.SLD 파일도 위와 같은 방식으로 작성한다.

(3) DCL 파일 작성

sample_image_button2.DCL

```
sample_image_button2 : dialog
{
  label = "기계설계산업기사 레이어설정";
  : row
  {
    : image_button
    {
      width = 20;
      aspect_ratio = 0.42;
      color = 0;
      key = "lay1";
    }

    : image_button
    {
      width = 20;
      aspect_ratio = 0.42;
      color = 0;
      key = "lay2";
    }

    : image_button
    {
      width = 20;
      aspect_ratio = 0.42;
      color = 0;
      key = "lay3";
    }

    : image_button
    {
      width = 20;
      aspect_ratio = 0.42;
      color = 0;
      key = "lay4";
    }

    : image_button
    {
      width = 20;
      aspect_ratio = 0.42;
      color = 0;
      key = "a2";
    }
  }
  ok_cancel;
}
```

위와 같이 프로그램 작성 후“C:\GSINTER\App\sample_image_button2.DCL”의 이름으로 저장한다.

(4) LISP 파일 작성

sample_image_button2.LSP

```
(defun c:exe35 ()

  ;; Image_Button 기계설계산업기사 레이어 셋팅 예제
  ;; sample_image_button2.lsp

  (setq dcl_id (load_dialog "sample_image_Button2.dcl"))
  (new_dialog "sample_image_button2" dcl_id)

  ;; image_button define

  (setq xwid (dimx_tile "lay1"))
  (setq ywid (dimy_tile "lay1"))
  (start_image "lay1")
  (slide_image 0 0 xwid ywid "외형선")
  (end_image)

  (setq xwid (dimx_tile "lay2"))
  (setq ywid (dimy_tile "lay2"))
  (start_image "lay2")
  (slide_image 0 0 xwid ywid "중심선")
  (end_image)

  (setq xwid (dimx_tile "lay3"))
  (setq ywid (dimy_tile "lay3"))
  (start_image "lay3")
  (slide_image 0 0 xwid ywid "숨은선")
  (end_image)

  (setq xwid (dimx_tile "lay4"))
  (setq ywid (dimy_tile "lay4"))
  (start_image "lay4")
  (slide_image 0 0 xwid ywid "가는실선")
  (end_image)

  (setq xwid (dimx_tile "a2"))
  (setq ywid (dimy_tile "a2"))
  (start_image "a2")
  (slide_image 0 0 xwid ywid "a2limits")
  (end_image)

  (action_tile "lay1" "(setq lay1 $value lay2 0 lay3 0 lay4 0 a2 0) (done_dialog 1)")
  (action_tile "lay2" "(setq lay2 $value lay1 0 lay3 0 lay4 0 a2 0) (done_dialog 1)")
  (action_tile "lay3" "(setq lay3 $value lay1 0 lay2 0 lay4 0 a2 0) (done_dialog 1)")
  (action_tile "lay4" "(setq lay4 $value lay1 0 lay2 0 lay3 0 a2 0) (done_dialog 1)")
  (action_tile "a2" "(setq a2 $value lay1 0 lay2 0 lay3 0 lay4 0) (done_dialog) 1)")


  (setq ok (start_dialog))
  (if (= ok 1)
    (progn
      (if (= lay1 "1")
        (command "-LAYER" "M" "외형선" "c" "초록색" "외형선" "L" "continuous" "외형선" "LW" "0.5" "외형선" ""
      )
      (if (= lay2 "1")
        (command "-LAYER" "M" "중심선" "c" "빨간색" "중심선" "L" "center2" "중심선" "LW" "0.25" "중심선" "")
      )
      (if (= lay3 "1")
        (command "-LAYER" "M" "숨은선" "c" "노란색" "숨은선" "L" "hidden2" "숨은선" "LW" "0.35" "숨은선" "")
      )
      (if (= lay4 "1")
        (command "-LAYER" "M" "가는실선" "c" "흰색" "가는실선" "L" "continuous" "가는실선" "LW" "0.25" "가는
      )
      (if (= a2 "1")
        (command "LIMITS" "0,0" "594,420")
      )
    )
  )
  (unload_dialog dcl_id)
  (princ)
)
```

위와 같이 프로그램 작성 후"C:\GSINTER\App\sample_image_button2.LSP"의 이름으로 저장한다.

(5) 프로그램 실행

▷ 프로그램 로드 : 단축키 "Ctrl + Alt + E" 또는 "도구" Tool bar의 첫 번째 아이콘 (↓)을 선택하여 로드 한다.

▷ 프로그램 실행 : 아래와 같이 콘솔창에서 실행 또는 AutoCAD에서 명령어 "exe35"를 실행한다.

AutoCAD Command
Command : exe35 ↵

▷ "기계설계산업기사 레이어 설정"대화상자가 실행된다.

▷ "외형선" image_button을 클릭하면 아래와 같이 도면층에 "외형선"이 생성된다.

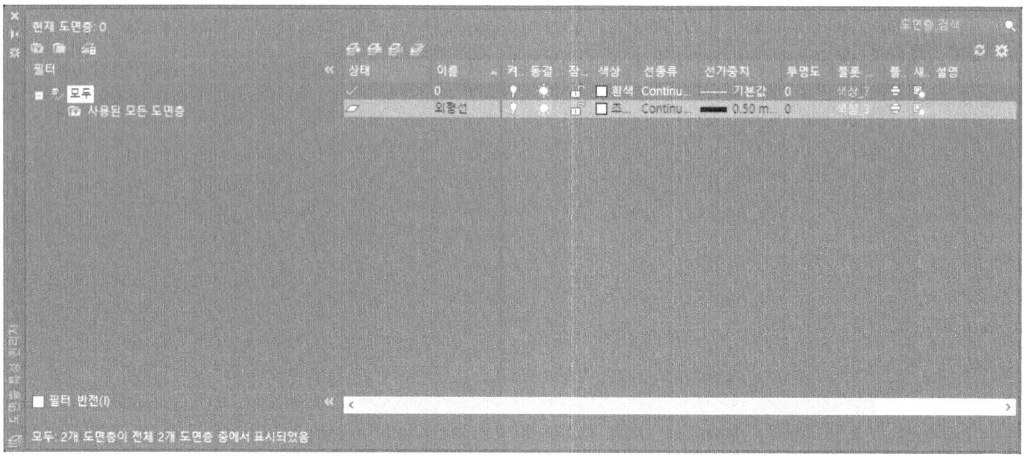

▷ 화면에 "mold.SLD" 파일이 디스플레이 된다.

(6) 프로그램 분석

1) sample_image_button2.DCL 파일 분석

```
sample_image_button2 : dialog
{
  label = "기계설계산업기사 레이어설정";

  ok_cancel;
}
```

▷ 대화상자의 이름과 Label을 지정하고 OK 버튼과 Cancel 버튼을 설정한다.

```
: row
{

}
```

▷ Image button들의 배치를 설정한다.

```
: image_button
{
  width = 20;
  aspect_ratio = 0.42;
  color = 0;
  key = "lay1";
}
```

▷ Layer "외형선" image_button에 대한 크기와 색상, Key 이름을 설정한다.

```
: image_button
{
  width = 20;
  aspect_ratio = 0.42;
  color = 0;
  key = "lay2";
}
```

▷ Layer “중심선” image_button에 대한 크기와 색상, Key 이름을 설정한다.

```
: image_button
{
  width = 20;
  aspect_ratio = 0.42;
  color = 0;
  key = "lay3";
}
```

▷ Layer “숨은선” image_button에 대한 크기와 색상, Key 이름을 설정한다.

```
: image_button
{
  width = 20;
  aspect_ratio = 0.42;
  color = 0;
  key = "lay4";
}
```

▷ Layer “가는실선” image_button에 대한 크기와 색상, Key 이름을 설정한다.

```
: image_button
{
  width = 20;
  aspect_ratio = 0.42;
  color = 0;
  key = "a2";
}
```

▷ 도면 Limits "a2" image_button에 대한 크기와 색상, Key 이름을 설정한다.

2) sample_image_button2.LSP 파일 분석

```
(defun c:exe35 ()

;; Image_Button 기계설계산업기사 레이어 셋팅 예제
;; sample_image_button2.lsp

(setq dcl_id (load_dialog "sample_image_Button2.dcl"))
(new_dialog "sample_image_button2" dcl_id)

(princ)
)
```

▷ sample_image_Button2.DCL 파일을 로드한다.

```
(setq xwid (dimx_tile "lay1"))
(setq ywid (dimy_tile "lay1"))
(start_image "lay1")
(slide_image 0 0 xwid ywid "외형선")
(end_image)
```

▷ image_button 또는 "lay1"를 대화상자에 출력한다. 이 때 (slide_image 0 0 xwid ywid "외형선")에서 "외형선"은 SLIDE 파일명이며, dimx_tile, dimy_tile, start_image에서의 "lay1"은 key 값이다.

```
(action_tile "lay1" "(setq lay1 $value lay2 0 lay3 0 lay4 0 a2 0) (done_dialog 1)")
```

▷ 사용자가 대화상자에서 "외형선" 버튼을 클릭하면 변수 lay1은 "1", lay2는 "0", lay3은 "0", lay4는 "0", a2는 "0"을 입력한다.

```
(action_tile "lay2" "(setq lay2 $value lay1 0 lay3 0 lay4 0 a2 0) (done_dialog 1)")
```

▷ 사용자가 대화상자에서 "중심선" 버튼을 클릭하면 변수 lay2는 "1", lay1은 "0", lay3은 "0", lay4는 "0", a2는 "0"을 입력한다.

```
(action_tile "lay3" "(setq lay3 $value lay1 0 lay2 0 lay4 0 a2 0) (done_dialog 1)")
```

▷ 사용자가 대화상자에서 "숨은선" 버튼을 클릭하면 변수 lay3은 "1", lay1은 "0", lay2는 "0", lay4는 "0", a2는 "0"을 입력한다.

```
(action_tile "lay4" "(setq lay4 $value lay1 0 lay2 0 lay3 0 a2 0) (done_dialog 1)")
```

▷ 사용자가 대화상자에서 "가는실선" 버튼을 클릭하면 변수 lay4는 "1", lay1은 "0", lay2는 "0", lay3은 "0", a2는 "0"을 입력한다.

```
(action_tile "a2" "(setq a2 $value lay1 0 lay2 0 lay3 0 lay4 0) (done_dialog) 1)")
```

▷ 사용자가 대화상자에서 "a2limits" 버튼을 클릭하면 변수 a2는 "1", lay1는 "0", lay2는 "0", lay3은 "0", lay4는 "0"을 입력한다.

```
(setq ok (start_dialog))
(if (= ok 1)
  (progn
    (if (= lay1 "1")
      (command "-LAYER" "N" "외형선" "c" "초록색" "외형선" "L" "continuous" "외형선" "LW" "0.5" "외형선" "")
    )
      .
      .
    (if (= a2 "1")
      (command "LIMITS" "0,0" "594,420")
    )
  )
```

▷ 변수 "lay1" 이 "1"이면 레이어 이름, 색상, 선종류, 선가중치를 설정한다. 나머지 중심선, 숨은선, 가는실선도 동일하다.

▷ 변수 "a2" 가 "1"이면 도면의 LIMITS를 A2 (594,420) 사이즈로 적용한다.

4.5	LIST_BOX

4.5.1 기본 예제 실습

대화상자의 리스트 박스에서 치수기입 관련된 명령어를 선택하여 실행한다.

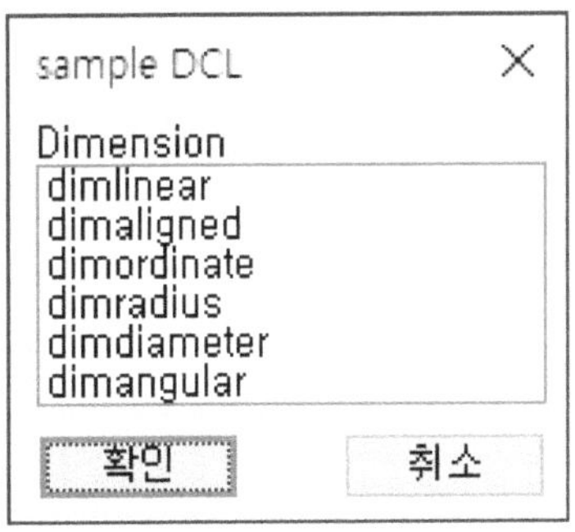

(1) 파일명

▷ LISP 파일 : sample_list_box.LSP

▷ DCL 파일 : sample_list_box.DCL

(2) DCL 파일 작성

sample_list_box.DCL

```
sample_list_box : dialog
{
  label = "sample DCL";
  : list_box
  {
    label = "Dimension";
    width = 20;
    height = 8;
    key = "listb";
  }
  ok_cancel;
}
```

위와 같이 프로그램 작성 후"C:\GSINTER\App\sample_list_box.DCL"의 이름으로 저장한다.

(3) LISP 파일 작성

sample_list_box.LSP

```
(defun c:exe36 ()

  ;; list_box 예제
  ;; sample_list_box.lsp

  (setq dcl_id (load_dialog "sample_list_box.dcl"))
  (new_dialog "sample_list_box" dcl_id)

  (setq dimlist (list "dimlinear" "dimaligned" "dimordinate" "dimradius" "dimdiameter" "dimangular"))
  (start_list "listb")
  (mapcar 'add_list dimlist)
  (end_list)

  (action_tile "listb" "(setq no (atoi $value))")
  (setq ok (start_dialog))
  (if (= ok 1)
    (progn
      (setq cmd (nth no dimLst))
      (command cmd)
    )
  )
  (unload_dialog dcl_id)
  (princ)
)
```

위와 같이 프로그램 작성 후"C:\GSINTER\App\sample_list_box.LSP"의 이름으로 저장한다.

(4) 프로그램 실행

▷ 프로그램 로드 : 단축키 "Ctrl + Alt + E" 또는 "도구" Tool bar의 첫 번째 아이콘 ( )을 선택하여 로드 한다.

▷ 프로그램 실행 : 아래와 같이 콘솔창에서 실행 또는 AutoCAD에서 명령어 "exe36"를 실행한다.

AutoCAD Command
Command : exe36 ↵

▷ "sample DCL"대화상자에서 치수 기입 형태의 리스트를 선택 후 "OK"(확인)버튼을 클릭한다.

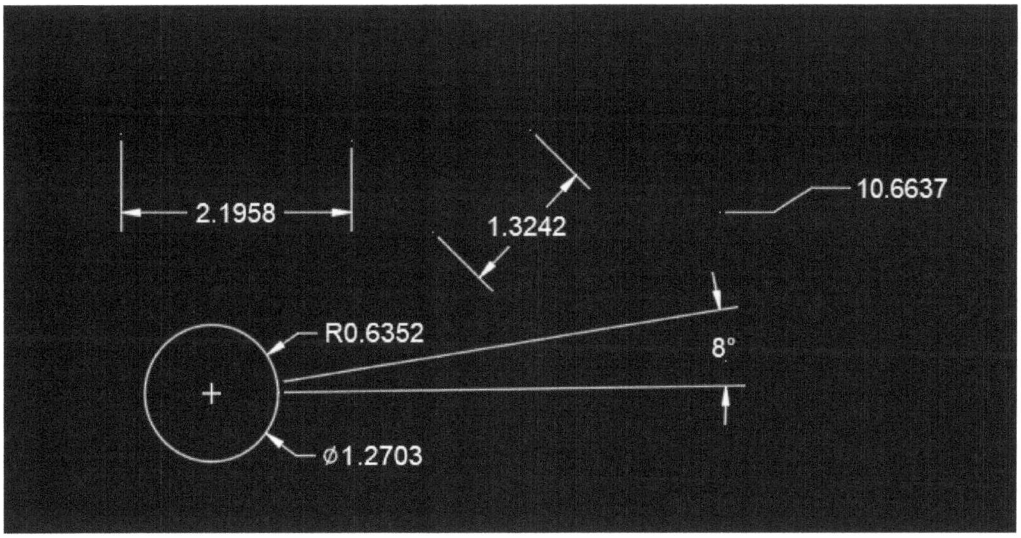

▷ 6가지 종류의 치수기입을 할 수 있다.

(5) 프로그램 분석

1) sample_list_box.DCL 파일 분석

```
sample_list_box : dialog
{
  label = "sample DCL";

  ok_cancel;
}
```

▷ 대화상자의 이름과 Label을 지정하고 OK 버튼과 Cancel 버튼을 설정한다.

```
   : list_box
  {
    label = "Dimension";
    width = 20;
    height = 8;
    key = "listb";
  }
```

▷ list_box의 label과 크기, key값을 설정한다.

2) sample_image_button.LSP 파일 분석

```
 (defun c:exe36 ()

 ;; Image_Button 예제
 ;; sample_image_button.lsp

 (setq dcl_id (load_dialog "sample_list_box.dcl"))
 (new_dialog "sample_list_box" dcl_id)

 (princ)
)
```

▷ sample_image_Button.DCL 파일을 로드하고 대화상자를 실행한다.

```
  (setq dimlist (list "dimlinear" "dimaligned" "dimordinate" "dimradius"
"dimdiameter" "dimangular"))
```

▷ list_box에 디스플레이될 명령어들을 LIST 형태로 정의한다.

```
(start_list "listb")
(mapcar 'add_list dimlist)
(end_list)
```

▷ key값이 “listb”인 list_box의 생성한다.

▷ list_box의 생성을 종료한다.

```
(action_tile "listb" "(setq no (atoi $value))")
```

▷ 사용자가 리스트 박스에서 첫 번째값을 선택하면 변수 no는 〈0〉, 두 번째값을 선택하면 no는 〈1〉, 즉 n번째 값을 선택하면 변수 no는 〈n-1〉의 값을 출력한다.

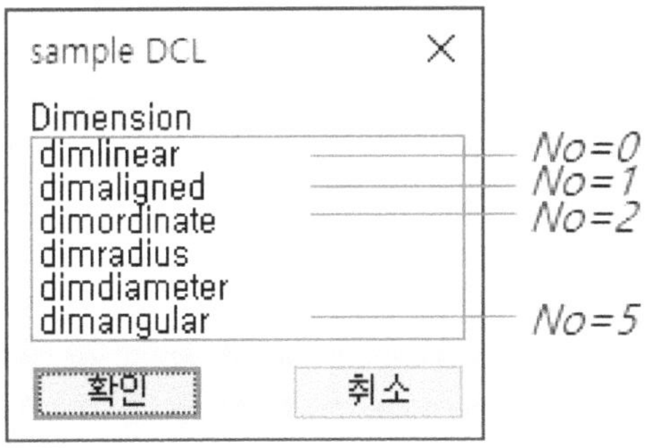


```
(setq ok (start_dialog))
(if (= ok 1)
  (progn
    (setq cmd (nth no dimLst))
    (command cmd)
  )
)
```

▷ 변수 dimlist에 정의 되어 있는 AutoCAD 명령어 "dimlinear", "dimaligned", "dimordinate", "dimradius", "dimdiameter", "dimangular" 중에서 숫자 no 번째의 명령을 출력한 후에 실행한다.

4.5.2 LIST_BOX 제어

(1) start_list

list_box, popup_list 타일의 리스트의 값을 생성한다.

프로그램 형식)
(start_list <key>)

(2) add_list

popup_list 또는 list_box에서 사용되는 함수이며 리스트에 주어진 〈item〉을 추가한다.

프로그램 형식)
(add_list item)

▷ start_list에서 호출 후에 사용한다. 이때 〈item〉은 문자열이다.

▷ add_list 호출은 end_list를 호출할 때까지 리스트에 영향을 주며 사용 예시는 아래와 같다.

```
(setq dimlist (list "dimlinear" "dimaligned" "dimordinate" "dimradius")) ☞ 리스트 선언
(start_list "listb")          ☞ 리스트의 시작(listb는 key값)
(mapcar 'add_list dimlist)    ☞ 리스트를 추가
(end_list)                    ☞ 리스트의 끝
```

(3) end_list

pop_list 또는 list_box에 〈item〉을 추가한 후에 리스트 생성의 끝을 알린다.

프로그램 형식)
(end_list)

▷ 이 함수는 start_list 함수 호출 이후에 사용한다.

(4) list

popup_list 또는 list_box에 나타날 초기값을 설정하는 것으로 문자열을 지정한다. "\n"을 이용하여 새로운 줄을 나타내고, list는 dcl 파일에서 지정하기보다는 Visual LISP 파일에서 선언해 주는 것이 바람직하다.

프로그램 형식)
(list = "문자열")

▷ 대화상자의 list_box 에서 특정 리스트를 선택하면 정수 형태의 문자열이 출력된다. 즉 위 예제에서 "dimlinear" 를 선택하면 〈"0"〉, "dimaligned" 을 선택하면 〈"1"〉, "dimordinate" 를 선택하면 〈"2"〉 .... 라는 상수형의 문자값이 변수 "dimlist"에 저장된다.

4.5.3 응용 예제 실습

lsit_box에서 원의 반지름을 선택하여 원을 그린다.

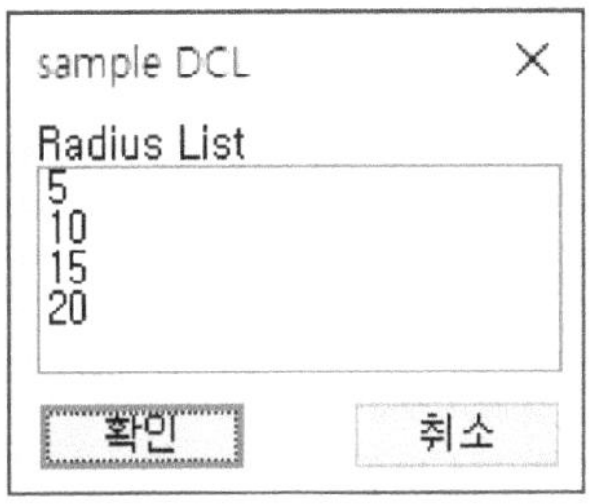

(1) 파일명

▷ LISP 파일 : sample_list_box2.LSP

▷ DCL 파일 : sample_list_box2.DCL

(2) DCL 파일 작성

sample_list_box2.DCL

```
sample_list_box2 : dialog
{
  label = "sample DCL";
  : list_box
  {
    label = "Radius List";
    width = 20;
    height = 6;
    key = "listrad";
  }
  ok_cancel;
}
```

위와 같이 프로그램 작성 후"C:\GSINTER\App\sample_list_box2.DCL"의 이름으로 저장한다.

(3) LISP 파일 작성

sample_list_box2.LSP

```
(defun c:exe37 ()

  ;; list_box2 예제
  ;; sample_list_box2.lsp

  (setq dcl_id (load_dialog "sample_list_box2.dcl"))
  (new_dialog "sample_list_box2" dcl_id)

  (setq radlist (list "5" "10" "15" "20"))
  (start_list "listrad")
  (mapcar 'add_list radlist)
  (end_list)

  (action_tile "listrad" "(setq no (atoi $value))")
  (setq ok (start_dialog))
  (if (= ok 1)
    (progn
      (setq cenpos (getpoint "₩n원의 중심점을 선택하세요.: "))
      (setq rad (atof (nth no radlist)))
      (command "circle" cenpos rad)
    )
  )
  (unload_dialog dcl_id)
  (princ)
)
```

위와 같이 프로그램 작성 후"C:\GSINTER\App\sample_list_box2.LSP"의 이름으로 저장한다.

(4) 프로그램 실행

▷ 프로그램 로드 : 단축키 "Ctrl + Alt + E" 또는 "도구" Tool bar의 첫 번째 아이콘 (↓)을 선택하여 로드 한다.

▷ 프로그램 실행 : 아래와 같이 콘솔창에서 실행 또는 AutoCAD에서 명령어 "exe37"를 실행한다.

AutoCAD Command
Command : exe37 ↵

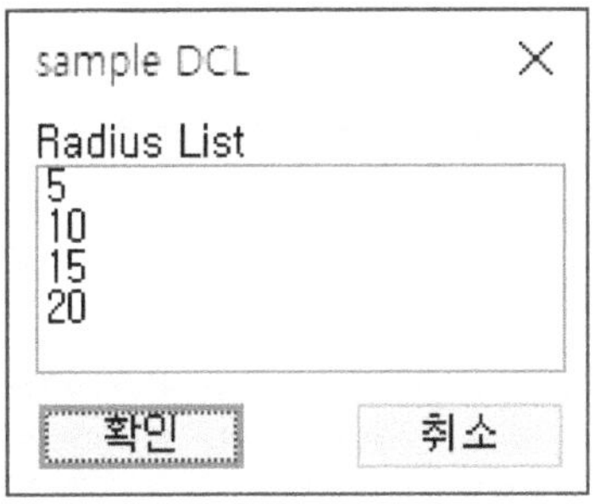

▷ "sample DCL"대화상자에서 원의 반지름 리스트를 선택 후 "OK"(확인)버튼을 클릭한다.

▷ 선택한 반지름 값으로 원을 그린다.

4.6 POPUP_LIST

POPUP_LIST는 LIST_BOX와 동일한 기능을 수행하며 선택할 리스트가 많아 대화상자가 커지는 부분을 POPUP_LIST를 통해 간결하게 만들 수 있다.

외관적으로 초기에 지정한 한가지 항목만 디스플레이 되고 나머지는 숨겨져 있다가 사용자가 POPUP_LIST를 누르게 되면 아래의 그림과 같이 리스트를 나열한다.

4.6.1 기본 예제 실습

LIST_BOX에서 실습한 내용을 팝업 리스트로 작성해 보겠다.

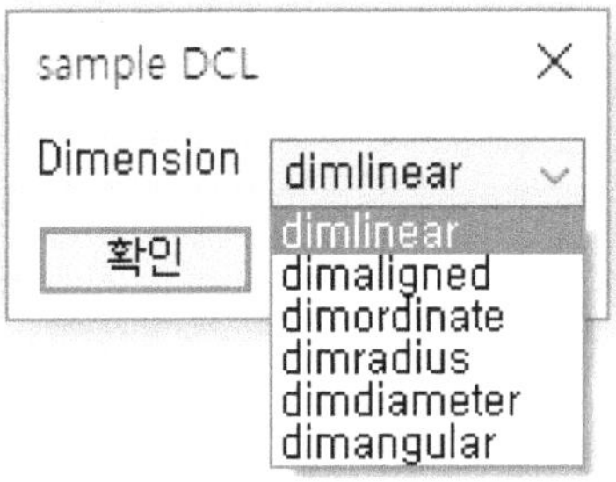

(1) 파일명

▷ LISP 파일 : sample_pop_list.LSP

▷ DCL 파일 : sample_pop_list.DCL

(2) DCL 파일 작성

sample_popup_list.DCL

```
sample_popup_list : dialog
{
  label = "sample DCL";
  : popup_list
  {
    label = "Dimension";
    key = "listpop";
  }
  ok_cancel;
}
```

위와 같이 프로그램 작성 후“C:\GSINTER\App\sample_pop_list.DCL”의 이름으로 저장한다.

(3) LISP 파일 작성

sample_popup_list.LSP

```
(defun c:exe38 ()

  ;; popup_list 예제
  ;; sample_list_box.lsp

  (setq dcl_id (load_dialog "sample_popup_list.dcl"))
  (new_dialog "sample_popup_list" dcl_id)

  (setq dimlist (list "dimlinear" "dimaligned" "dimordinate" "dimradius" "dimdiameter" "dimangular"))
  (start_list "listpop")
  (mapcar 'add_list dimlist)
  (end_list)

  (action_tile "listpop" "(setq no (atoi $value))")
  (setq ok (start_dialog))
  (if (= ok 1)
    (progn
      (setq cmd (nth no dimLst))
      (command cmd)
    )
  )
  (unload_dialog dcl_id)
  (princ)
)
```

위와 같이 프로그램 작성 후“C:\GSINTER\App\sample_pop_list.LSP”의 이름으로 저장한다.

(4) 프로그램 실행

▷ 프로그램 로드 : 단축키 "Ctrl + Alt + E" 또는 "도구" Tool bar의 첫 번째 아이콘 ( )을 선택하여 로드 한다.

▷ 프로그램 실행 : 아래와 같이 콘솔창에서 실행 또는 AutoCAD에서 명령어 "exe38"를 실행한다.

AutoCAD Command
Command : exe38 ↵

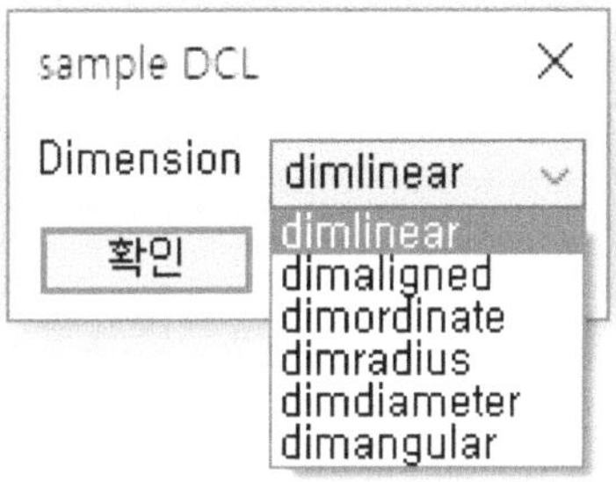

▷ 6가지 종류의 치수기입을 할 수 있다.

4.7 RADIO_BUTTON

4.7.1 기본 예제 실습

대화상자에서 라디오 버튼을 만든다.

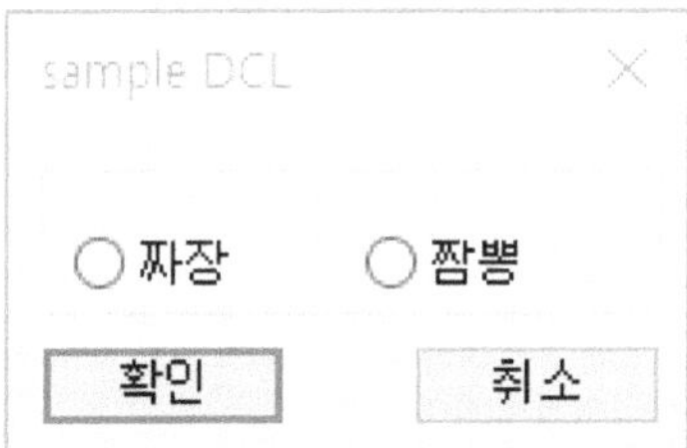

(1) 파일명

▷ LISP 파일 : sample_radio_button.LSP

▷ DCL 파일 : sample_radio_button.DCL

(2) DCL 파일 작성

sample_radio_button.DCL

```
sample_radio_button : dialog {

  label = "sample DCL";
  : boxed_radio_row {
    : radio_button {
       label = "짜장";
       key = "짜장";
    }
     : radio_button {
       label = "짬뽕";
       key = "짬뽕";
    }
  }
  ok_cancel;
}
```

위와 같이 프로그램 작성 후"C:\GSINTER\App\sample_radio_button.DCL"의 이름으로 저장한다.

(3) LISP 파일 작성

sample_radio_button.lsp

```
(defun c:exe39 ()

  ;; radio_button 예제
  ;; sample_radio_button.lsp

  (setq dcl_id (load_dialog "sample_radio_button.dcl"))
  (new_dialog "sample_radio_button" dcl_id)

  (action_tile "짜장" "(setq jjajang $value)")
  (action_tile "짬뽕" "(setq jjambong $value)")
  (setq ok (start_dialog))

  (if (and (= ok 1) (= jjajang "1"))
    (progn
      (alert "=> 짜장")
      (setq jjajang nil)
    )
  )
  (if (and (= ok 1) (= jjambong "1"))
    (progn
      (alert " => 짬뽕")
      (setq jjambong nil)
    )
  )
  (unload_dialog dcl_id)
  (princ)
)
```

위와 같이 프로그램 작성 후"C:\GSINTER\App\sample_radio_button.LSP"의 이름으로 저장한다.

(4) 프로그램 실행

▷ 프로그램 로드 : 단축키 "Ctrl + Alt + E" 또는 "도구" Tool bar의 첫 번째 아이콘 ( )을 선택하여 로드 한다.

▷ 프로그램 실행 : 아래와 같이 콘솔창에서 실행 또는 AutoCAD에서 명령어 "exe39"를 실행한다.

AutoCAD Command
Command : exe39 ↵

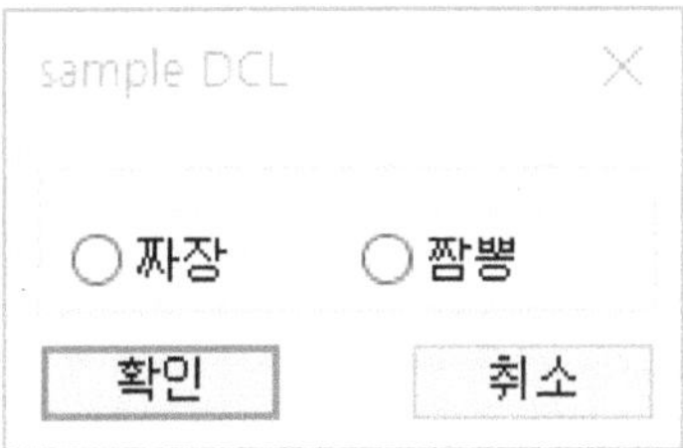

▷ "sample DCL"대화상자에서 짜장 또는 짬뽕을 선택 후 "OK"(확인)버튼을 클릭한다.

(5) 프로그램 분석

1) sample_radio_button.DCL 파일 분석

```
sample_radio_button: dialog
{

}
```

▷ 대화상자의 이름을 "sample_radio_button"로 설정한다.

```
: boxed_radio_row {

}
```

▷ 디스플레이 되는 radio_button을 박스 안에 가로로 배열한다.

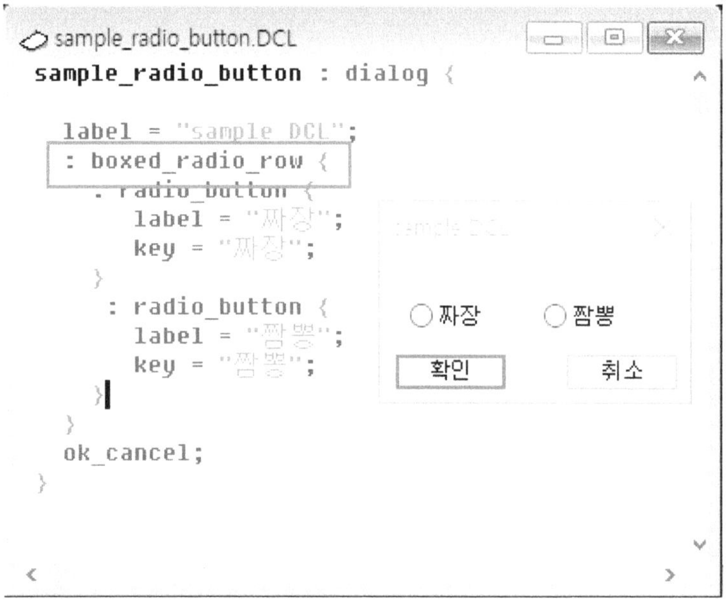

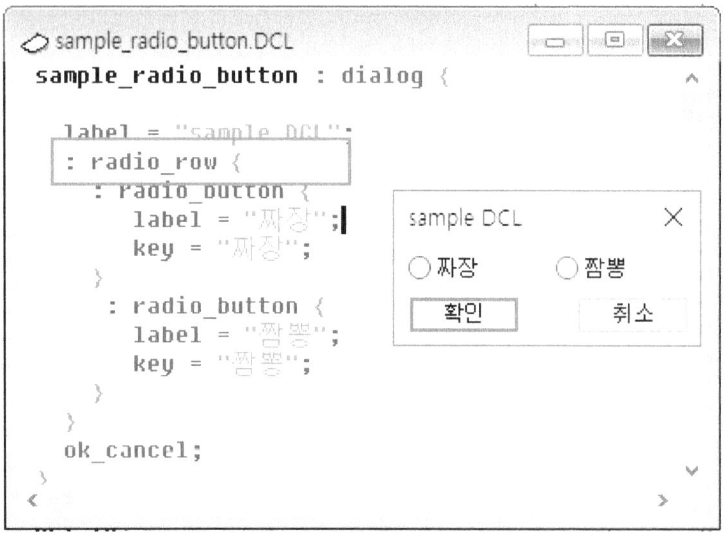

```
: radio_button {
     label = "짜장";
     key = "짜장";
}
```

▷ "짜장" radio_button의 label과 key 값을 설정한다.

```
: radio_button {
     label = "짬뽕";
     key = "짬뽕";
}
```

▷ "짬뽕" radio_button의 label과 key 값을 설정한다.

2) sample_image_button.LSP 파일 분석

```
(defun c:exe39 ()

;; radio_button 예제
;; sample_radio_button.lsp

(setq dcl_id (load_dialog "sample_radio_button.dcl"))
(new_dialog "sample_radio_button" dcl_id)

(princ)
)
```

▷ sample_radio_button.DCL 파일을 로드하고 대화상자를 실행한다.
▷ 대화상자 "sample_radio_button"를 로드한다.

```
(action_tile "짜장" "(setq jjajang $value)")
```

▷ 사용자가 key값이 "짜장"인 radio_button을 선택하면 변수 "jjajang"에 "1"을 저장한다.

```
(action_tile "짬뽕" "(setq jjambong $value)")
```

▷ 사용자가 key값이 “짬뽕”인 radio_button을 선택하면 변수 “jjambong”에 “1”을 저장한다.

```
(setq ok (start_dialog))

(if (and (= ok 1) (= jjajang "1"))
  (progn
    (alert "=> 짜장")
    (setq jjajang nil)
  )
)
```

▷ 사용자가 radio_button “짜장”를 선택하고 “OK”(확인) 버튼을 클릭한 경우에 메시지 창을 실행하여 주어진 메시지를 출력한다.

```
(if (and (= ok 1) (= jjambong "1"))
  (progn
    (alert " => 짬뽕")
    (setq jjambong nil)
  )
)
```

▷ 사용자가 radio_button “짬뽕”를 선택하고 “OK”(확인) 버튼을 클릭한 경우에 메시지 창을 실행하여 주어진 메시지를 출력한다.

4.8 TOGGLE

4.8.1 기본 예제 실습

대화상자에서 toggle 컨트롤을 만든다.

(1) 파일명

▷ LISP 파일 : sample_toggle.LSP

▷ DCL 파일 : sample_toggle.DCL

(2) DCL 파일 작성

sample_toggle.DCL

```
sample_toggle : dialog {
  label = "sample DCL";

    : toggle {
       label = "&Right View";
       mnemonic = "R";
       key = "right";
    }

    : toggle {
       label = "&Left View";
       mnemonic = "L";
       key = "left";
    }
  ok_cancel;
}
```

위와 같이 프로그램 작성 후"C:\GSINTER\App\sample_toggle.DCL"의 이름으로 저장한다.

(3) LISP 파일 작성

sample_toggle.LSP

```
(defun c:exe40 ()

  ;; toggle 예제
  ;; sample_toggle.lsp

  (setq dcl_id (load_dialog "sample_toggle.dcl"))
  (new_dialog "sample_toggle" dcl_id)

  (action_tile "right" "(setq rgt $value) (set_tile ₩"left₩" ₩"0₩")")
  (action_tile "left" "(setq lft $value) (set_tile ₩"right₩" ₩"0₩")")

  (setq ok (start_dialog))

  (if (and (= ok 1) (= rgt "1"))
    (progn
      (alert "=> 우측면도 Darwing")
      (setq rgt nil)
    )
  )
  (if (and (= ok 1) (= lft "1"))
    (progn
      (alert "=> 좌측면도 Darwing")
      (setq lft nil)
    )
  )
  (unload_dialog dcl_id)
  (princ)
)
```

위와 같이 프로그램 작성 후"C:\GSINTER\App\sample_toggle.LSP"의 이름으로 저장한다.

(4) 프로그램 실행

▷ 프로그램 로드 : 단축키 "Ctrl + Alt + E" 또는 "도구" Tool bar의 첫 번째 아이콘 (↓)을 선택하여 로드 한다.

▷ 프로그램 실행 : 아래와 같이 콘솔창에서 실행 또는 AutoCAD에서 명령어 "exe40"를 실행한다.

AutoCAD Command
Command : exe40 ↵

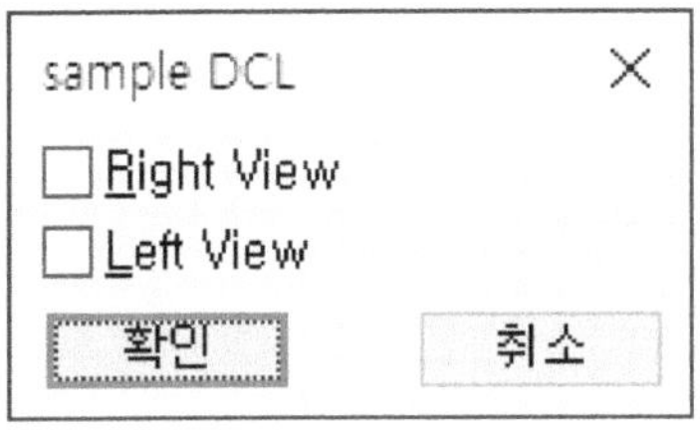

▷ "sample DCL"대화상자에서 Right view 또는 Left view를 선택 후 "OK"(확인)버튼을 클릭한다.

(5) 프로그램 분석

1) sample_toggle.DCL 파일 분석

```
sample_toggle: dialog
{

}
```

▷ 대화상자의 이름을 "sample_toggle"로 설정한다.

```
  : toggle {
    label = "&Right View";
    mnemonic = "R";
    key = "right";
  }

  : toggle {
    label = "&Left View";
    mnemonic = "L";
    key = "left";
 }
```

▷ toggle을 설정한다.

▷ label은 "&"기호를 사용하여 label 속성에 단축키를 설정한다.

▷ mnemonic은 label "Right View"와 "Left View"에 각각 문자(R", "C") 밑에 밑줄을 표시하고 단축키를 적용한다.

▷ key 값은 각각 "right", "left"로 설정한다.

2) sample_toggle.LSP 파일 분석

```
(defun c:exe40 ()

 ;; toggle 예제
 ;; sample_toggle.lsp

 (setq dcl_id (load_dialog "sample_toggle.dcl"))
 (new_dialog "sample_toggle" dcl_id)

 (princ)
)
```

▷ sample_radio_button.DCL 파일을 로드하고 대화상자를 실행한다.

▷ 대화상자 "sample_toggle"를 로드한다.

```
 (action_tile "right" "(setq rgt $value) (set_tile ₩"left₩" ₩"0₩")")
 (action_tile "left" "(setq lft $value) (set_tile ₩"right₩" ₩"0₩")")
```

▷ 사용자가 key값이 "right"인 toggle 박스를 선택하면 체크가 되고 변수 "rgt"에는 문자열 "1"이 저장된다. (key값 "left" 동일함)

▷ (set_tile \"left\" \"0\"), (set_tile \"right\" \"0\") 이 부분은 중복선택이 안되고 둘 중에 하나를 선택했을 경우 하나의 toggle 박스만 체크되도록 설정하였다.

```
(setq ok (start_dialog))

(if (and (= ok 1) (= rgt "1"))
  (progn
    (alert "=> 우측면도 Darwing")
    (setq rgt nil)
  )
)
(if (and (= ok 1) (= lft "1"))
  (progn
    (alert "=> 좌측면도 Darwing")
    (setq lft nil)
  )
)
```

▷ 사용자가 toggle 박스를 선택하고 "OK"(확인) 버튼을 클릭한 경우의 실행 내용으로서 명령 라인에 주어진 메시지를 출력한다.

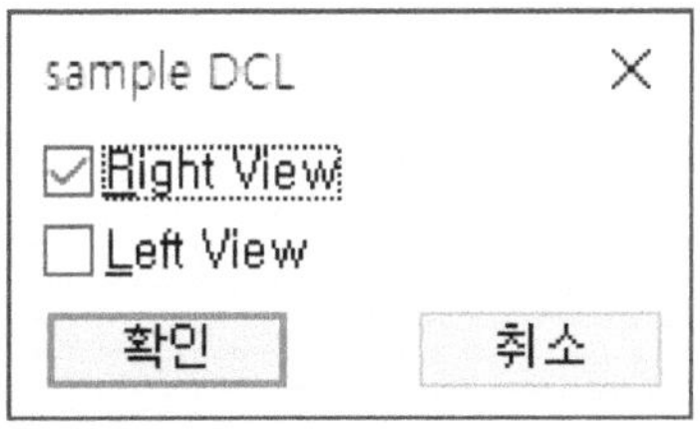

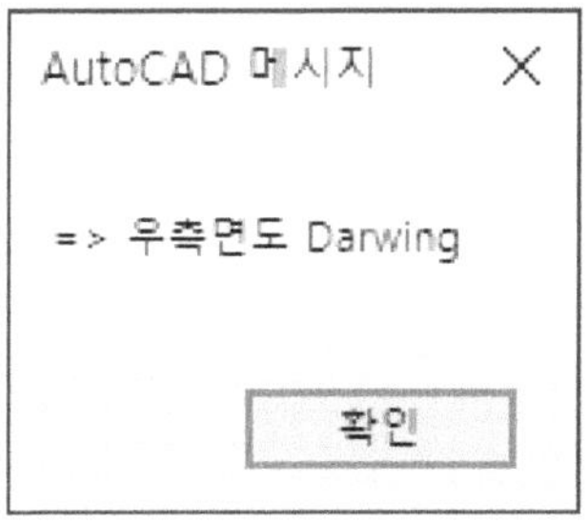

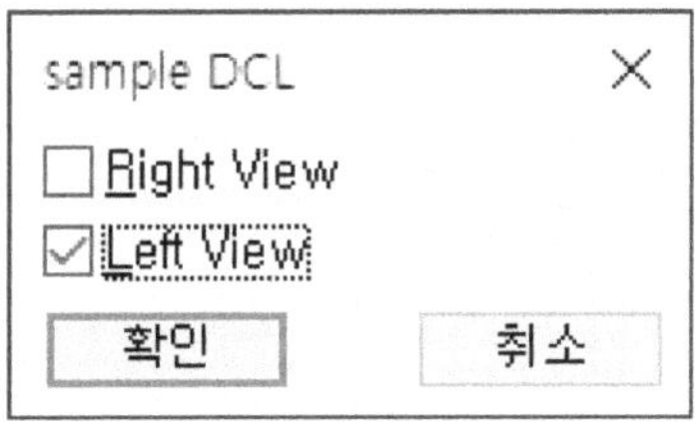

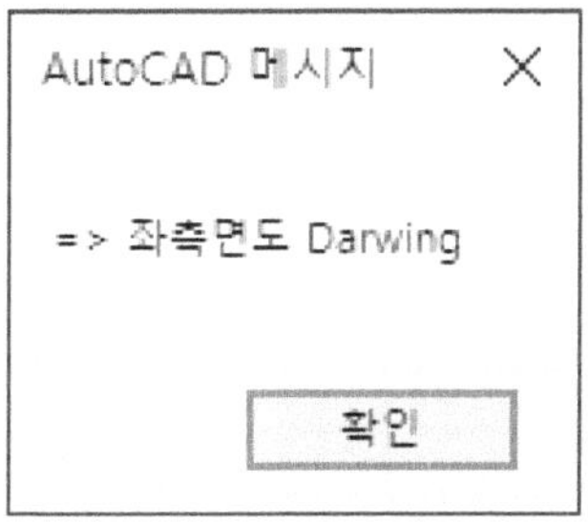

4.9 응용 프로그램 제작하기

4.9.1 Bolt 및 Counterbore 그리기

응용 프로그램 작성하기에서는 2강에서 실습했던 Counterbore 그리기 프로그램("sample_counterbore3.lsp")과 표준 규격인 Bolt를 대화상자를 통해서 규격을 선택하여 그리는 응용 프로그램을 작성해 보도록 하겠다.

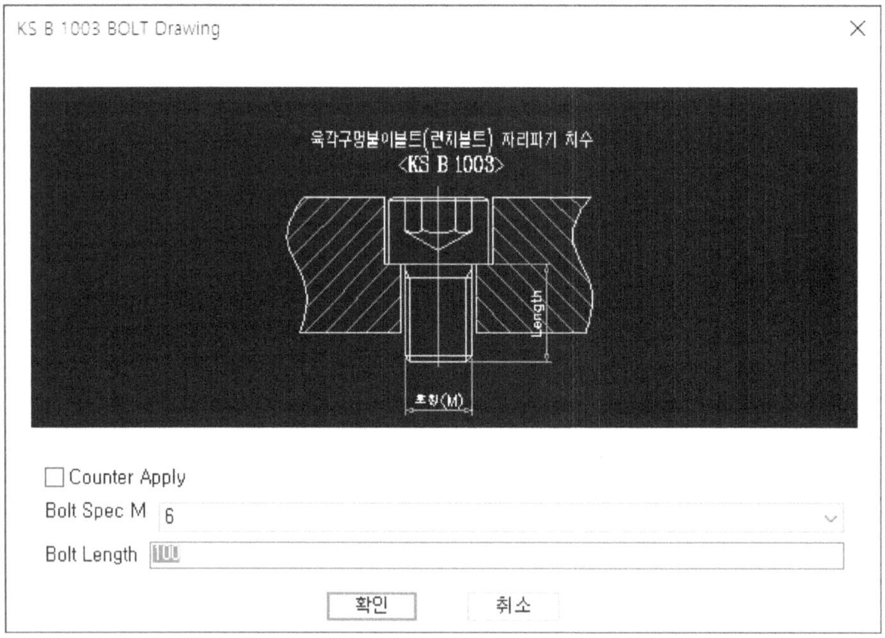

(1) 프로그램 구조

▷ Bolt 와 Counterbore의 규격 데이터 파일 작성

부품의 규격 별 치수 정의		data 파일 작성

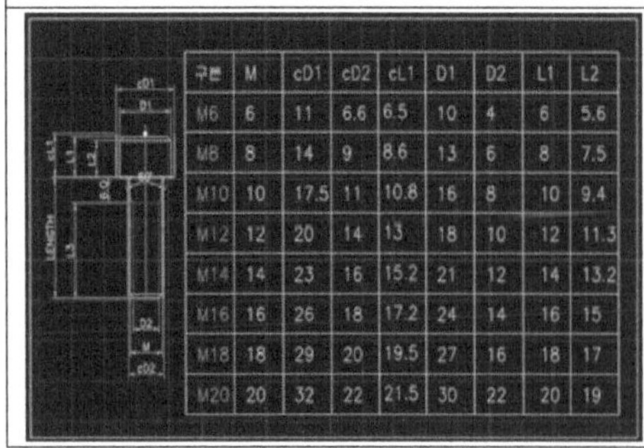

구분	M	cD1	cD2	cL1	D1	D2	L1	L2
M6	6	11	6.6	6.5	10	4	6	5.6
M8	8	14	9	8.6	13	6	8	7.5
M10	10	17.5	11	10.8	16	8	10	9.4
M12	12	20	14	13	18	10	12	11.3
M14	14	23	16	15.2	21	12	14	13.2
M16	16	26	18	17.2	24	14	16	15
M18	18	29	20	19.5	27	16	18	17
M20	20	32	22	21.5	30	22	20	19

6 11 6.6 6.5 10 4 6 5.6
8 14 9 8.6 13 6 8 7.5
10 17.5 11 10.8 16 8 10 9.4
12 20 14 13 18 10 12 11.3
14 23 16 15.2 21 12 14 13.2
16 26 18 17.2 24 14 16 15
18 29 20 19.5 27 16 18 17
20 32 22 21.5 30 22 20 19

▷ Bolt 와 Counterbore의 좌표 정의

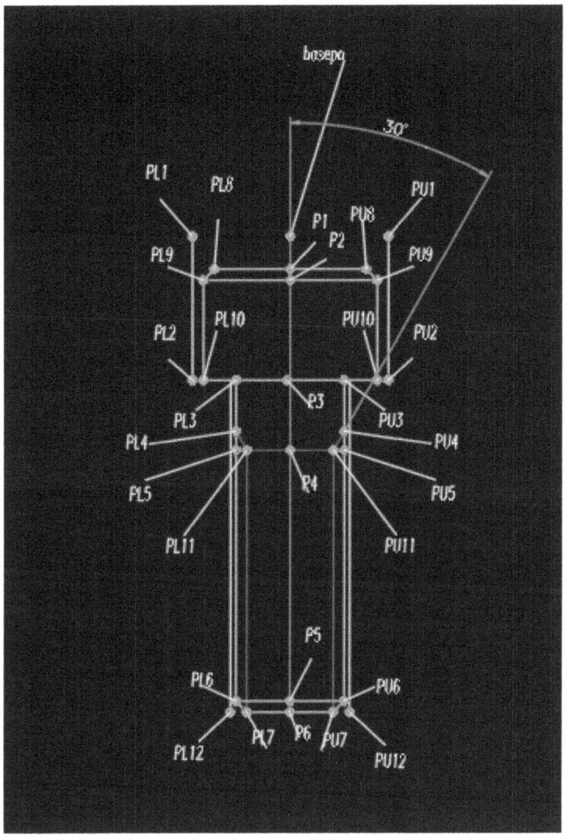

▷ 대화상자를 통해 Bolt 규격을 선택

▷ Bolt 규격에 따른 Counterbore 그리기 여부 판단 및 생성

4.9.2 프로그램 작성

(1) 파일명

▷ LISP 파일 : sample_KS_BoltnCounter.LSP

▷ DCL 파일 : sample_KS_BoltnCounter.DCL

▷ data 파일 : KSBOLT.DAT

▷ SLIDE 파일 : BOLT Drawing.SLD

(2) DCL 파일 작성

sample_KS_BoltnCounter.DCL

```
ks_bolt_draw : dialog {

 label = "KS B 1003 BOLT Drawing";
 : row {
   :boxed_column {
     :image {
       key = "BOLT";
       color = 0;
       width = 70;
       aspect_ratio = 0.4;
     }
   :boxed_column {
     : toggle {
       label = "Counter Apply";
       key = "kcounter";
     }
     : popup_list {
       label = "Bolt Spec M" ;
       key = "kbtlist" ;
       value = 0 ;
     }
     : edit_box {
       label = "Bolt Length" ;
       key = "klen";
       value = 100 ;
     }
   }
  }
 }
 ok_cancel;
}
```

위와 같이 프로그램 작성 후"C:\GSINTER\App\sample_KS_BoltnCounter.DCL"의 이름으로 저장한다.

(3) LISP 파일 작성

sample_KS_BoltnCounter.LSP

```
(defun c:exe41 ()

  ;; KS B 1003 Bolt & Counter bore 응용 예제
  ;; sample_KS_BoltnCounter.lsp

  (setq dcl_id (load_dialog "sample_KS_BoltnCounter.dcl"))
  (new_dialog "ks_bolt_draw" dcl_id)

  ;; 변수 초기화
  (setq len "100")
  (setq cnt "0")
  (setq bolt_spec "0")

  (setq x (dimx_tile "BOLT"))
  (setq y (dimy_tile "BOLT"))
  (start_image "BOLT")
  (slide_image 0 0 x y "KSBOLT")
  (end_image)

  (setq boltlist (list "6" "8" "10" "12" "14" "16" "18" "20"))
  (start_list "kbtlist")
  (mapcar 'add_list boltlist)
  (end_list)

  (mode_tile "klen" 2)
  (action_tile "klen" "(setq len (atoi $value))")
  (action_tile "kcounter" "(setq cnt $value)")
  ;;(action_tile "kbtlist" "(setq bolt_spec (substr $value 2))")
  (action_tile "kbtlist" "(setq bolt_spec $value)")
  (if (= cnt nil) (setq cnt "0"))

  (setq smode(getvar "osmode"))
  (setq ortmode(getvar "orthomode"))

  (setq ok (start_dialog))
  (if (= ok 1)
    (progn
      (setq basepo (getpoint"₩nPick Insert Point..:"))
      (setvar "osmode" 0)
      (setvar "orthomode" 0)

      ;; database read
      (Bolt_dbfile_read)

      ;; Bolt & counterbore 그리기
      (KS_bolt_draw)
    )
  )
  (unload_dialog id)
  (setvar "osmode" smode)
  (setvar "orthomode" ortmode)
  (princ)
)

;----------------------------------------
;-------Sub_Function---------------------
;----------------------------------------


;; KS BOLT data file open
(defun Bolt_dbfile_read ()
  (setq fname (open "C:/GSINTER/App/KSBOLT.dat" "r"))
  (setq line1 (read-line fname))

  (setq spec (nth (atoi bolt_spec) boltlist))

  (if line1
    (progn
      (while line1
        (setq txt (vl-string-trim " " (substr line1 1 2)))
        (if (= txt spec)
```

```
          (progn
            (setq line2 (split-string line1 " ")) ;; 함수 호출
            (setq m (atof (nth 0 line2)))
            (setq cd1 (atof (nth 1 line2)))
            (setq cd2 (atof (nth 2 line2)))
            (setq cl1 (atof (nth 3 line2)))
            (setq d1 (atof (nth 4 line2)))
            (setq d2 (atof (nth 5 line2)))
            (setq l1 (atof (nth 6 line2)))
            (setq l2 (atof (nth 7 line2)))
          ) ;progn
        );if
        (setq line1 (read-line fname))
      )
      (close fname)
    )
    (alert "KSBOLT 파일을 열 수 없습니다.")
  )
  (princ)
)

;; BOLT & Counterbore drwing 사용자 함수
(defun KS_bolt_draw ()

  ;; BOLT 좌표 정의
  (setq p3 (polar basepo (dtr -90) cl1))
  (setq p1 (polar p3 (dtr 90) l1))
  (setq p2 (polar p3 (dtr 90) l2))

  (setq p6 (polar p3 (dtr -90) len))
  (setq p5 (polar p6 (dtr 90) 1.0))
  (setq p4 (polar p3 (dtr -90) 6.0))

  (setq pl1 (polar basepo (dtr 180) (/ cd1 2)))
  (setq pl2 (polar pl1 (dtr -90) cl1))
  (setq pl3 (polar p3 (dtr 180) (/ m 2)))
  (setq pl10 (polar p3 (dtr 180) (/ d1 2)))
  (setq pl9 (polar pl10 (dtr 90) l2))
  (setq pl8 (polar pl9 (dtr 45) 1.414))
  (setq pl7 (polar p6 (dtr 180) (/ d2 2)))
  (setq pl12 (polar p6 (dtr 180) (/ cd2 2)))
  (setq pl6 (polar p5 (dtr 180) (/ m 2)))
  (setq pl5 (polar p4 (dtr 180) (/ m 2)))
  (setq pl11 (polar p4 (dtr 180) (/ d2 2)))
  (setq pl4 (inters pl3 (polar pl3 (dtr -90) 1.0) pl11 (polar pl11 (dtr 120) 1.0) nil))

  (setq pu1 (polar basepo (dtr 0) (/ cd1 2)))
  (setq pu2 (polar pu1 (dtr -90) cl1))
  (setq pu3 (polar p3 (dtr 0) (/ m 2)))
  (setq pu10 (polar p3 (dtr 0) (/ d1 2)))
  (setq pu9 (polar pu10 (dtr 90) l2))
  (setq pu8 (polar pu9 (dtr 135) 1.414))
  (setq pu7 (polar p6 (dtr 0) (/ d2 2)))

  (setq pu12 (polar p6 (dtr 0) (/ cd2 2)))
  (setq pu6 (polar p5 (dtr 0) (/ m 2)))
  (setq pu5 (polar p4 (dtr 0) (/ m 2)))
  (setq pu11 (polar p4 (dtr 0) (/ d2 2)))
  (setq pu4 (inters pu3 (polar pu3 (dtr -90) 1.0) pu11 (polar pu11 (dtr 60) 1.0) nil))
  ;; Drawing bolt
  (command "line" basepo p6 "") (setq cenline (entlast))
  (setq layername "중심선")
  (if (not (tblsearch "layer" layername))
    (progn
      (command "-LAYER" "N" layername "c" "빨간색" layername "L" "center2" layername "")
      (command "change" cenline "" "p" "la" layername "")
    )
    (command "change" cenline "" "p" "la" layername "")
  )

  (command "pline" pl8 pl9 pl10 pu10 pu9 pu8 pl8 "")
  (setq line1 (entlast))
  (command "line" pl9 pu9 "")
  (setq line2 (entlast))
  (command "pline" pl3 pl6 pl7 pu7 pu6 pu3 "")
  (setq line3 (entlast))
```

```
  (command "line" pl6 pu6 "")
  (setq line4 (entlast))
  (command "change" line1 line2 line3 line4 "" "p" "c" "초록색" "")

  (command "line" pl5 pu5 "")  (setq line5 (entlast))
  (command "line" pl4 pl11 "") (setq line6 (entlast))
  (command "line" pu4 pu11 "") (setq line7 (entlast))
  (command "line" pl11 pl7 "") (setq line8 (entlast))
  (command "line" pu11 pu7 "") (setq line9 (entlast))
  (command "change" line5 line6 line7 line8 line9 "" "p" "c" "파란색" "")

  ;; Drawing Counterbore
  (if (= cnt "1")
    (progn
      (command "pline" pl1 pl2 pu2 pu1 "")
      (setq line10 (entlast))
      (command "line" pl12 (polar pl12 (dtr 90) len) "")
      (setq line11 (entlast))
      (command "line" pu12 (polar pu12 (dtr 90) len) "")
      (setq line12 (entlast))
      (command "change" line10 line11 line12 "" "p" "c" "흰색" "")
    )
  )
)

;; 문자열에서 " " 구분하여 하나씩 문자열 리스트 만들기 사용자 함수
(defun split-string (str sep / pos result)
  (while (setq pos (vl-string-search sep str))
    (setq result (cons (substr str 1 pos) result))
    (setq str (substr str (+ pos 2)))
  )
  (setq result (cons str result))
  (reverse result)
)
;; 문자열에서 " " 구분하여 하나씩 문자열 리스트 만들기 사용자 함수
(defun split-string (str sep / pos result)
  (while (setq pos (vl-string-search sep str))
    (setq result (cons (substr str 1 pos) result))
    (setq str (substr str (+ pos 2)))
  )
  (setq result (cons str result))
  (reverse result)
)

;; Degree to Radian 사용자 함수
(defun dtr (a)
  (* a (/ pi 180.0))
)
```

위와 같이 프로그램 작성 후"C:\GSINTER\App\sample_toggle.LSP"의 이름으로 저장한다.

4.9.3 프로그램 실행

▷ 프로그램 로드 : 단축키 "Ctrl + Alt + E" 또는 "도구" Tool bar의 첫 번째 아이콘 (↓)을 선택하여 로드 한다.

▷ 프로그램 실행 : 아래와 같이 콘솔창에서 실행 또는 AutoCAD에서 명령어 "exe41"를 실행한다.

AutoCAD Command
Command : exe41 ↵

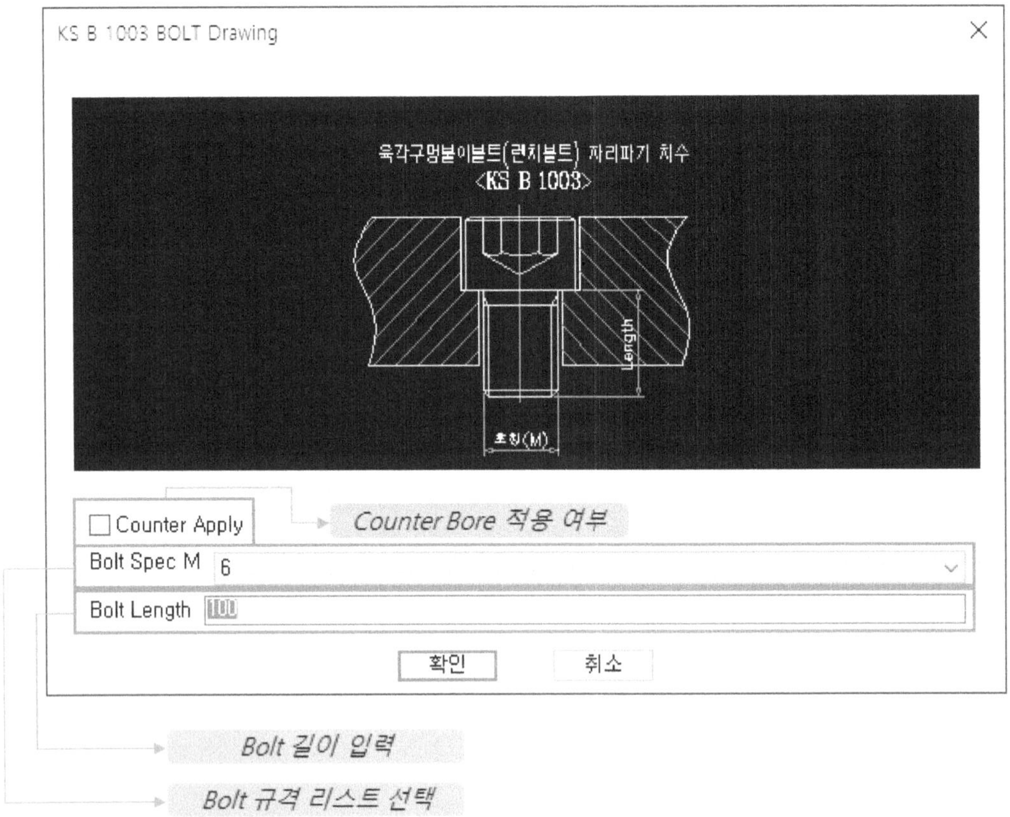

4.9.4 프로그램 분석

1) sample_toggle.DCL 파일 분석

```
ks_bolt_draw : dialog {

}
```

▷ 대화상자의 이름을 "ks_bolt_draw"로 설정한다.

```
:boxed_column {
   :image {
     key = "BOLT";
     color = 0;
     width = 70;
     aspect_ratio = 0.4;
   }
 :boxed_column {
   : toggle {
     label = "Counter Apply";
     key = "kcounter";
   }
   : popup_list {
     label = "Bolt Spec M" ;
     key = "kbtlist" ;
     value = 0 ;
   }
   : edit_box {
     label = "Bolt Length" ;
     key = "klen";
     value = 100 ;
   }
 }
}
```

▷ 각각 image, toggle, edit_box 및 타일을 설정한다.

2) sample_toggle.LSP 파일 분석

```
(defun c:exe41 ()

 ;; KS B 1003 Bolt & Counter bore 응용 예제
 ;; sample_KS_BoltnCounter.lsp

 (setq dcl_id (load_dialog "sample_KS_BoltnCounter.dcl"))
 (new_dialog "ks_bolt_draw" dcl_id)

)
```

▷ sample_KS_BoltnCounter.DCL 파일을 로드하고 대화상자를 실행한다.

▷ 대화상자 "ks_bolt_draw"를 로드한다.

```
;; 변수 초기화
(setq len "100")
(setq cnt "0")
(setq bolt_spec "0")
```

▷ 사용자가 대화상자에서 입력하는 Bolt의 길이 변수 "len", Counter bore 체크 변수 "cnt", Bolt의 규격(spec) 변수 "bolt_spec"를 초기화한다.

```
(setq x (dimx_tile "BOLT"))
(setq y (dimy_tile "BOLT"))
(start_image "BOLT")
(slide_image 0 0 x y "KSBOLT")
(end_image)
```

▷ "dimx_tile" 및 "dimy_tile" 함수는 "BOLT" 다일의 크기를 가져온다.

```
(setq boltlist (list "6" "8" "10" "12" "14" "16" "18" "20"))
(start_list "kbtlist")
(mapcar 'add_list boltlist)
(end_list)
```

▷ "boltlist" 변수에 KS B 1003 규격의 볼트 크기를 리스트로 저장한다.

▷ "start_list" 및 "end_list" 함수는 "kbtlist" 목록 타일을 초기화하고 종료한다.

▷ "mapcar" 함수는 add_list 함수를 사용하여 bolt 크기 목록을 대화상자에 추가한다.

```
(mode_tile "klen" 2)
(action_tile "klen" "(setq len (atoi $value))")
(action_tile "kcounter" "(setq cnt $value)")
(action_tile "kbtlist" "(setq bolt_spec $value)")
(if (= cnt nil) (setq cnt "0"))
```

▷ "mode_tile" 함수는 "klen" 타일의 입력 모드를 설정한다.

▷ "klen" 사용자 입력 값을 정수로 변환하여 "len" 변수에 저장한다.

▷ "kcounter" 사용자 입력 값을 "cnt" 변수에 저장한다.

▷ "kbtlist" 사용자 선택 값을 "bolt_spec" 변수에 저장한다.

▷ "if" 문은 "cnt" 변수가 nil일 경우 "0"으로 설정한다.

```
(setq smode(getvar "osmode"))
(setq ortmode(getvar "orthomode"))
```

▷ 현재 도면의 "OSMODE" 와 "ORTHOMODE" 의 시스템 변수 값을 저장한다.
command를 이용하여 자동으로 도면을 그릴 때 위의 시스템 변수는 "0"으로 설정한 뒤 프로그램을 작성하는 것을 권장한다.

```
(setq ok (start_dialog))
(if (= ok 1)
  (progn
    (setq basepo (getpoint"₩nPick Insert Point..:"))
    (setvar "osmode" 0)
    (setvar "orthomode" 0)

    ;; database read
    (Bolt_dbfile_read)

    ;; Bolt & counterbore 그리기
    (KS_bolt_draw)
  )
)
(unload_dialog id)
(setvar "osmode" smode)
(setvar "orthomode" ortmode)
(princ)
```

▷ 사용자로부터 입력받은 Counter bore 적용 여부, bolt 규격, bolt 길이, 삽입 위치 정보를 가지고 자동으로 도면을 그린다.

▷ "(Bolt_dbfile_read)" 사용자 함수를 통해서 "KSBOLT.DAT"파일을 읽기 모드로 열어서 규격에 맞는 치수 변수 데이터를 가져온다.

▷ "(KS_bolt_draw)" 사용자 함수를 통해서 좌표를 정의하고, Command 함수를 이용하여 Bolt 및 Counter bore 형상 도면을 작성한다.

Visual LISP for AutoCAD
설계자동화의 시작

2024년 8월 20일 인쇄 발행

저 자 김성태
발 행 인 송기수
발 행 처 도서출판 GS인터비전
편 집 처 도서출판 GS인터비전
편 집 인 공예서
표 지 디 자 인 도서출판 GS인터비전
인 쇄 처 트윈벨미디어
등 록 번 호 제 25100-2016-000050호
I S B N 979-11-5576-466-4(93550)

주 소 서울 은평구 증산로 15길 69 2층
전 화 02-976-7898, 02-3272-7898.
팩 스 02-6468-7898
홈 페 이 지 gsintervision.kr
E-Mail gsinter7@gmail.com

정 가 25,000원